Printed in the United States
By Bookmasters

تقويم محتوى
المناهج

تقويم محتوى المناهج في ضوء المتطلبات المعرفية لمشروع التيمز TIMMS

الدكتور

محمود عبد اللطيف محمود حسان

الطبعة الأولى

1434 هـ/ 2013 م

مكتبة
القانون والاقتصاد
الرياض

ح مكتبة القانون والاقتصاد، 1433 هـ

فهرسة مكتبة الملك فهد الوطنية أثناء النشر

حسان ، محمود عبد اللطيف محمود

تقويم محتوى المناهج في ضوء المتطلبات المعرفية لمشروع

التميز TIMMS. / محمود عبد اللطيف محمود حسان - الرياض،

1433 هـ

.. ص ؛ .. سم

ردمك: 978-603-8106-42-6

1 - التعلم - مناهج 2 - التخطيط التربوي   أ. العنوان

ديوي 375   1433/9427

رقم الإيداع: 1433/9427

ردمك: 978-603-8106-42-6

الطبعة الأولى

1434 هـ/2013 م

ISBN 978-603-8106-42-6

9 786038 106426 >

مكتبة القانون والاقتصاد الرياض

المملكة العربية السعودية - الرياض - العليا - ص.ب 9996 - الرياض 11423

هاتف: 4623956 - 2791158 - فاكس: 2791154 - جوال: 0505269008

www.yafoz.com.sa

info@yafoz.com.sa

بسم الله الرحمن الرحيم

إهـداء

أهدي هذا الجهد المتواضع:

إلى من أرضعتني الحب والحنان إلى رمز الحب وبلسم الشفاء إلى القلب الناصع بالبياض إلى أمـــي التي ضحت وتعبت, من أتعبناها وأرحتنا, من كانت الأب والأم والسند, من لو جمعت كل كلامات الشكر فلن تُعبر لها عما داخلي ولن تعطيها حقها.

إلى من جرع الكأس فارغاً ليسقيني قطرة حب إلى من كلّت أنامله ليقدم لنا لحظة سعادة إلى من حصد الأشواك عن دربي ليمهد لي طريق العلم إلى القلب الكبير إلى روح والدي رائد طيار بالقوات الجوية الشهيد / عبد اللطيف محمود حسان.

إلى ملاكي وقمري في الحياة .. إلى معنى الحب وإلى معنى الحنان والتفاني .. إلى بسمة الحياة وسر الوجود إلى من كان دعائها سر نجاحي وحنانها بلسم جراحي ودافعى لتكملة هذا العمل إلى أغلى الحبايب دكتورة المستقبل الدكتوره / هاله أحمد السيد أحمد، فجزاها الله عنى كل الخير ووفقها لما يحب ويرضى.

وإلى القلوب الطاهرة الرقيقة والنفوس البريئة إلى رياحين حياتي أخواتي (نيفين, غادة, أنيسة).

إلى أساتذتي الكرام في كلية التربية بجامعة المنصورة، الذين أحببتهم في الله تعالى.

إلى كل أخٍ أحببته في الله تعالى، ودعا لي في ظهر الغيب.

المؤلف

دكتور / محمود عبد اللطيف حسان

تقديم

بسم الله والحمد لله والصلاة والسلام علي سيدنا محمد وعلى آله وصحبه وبعد..

تُعدّ مناهج العلوم من أهم المناهج التي تحتاج إلي التقويم المستمر حيث أنها أحد المجالات الهامة التي يعتاد فيها الفرد التفكير السليم الذي يستخدمه في الرقي بطريقة معيشته في الحياة وفي حل مشاكله وفي تسير الظواهر العلمية واستغلالها لمنفعته عن طريق التطبيق العلمي والعملي لهذا التفكير والذي يعتبر تعلم العلوم أداة له، الأمر الذي يدعو إلي النظر لكل ما هو جديد مما يدور من حولنا من متغيرات إيجابية تفيد في تطوير التعليم القادر علي إعداد جيل له القدرة علي صنع مستقبل أفضل مبني علي علم، فكر، ابتكار، وإبداع.

ومن هذا المنطلق فقد قمت بإعداد بحث وصفي لتقويم محتوى مناهج العلوم بالمرحلتين الابتدائية والإعدادية في ضوء المتطلبات المعرفية لمشروع التيمز (TIMSS) وبيان التصور المقترح لشبكة مفاهيم تتضمن المفاهيم العلمية الرئيسة والفرعية التي يجب أن يتضمنها محتوى مناهج العلوم بالمرحلتين الابتدائية والإعدادية في ضوء المتطلبات المعرفية لمشروع التيمز في مجالات (علم الحياة, علم الأرض, علم البيئة, علم الفيزياء، علم الكيمياء).

وقد تضمن هذا البحث على ستة فصول وهي:

الفصل الأول: وقد تناولت فيه الإطار العام للبحث والتي اشتمل على (مقدمة البحث - مشكلة البحث - أهداف البحث - أهمية البحث - حدود

البحـث - أدوات البحث -منهج البحث - فـروض البحث - مصطلحـات البحـث - إجـراءات البحـث).

الفصل الثاني: وقد تناولت فيه عدة محاور وهي :

- أهمية مشروع التيمز (TIMSS).

- فلسفة مشروع التيمز (TIMSS).

- أهداف مشروع التيمز (TIMSS).

- مكونات مشروع التيمز (TIMSS).

- منهج مشروع التيمز (TIMSS) .

- مجالات مشروع التيمز (TIMSS).

- مدي صلاحية بيانات مشروع (TIMSS) للمقارنات العالمية.

- الانتقادات الموجهة لمشروع التيمز (TIMSS).

- حركات إصلاح تعليم العلوم حول العالم.

الفصل الثالث: وقد تناولت فيه الدراسات السابقة من خلال عدة محاور وهي :

- دراسات تتصل بمشروع التيمز (TIMSS).

- دراسات تتصل باستخدام المفاهيم في تصميم المناهج.

- دراسات تتصل بنمو المفاهيم ومستواها.

- تعليق عام علي الدراسات السابقة ومدى استفادة البحث الحالي منها.

- تعقيب عام على الدراسات السابقة، ومدى استفادة الباحث منها.

- أوجه الاستفادة فى الدراسة الحالية من الدراسات السابقة.

الفصل الرابع: وقد تناولت فيه إجراءات البحث من خلال عدة محاور وهي:

- إعداد قائمة بالمفاهيم العلمية الرئيسة والفرعية التي يجب أن يتضمنها محتوى مناهج العلوم بالمرحلتين الابتدائية والإعدادية فى ضوء المتطلبات المعرفية لمشروع التيمز (TIMSS).

- إعداد شبكة مفاهيم يتضح فيها الربط والتكامل أفقياً ورأسياً بين المفاهيم الرئيسة والفرعية فى المجالات المعرفية (علم الحياة – علم الأرض – علم الكيمياء – علم الفيزياء – علم البيئة) فى ضوء المتطلبات المعرفية مشروع التيمز (TIMSS).

- تحليل محتوى كتب العلوم بالمرحلتين الابتدائية والإعدادية فى ضوء قائمة المفاهيم المقترحة.

- إعداد قائمة مفاهيم لكل صف دراسي من الصفوف الست بالمرحلتين الابتدائية والإعدادية.

- بناء المحتوى العلمي لأحد المفاهيم الرئيسة المتضمنة في قائمة المفاهيم العامة المقترحة.

الفصل الخامس: وقد تناولت فيه نتائج البحث ومناقشتها وتفسيرها وقد خلصت في نهاية هذا البحث بقائمة المفاهيم العلمية الرئيسة والفرعية التي يجب أن يتضمنها محتوى مناهج العلوم بالمرحلتين الابتدائية والإعدادية وإعداد شبكة مفاهيم يتضح فيها الربط والتكامل أفقياً ورأسياً بين المفاهيم الرئيسة والفرعية فى المجالات المعرفية (علم الحياة – علم الأرض – علم الكيمياء – علم الفيزياء – علم البيئة) فى ضوء المتطلبات المعرفية مشروع التيمز (TIMSS).

الفصل السادس: وقد تناولت فيه خاتمة البحث والتي اشتملت على

(ملخص البحث - توصيات البحث ومقترحاته - بحوث مقترحة - مشروع البحث)

ونظراً لكون هذا البحث من الأبحاث الرائدة في هذا المجال فقد حصلت من خلال هذا البحث على درجة الماجستير في التربية تخصص مناهج وطرق تدريس بتقدير ممتاز وتوصية لجنة المناقشة والحكم بتداولها بين الجامعات المصرية نظراً لكونها الرساله الرائدة في هذا المجال.

وكانت لجنة المناقشة والحكم تضم كلاً من :

- أ. د/ صلاح الدين محمد حمامه أستاذ المناهج وطرق تدريس العلوم وعميد كلية التربية - جامعة كفر الشيخ.
- أ. د/ عبد السلام مصطفى عبد السلام أستاذ المناهج وطرق تدريس العلوم وعميد كلية التربية – جامعة المنصورة.
- أ. د/ محمد السيد علي أستاذ المناهج وطرق تدريس العلوم كلية التربية – جامعة المنصورة.
- أ. د/ محرز عبده يوسف الغنام أستاذ المناهج وطرق تدريس العلوم كلية التربية – جامعة المنصورة.

ولذا فقد شجعني ذلك إلى إخراج هذا الجهد المتواضع في صورة كتاب حتى يعم النفع على جميع المستفيدين من هذا المجال والمعلمين وواضعي المناهج والباحثين في مجال المناهج وطرق التدريس.

وختاماً فإن كان من توفيقاً فمن الله ثم أساتذتي وإن كان من خطأ أو تقصير فمني ومن الشيطان، والحمد لله رب العالمين.

المؤلف

دكتور / محمود عبد اللطيف حسان

الفصل الأول

الإطار العام للبحث

مقدمة البحث:

يشهد العصر الحالي تقدماً كبيراً في مجال العلوم والتكنولوجيا, مما نتج عنه كماً كبيراً من المواقف التي تواجه الفرد في حياته اليومية, والتي تتطلب من الفرد التعامل مع هذه المواقف من خلال ما يمتلكه من معارف علمية ومهارات عملية. «وبات من المؤكد أن رصيد الدول لا يقاس بما تملكه من ثروات طبيعية فحسب بل ما تملكه من عقول علمائها ومفكريها»[1].

«فالعالم ينتقل الآن إلي الموجة الثالثة التي من أهم صفاتها غزارة المعرفة والتكنولوجيا المتقدمة, الأمر الذي يتطلب مستوى عالٍ من التعليم والتفكير»[2].

فالثورة العلمية والتكنولوجية ثورة مستمرة يزداد تأثيرها في الحياة, فلم تعُد المعرفة ثابتة أو محددة ولكنها أصبحت متغيرة ولا نهائية, «فأصبح حجم المعرفة يتضاعف مرة كل ثمانية عشر شهراً في قرنٍ جديد تتدفق فيه المعلومات عبر شبكات إلكترونية لا تعرف حدود الزمان والمكان»[3].

---

(1)   أحمد حسين اللقاني(2000): التكنولوجيا في منظومة التعليم, مؤتمر التكنولوجيا في منظومة التعليم, القاهرة, مركز تطوير تدريس العلوم, 23 24- مايو, ص5.

(2)   حسين كامل بهاء الدين (1997): التعليم والمستقبل, القاهرة, دار المعارف, ص5.

(3)   وزارة التربية والتعليم(2000): «التدريس لتكوين المهارات العليا للتفكير» سلسلة الكتب المترجمة , جـ 2, القاهرة, المركز القومي للبحوث التربوية والتنمية, قطاع الكتب , ص12.

ويتضح ذلك في ميادين المعرفة المختلفة وخاصة مادة العلوم التي شهدت تطوراً هائلاً من حيث كمية المعلومات الجديدة واتساعها وعمق أفكارها وشمولها، وأصبح من الصعوبة بمكان وضع المتعلمين أمام هذا الكم الهائل من المعلومات المتراكمة باستمرار.

«وإذا كانت الثورة المعلوماتية والتكنولوجية أساسها العقل، فإنه من الضروري أن تهدف هذه الثورة إلى تطوير التعليم الذي يؤدي إلى تنمية عقول قادرة على التفكير المبدع وتستطيع استخدام قدراتها العقلية من خلال الاهتمام بمضامين المنهج وأساليب التعليم والتعلم بقصد تنمية وإطلاق طاقات الإبداع عند المتعلم والخروج به من ثقافة تلقي المعلومات إلى ثقافة بناء المعلومات والتعمق في فهمها وتفسيرها واستكشاف أبعادها الظاهرة والمستترة من خلال منظومات حية من البحث والتقصي»[1].

فالتعليم أصبح بؤرة الاهتمام الأولى في كل المجتمعات فهو الأداة التي تستطيع بها الدول استثمار عقولها البشرية القادرة على المنافسة العالمية بالفكر وإعمال العقل. لذلك يلعب التعليم دوراً كبيراً في تشكيل سلوك الأفراد وتحديد مصير المجتمعات ومستقبل الدول، كما أصبح أحد المدخلات الرئيسية لمواجهة متطلبات التنمية الشاملة بأبعادها الاجتماعية والثقافية والاقتصادية، وبسبب هذه الأهمية للتعليم أصبحت مناقشة قضاياه عملية مستمرة.

ويُعد التعليم من أهم النظم التي ينبغي أن تخضع للتطوير المستمر لمواجهة المستحدثات التربوية فيه وفي شتى نواحي الحياة، الأمر الذي يدعو إلى النظر لكل ما هو جديد مما يدور من حولنا من متغيرات إيجابية تفيد في تطوير التعليم القادر على إعداد جيل له القدرة على صنع مستقبل أفضل مبني على علم، فكر، ابتكار وإبداع.

---

(1)   وليم تاضروس عبيد(1998): التوجهات المستقبلية لمناهج المرحلة الثانوية، المؤتمر العلمي الثاني ، قسم المناهج وطرق التدريس، كلية التربية ، الكويت، 7-10 مارس ، ص307.

فالقرن الحالي شهد امتزاج للثقافات والحضارات لم يسبق له مثيل من قبل فنحن أمام قيم عالمية جديدة وأجيال تختلف عما كان قبلها, فالعصر الذي نعيشه يتميز بالتغير السريع في جميع جوانب الحياة, فالتلميذ يتغير ولم يعد تلميذ اليوم كتلميذ الأمس, والبيئة تتغير والمجتمع يتغير والمعرفة تتزايد بسرعة كبيرة, والتربية هي الأخرى شاءت أم لم تشأ تجد نفسها في دوامة التغير لأنها نشأت لخدمة المجتمع[1]؛ لذا نجد أن كثير من الأسئلة تطفو على السطح نتيجة الانفتاح على ثقافات العالم حتي بدأ التساؤل أي القيم نلتزم وأي القيم ندع وكيف نوازن بين ما نحن فيه وبين ما يأتينا دون إحداث خلل أو تقصير في النسق القيمي لنا.

«فالتربية تنطلق فكرتها من عنصرين أساسيين: أحدهما عالمي شمولي؛ والأخر قومي وطني فإذا وضع المربي صورة البشرية في ذهنه أي صورة الإنسان البشري عامة وحاول أن يصنع تلميذه على هذه الصورة فإنه إزاء حالة تربية عالمية وإذا وضع نُصب عينيه الجماعة الذي ينتمي إليها التلميذ فعلي هذه الصورة يجتهد في تنشئة تلاميذه وهذا ما يُدعَي بالتربية الوطنية لأن لكل أمة خصوصياتها وطريقتها الأصيلة في التصدي لمهام الحاضر والمستقبل»[2].

وتُعد المناهج أداة التربية ووسيلتها بل هي جوهر العملية التعليمية وقوامها وبدونها تفرغ التربية من المكون الحقيقي لها ولا تُعد المناهج الدراسية بالمعني الحقيقي مالم تعصر من جهة الزمان والمكان باعتبارهما أساسيين لازمين لأي تعلم يقدم للنشء بحيث لا يكتفي بتوافر واحد منهم دون الأخر فالمناهج وبما تتضمنه من معارف ومعلومات ليست الغاية في حد ذاتها وإنما

---

(1) حلمي أحمد الوكيل(1977): تطوير المناهج: أسبابه - أسسه - أساليبه - خطواته – معوقاته (ط1), القاهرة, مكتبة الأنجلو المصرية, ص15-20.

(2) إبراهيم محمد عطا(1992): سياسة تطوير المناهج بين الواقع والمأمول «المؤتمر الثاني عشر, السياسات التعليمية في الوطن العربي», رابطة التربية الحديثة بالاشتراك مع كلية التربية جامعة المنصورة, المجلد الثاني, 7 – 9 يوليو, ص 859.

وسيلة لتحقيق أهداف أشمل تنمي عمليات التفكير وتعمقها للخروج بها من حيز المحلية إلي حيز العالمية لمواكبة التطور الطبيعي لمجريات الحياة وضماناً لتلبية عملية التنمية التي ينشدها المجتمع, لأن تنمية البشر دعامة رئيسية من دعامات التنمية الشاملة السياسية والاقتصادية والاجتماعية, فتنمية البشر كما يعرفها (منصور أحمد منصور, 1975)[1]: «هي تحريك وثقل وصياغة القدرات والكفاءات في جوانبها العلمية والعملية والفنية والسلوكية».

ويمثل المنهج المدرسي أحد العوامل الرئيسة في بناء وثقل القدرات الشخصية إن لم يكن أولها, كما أنه أداة المجتمع لإعداد التلميذ للحياة, وما دام المجتمع متغير فلابد من تطوير المنهج ليتناسب مع هذا التغيير, فالعالم بطبيعته متغير, لا يثبت على حقيقة واحدة أو على صورة جامدة, بل إن المتغيرات تجتاحه يميناً وشمالاً.

فالتعليم الذي يخطط له اليوم هو من أجل مستقبل لم يولد بعد, أو لم يخرج إلي حيز الوجود, ولهذا فإن مستقبل التعليم في مصر لا يتوقف على دراسة هياكل الماضي ومشاكل الحاضر إنما يتوقف أيضاً على المضامين التي تعنيها المتغيرات في نظرة واقعية مستقبلية.

وتُعّد مناهج العلوم من أهم المناهج التي تحتاج إلي التقويم المستمر حيث أنها أحد المجالات الهامة التي يعتاد فيها الفرد التفكير السليم الذي يستخدمه في الرقي بطريقة معيشته في الحياة وفي حل مشاكله وفي تسير الظواهر العلمية واستغلالها لمنفعته عن طريق التطبيق العلمي والعملي لهذا التفكير والذي يعتبر تعلم العلوم أداة له.

ففهم العلوم يعتمد على سمة الفضول والإبداع والحيادية في القيام بعمل ملاحظات كمية وكيفية للوصول إلي النتائج, وبالتالي يجب إعداد مناهج للعلوم تتميز بالتوسع والانفتاح مع الثقافات العربية والأجنبية لتشكيل البناء

---

(1) منصور أحمد منصور(1975): تخطيط القوي العاملة بين النظرية والتطبيق, القاهرة, وكالة المطبوعات, ص 151.

المعرفي تجاه فهم أكثر تنظيماً من نظرة محلية ورؤية عالمية تتيح الفرصة للتلاميذ كي يندمجوا في مواقف تعليمية حقيقية لاكتساب خبرات مباشرة في سياق عالمي.

وبالتالي عند تصميم أو تقويم منهج فإنه يجب أن يُكسب التلاميذ القدرة على الاندماج مع البيئات والثقافات المحيطة, لأن المناهج تتأثر وتتفاعل بدرجة عالية مع ثقافة المجتمع وثقافة العالم الخارجي.

لذلك فالطالب في حاجة ماسة إلي أن يعرف الكثير من المفاهيم والمهارات من أجل فهم علاقات وأحداث لا يمكن له أن يعرفها أو يفهمها قبل دراسته لهذا المنهج المصمم وذلك لتوفير مرسي معرفي حول الأفكار المتعلمة حديثاً والتي يمكن ربطها بالتعلم والفهم السابق لديه.

وانطلاقاً مما تقدم وفي محاولة لإحداث وحدة للثقافة الإنسانية وللإطار المعرفي الذي يتعلمه التلاميذ في الدول المختلفة, فقد قامت بعض المنظمات الدولية غير الحكومية بدراسة الاتجاهات العالمية للعلوم والرياضيات وأهمها المنظمة العالمية لتقييم الإنجاز التعليمي:

(IEA International Association for The Evaluation of Educational Achievement).

وهي منظمة هولندية تضم في عضويتها وزراء التعليم ورؤساء بعض مراكز ومعاهد البحوث على مستوي العالم من أعضاء الدول المشتركة فيها[1].

وقد أُسست عام 1959 م بغرض تقديم دراسات بحثية في مجال تطوير

---

(1)   Michael, M.O. et al (1998): Implementation and Analysis, Final year of Secondary School,Chestnut.MA: Boston College, USA, p5. Retrieved on April 12th 2004, At 3:00AM {on – line}, Available: http://nes. ed. gov /pubs98/twelfth/chap1.html.

النظـم التعليميـة في مختلـف دول العـالم, وذلـك مـن أجـل وصـف تعلـم الطـلاب في هـذه الـدول والحصـول عـلى معلومـات بشـأن اتجاهـات مديـري المـدارس والمعلمـين والطـلاب في المـواد الدراسـية المختلفـة. وقـد قامـت منظمـة (IEA) بقيـاس تعلـم الطـلاب لمـدة مـا يقـرب مـن أربعـين عامـاً ففـي عـام 1964 م قامـت المنظمـة بالدراسـة الأولي لهـا وهـي الدراسـة العالميـة الأولي للرياضيـات(FIMS International Mathematics Study First), والتـي كان التركيـز فيهـا عـلى الإنجـاز في مـادة الرياضيـات فقـط بـين دول العـالم.

وفي عام (1970 - 1971 م) قامت منظمة (IEA) بالدراسة الثانية لها والتي اهتمت بدراسة إنجاز الطلاب في ست مواد دراسية تضمنت مادة العلوم, ونظراً لما لمادتي العلوم والرياضيات من أهمية على الحياة بصفة عامة والعملية الاقتصادية بصفة خاصة فقد ركزت منظمة (IEA) على التقدم في تعليم العلوم والرياضيات فقامت بمجهودات كبيرة وأبحاث متعددة منذ عام 1980 م للعمل على الجمع بينهما في دراسة واحدة حتي توصلت إلي شكل وتصور لهذه الدراسة عام 1990 م وقد أسمتها الدراسة العالمية الثالثة في العـلوم والرياضيات المسماه التيمز (TIMSS) [1]

Third International Mathematics and Science Study

ونظراً لأن هذه الدراسة تعنى أساساً بدراسة الاتجاهات في هاتين المادتين فقد عُدل مسماها ليصبح دراسة الاتجاهات العالمية في العلوم والرياضيات (Trends in International Mathematics and Science Study).

(1) Mullis, I.V.S. et al(2003): Assessment Framework and Specifications 2nd Edition,Chestnut. MA: Boston College, USA, p15. Retrieved on April 12th 2003, At 5:00AM {on - line}, Available: http://Isc. bc. edu / timss 2003. html.

وقد قررت الجمعية العامة لـ (IEA) تقييم مادتي العلوم والرياضيات كل أربع سنوات في ضوء هذا المشروع حيث بدأ تطبيقه لأول مرة عام 1995 م وكرر عامي 1999 و 2003 م, يطبق هذا المشروع في مراحل التعليم العام من الصف الرابع الابتدائي وحتى الصف الثاني عشر (الصف الثالث الثانوي).

فهو يحقق للدول التي تشترك فيه الفرصة الغير مسبوقة لقياس التقدم في الإنجازات التعليمية في مجالي العلوم والرياضيات, وإحداث التغذية الراجعة (Feedback) المناسبة من خلال تطبيق مجموعة من الأدوات (اختبارات واستبيانات) على مديري المدارس, المعلمين والطلاب ليقوموا بإعطاء استجاباتهم على هذه الأدوات.

ومما تقدم يمكن القول بأن مشروع التيمز (TIMSS) هو مشروع دولي تشارك فيه الدول طواعية بهدف تقييم كل دولة لمستوي وإنجازات طلابها في مراحل التعليم المختلفة في مجالي العلوم والرياضيات وذلك للوصول إلي مفهوم الجودة الشاملة في التعليم , والتي يعَّرفها (محمد عطوه, 2002)[1] بأنها قدرة التعليم على تحقيق السبق والامتياز في ظل عمليات التحول والتغير المستمر المتسارع في مختلف عناصر منظومة التعليم.

لذلك فإن مشروع التيمز (TIMSS) ليس ترفاً يمكن الاستغناء عن المشاركة فيه, بل هو من الأمور الهامة التي تُسهم في إعداد المواطن القادر على المشاركة بمعرفته وفكره وإبداعه ومهاراته واتجاهاته, مشاركة فعالة في بيئته ومجتمعه المحلي والقومي والعالمي.

الإحساس بالمشكلة

تُعدَّ مرحلة التعليم الإلزامي (الابتدائية و الإعدادية) من المراحل الهامة

---

(1) محمد إبراهيم عطوه مجاهد(2002): الإعداد المهني للمعلم مدخل لتحقيق الجودة في التعليم, مجلة كلية التربية, جامعة المنصورة, العدد 48, يناير, ص320.

التي يُعد فيها التلاميذ إعداداً عقلياً يؤهلهم إلي بناء القاعدة العلمية التي يحتاجون إليها لمسايرة الاتجاهات العالمية المعاصرة في ظل الثورة المعلوماتية والتكنولوجية. فهي القاعدة التي يرتكز عليها البناء التعليمي بما توفره من خبرات لتلاميذها تمكنهم من اكتساب المعارف والمهارات والاتجاهات وتكشف عن استعداداتهم وقدراتهم التي تمكنهم من مواصلة مراحلهم التعليمية التالية, كما تؤهلهم للانخراط في سوق العمل.

كما تُعدَّ هذه المرحلة من أنسب المراحل التعليمية التي تقابل المراحل النمائية التي يبدأ فيها التلاميذ تكوين الاستعدادات والميول والقدرات, وبالتالي فإن توجيه التلميذ توجيهاً تعليمياً إلي المراحل التعليمية التالية أو توجيهاً مهنياً إلي نوع العمل الذي يتفق واستعداده وقدراته إنما يتوقف على ما تم تقديمه لتلاميذ هذه المرحلة من خبرات تربوية [1] تؤهلهم للتوافق مع مجتمعهم والتفاعل معه بحيث يصبح الفرد قادراً على الإسهام في بناء مجتمع ناهض سواء قُدر له أن يواصل دراساته في مراحل التعليم الأخرى أم ينزل إلي معترك الحياة بعد الانتهاء من هذه المرحلة[2].

وبالتالي يكون التركيز في هذه المرحلة على جعل المنهج منهج المستقبل أي منهج يخدم متطلبات المجتمع ويسد من حاجاته, منهج يساعد التلميذ على أن يتعلم ما يمكن أن يمارسه في الحياة ومواجهة متطلباته[3].

---

(1) مصطفي غالب(1979): سيكولوجية الطفولة والمراهقة, بيروت, مكتبة الهلال, ص87.

(2) عايده سيدهم إسكندر (1992): بناء برنامج علاجي للصعوبات التي تواجه طالبات الكليات المتوسطة للمعلمات في مهارات إعداد الخطة اليومية لدروس الرياضيات للصفوف الثلاثة الدنيا في المرحلة الابتدائية «المؤتمر الثاني عشر, السياسات التعليمية في الوطن العربي», رابطة التربية الحديثة بالاشتراك مع كلية التربية جامعة المنصورة, المجلد الثاني, 7 - 9 يوليو, ص 889.

(3) ممدوح عبد العظيم الصادق(2001): تقويم مناهج العلوم المطورة بالمرحلة الإعدادية في ضوء هندسة المنهج وإستراتيجية مبتكرة لزيادة فاعلية تدريسها, مجلة كلية التربية, جامعة المنصورة, العدد 45, يناير, ص59.

زمنية طويلة وأصبح من الضروري فتح الباب أمام أي تيار إصلاحي يمكن أن نستفيد منه حتي نواكب جميع المتغيرات العالمية التي تحيط بنا.

فالمجتمع يتوقع من التعليم أن يحقق أماله وتطلعاته في تربية أبناءه, كما يحتاج إلي شخصيات مفكره قادرة على التجديد والابتكار وتنقية الثقافة مما يشوبها نتيجة لعدم الاحتكاك الحقيقي المباشر بيننا وبين العالم الخارجي.

فالنظام التعليمي في مصر والبلاد العربية في حالة أزمة حقيقية نتيجة ضعف قدرته على الموائمة بينه وبين التحديات المستقبلية التي تواجه المجتمع وعجزه عن استشرافها والاستعداد لها حتي الآن, ونتيجة انغلاقه على نفسه لفترات زمنية طويلة وأصبح من الضروري فتح الباب أمام أي تيار إصلاحي يمكن أن نستفيد منه حتي نواكب جميع المتغيرات العالمية التي تحيط بنا.

من هذا المنطلق قامت مصر متمثلة في وزارة التربية والتعليم بالاشتراك في منظمة الـ (IEA) لتستفيد بما تقدمه من برامج ومشاريع لتطوير التعليم والتعلم, ومن أهمها مشروع التيمز (TIMSS) الذي بدأت المنظمة تطبيقه لأول مرة عام 1995 م ثم عام 1999م, لكن مصر لم تشارك في هاتين المرتين بسبب انضمامها المتأخر لهذه المنظمة.

وكانت المرة الثالثة لتطبيق هذا المشروع عام 2003م، والتي شاركت مصر فيه على مستوي الصف الثالث الإعدادي, وقد أُسندت مهام الإشراف على تنفيذ هذا المشروع إلى المركز القومي للامتحانات بتكليف من وزير التربية والتعليم, وبموجب هذا التكليف يكون المركز ممثلاً عن جمهورية مصر العربية باعتباره هيئة بحثية مستقلة مسئولة عن عمليات التقويم.

وقد خضعت مصر قبل المشاركة الأساسية عام (2003م) إلي دراسة استطلاعية مع البلدان المشاركة في (مايو 2002م), وقد تم اختيار 25 مدرسة عشوائيا من مصر, وأظهرت نتائج هذه الدراسة الاستطلاعية احتلال مصر مركزاً متأخراً من بين الدول المشاركة, واحتلال بعض الدول العربية

المجاورة كتونس والأردن مراكز متقدمة على مصر!! [1]، على الرغم من أن كل الدول العربية بلا استثناء أخذت عنا برامجها التعليمية واستدعت طاقمنا التربوي والتعليمي للنهوض بالتعليم في هذه الدول.

فكانت هذه الدراسة مؤشراً قوياً على ضرورة التغيير والإصلاح في برامجنا التعليمية الحالية ليتناسب محتواها مع الاتجاهات العالمية السائدة. لذا قامت وزارة التربية والتعليم بمحاولات سريعة لتطوير المناهج التعليمية وخاصة منهج الصف الثالث الإعدادي في محاولة لتحسين مستوي العملية التعليمية بصفة عامة وتعليم العلوم بصفة خاصة ليتناسب مع حاجات ومتطلبات مشروع التيمز (TIMSS), وتلك المحاولات يمكن إجمالها في النقاط التالية:

1-إرسال نشرات في العام الدراسي 2002 / 2003 م إلي المدارس تتضمن حذف وإضافة بعض المفاهيم العلمية وذلك على مستوي الصف الثالث الإعدادي فقط.

2- دمج هذه المفاهيم المضافة في كتب العلوم للصف الثالث الإعدادي في العام الدراسي 2003 /2004 م.

3- قامت الوزارة بعمل دورات تدريبية للمعلمين لإكسابهم بعض المهارات اللازمة للتدريس في ضوء مشروع التيمز (TIMSS).

لكن من الملاحظ على هذه المحاولات التي تمت من قِبل الوزارة من خلال خبرتي الشخصية في مجال التربية والتعليم أن:

1- محاولات التطوير التي تمت من قبل الوزارة تمثلت في الحذف والإضافة ونقل الموضوعات من صف إلي آخر, مما أدي إلي عدم اتزان أو تدرج أو ترابط المفاهيم بين الصفوف الدراسية

---

(1)   المركز القومي للامتحانات والتقويم التربوي(2004): تقرير عن نتائج الدراسة الاستطلاعية لمشروع الدراسة الدولية في الرياضيات والعلوم, القاهرة, ص3.

في كل مرحلة من جهة وبين المراحل بعضها ببعض من جهة أخرى, حيث أن: «أسلوب الحذف والإضافة لم يَعُد هو الأسلوب الأنسب للاختيار من هذا الانفجار المعرفي والاتجاهات الحديثة والتطورات التكنولوجية, كما أنه يحمِّل التلاميذ عبئاً فوق طاقاتهم وقدراتهم على استيعاب ذلك الكم المتدفق من المعرفة غير المرتبط ارتباطاً تاماً»[1].

2- الـوزارة لم توفر الوسائل والأدوات التعليمية اللازمة لإكساب التلاميذ لهذه المفاهيم العلمية التي تم إضافتها لهذا المنهج.

3- الوزارة لم تقم بإعداد المعلمين الإعداد اللازم والكافي لإكسابهم المهارات اللازمة لتدريس هذه المفاهيم من منظور مشروع التيمز (TIMSS) حيث كانت مدة التدريب تتراوح بين يوم واحد ويومين, كما كان لمدرسي الصف الثالث الإعدادي فقط وليس لجميع المدرسين.

4- نتائج امتحانات العام الدراسي (2002 – 2003 م) التي طُبق فيها مشروع التيمز (TIMSS 2003) في مادة العلوم وخاصة في الفصل الدراسي الأول كانت متدنية عن الأعوام السابقة ؛ وذلك لأن الامتحانات وردت بطريقة لم يتعود عليها التلاميذ حيث أن الأسئلة لم تختبر القدرة على الحفظ والاسترجاع التي تعودوا عليها ولكنها كانت أسئلة غير مباشرة مبنية على الفهم والتفكير العلمي من خلال مواقف حياتية.

مما تقدم يمكن القول بأنه إذا كنا نريد إصلاحاً فعلياً للمناهج التعليمية فيجب أن يكون ذلـك في إطار هـدف محدد نسعى إلى تحقيقه بـدراسـة علمية منظمة نتعرف مـن خلالها عـلى متطلبات هـذا الـهـدف ثـم نقيم وضعنا الحالي

---

(1)   المنظمة العربية للتربية والثقافة والعلوم (1975): مشروع ريادي لتطوير تدريس العلوم المتكاملة, اجتماع لجنة الخبراء بالإسكندرية, ص73.

تبعاً لها ثم محاولة التعديل والتغيير في النظام التعليمي حتى نستطيع أن نُعِد خريج على مستوى الكفاءة المطلوبة سواء من الناحية العلمية أو من الناحية التطبيقية.

و ذلك يدفعنا إلي بذل الجهود نحو تبني هدف عام وليكن مثل ما تبنته دولة كانت مثلنا أو أقل ولكنها أصبحت دولة لها مكانتها الاقتصادية والعلمية وأصبحت من النمور الآسيوية, تلك الدولة هي ماليزيا التي وضعت لها هدفاً قومياً عملت على تحقيقه بكل السُبل وهو: «الوصول بالخريج إلي مستوي العالمية مع تحليه بالخلق الرفيع والمبادئ السامية»[1].

ففكرة التطوير تنطلق من عنصرين هامين: أن المستوي لشيء ما قد يبدو دون غيره من المستويات خاصة إذا قورن بما يناظره في بعض المجتمعات الأخرى الأكثر تقدماً بمعني الإحساس بوجود نقص ما في المخرجات التعليمية, ثم وجود مصلحة ما تحتم عملية التطوير باعتبار أن الواقع لا يلبي حاجات المجتمع ولا يسعفه في تحقيق طموحاته وآماله.

«فالإصلاح التربوي ليس مجرد قرار يصدر بالتغيير بل هو عملية تتناول المتغيرات والعوامل المكونة للنظام وتهيئة البشر والإمكانات لمفهوم التطوير وتفهم أهدافه وتيسير عملية الانتقال إلي المنهج المطور حتى يمكن تحقيق الاستفادة من التطوير»[2].

فعملية تقويم وتطوير المناهج ليست وليدة تدهور مستوياتها بل هي من الأمور المرغوب فيها باستمرار[3], بطريقة جماعية تعاونية منظمة وليست

(1) أحمد عطية أحمد(1999): نظام التعليم في ماليزيا, مجلة التربية والتعليم, القاهرة, وزارة التربية والتعليم, المركز القومي للبحوث التربوية والتنمية, شعبة البحوث السياسات التربوية, العدد 17, أكتوبر, ص88.

(2) أحمد إبراهيم عبد السلام(2000): استخدام مدخل تحليل النظم في تطوير منهج (التفاضل والتكامل) بالمرحلة الثانوية, رسالة دكتوراه غير منشورة, كلية التربية, جامعة المنصورة, ص122.

(3) عبد السلام مصطفي عبد السلام(1993): كتاب العلوم المدرسي «دراسة =

فردية وذلك تبعاً لمتغيرات العصر ووفق إجراءات يمكن عن طريقها وضع تصور مقترح لمنهج مطور, ومن أبرزها ما يلي:[1]

1- جمع بيانات دقيقة من بلاد متقدمة في العملية التعليمية أو من بعض البلاد التي تتفق ظروفها مع ظروفنا للتعرف على نظم التعليم السائدة فيها والاتجاهات التربوية بها والآمال والتطلعات المرجوة وذلك إلي جانب التعرف على الجوانب الاقتصادية والاجتماعية والثقافية المصاحبة للتطور التربوي في تلك الدول.

2- تحليل تلك البيانات والنظم بهدف الاستفادة منها واستبعاد ما لا يتفق مع طبيعة المجتمع.

3- تحديد الاحتياجات المستقبلية في ضوء نتائج هذا التحليل وإمكانات الحاضر.

4- تخطيط المنهج بحيث يمّكن كل فرد من الحصول على فرصة ينمي قدراته وأن يسهم إسهاماً فعالاً في عملية التنمية الاقتصادية والاجتماعية والثقافية ويقوم هذا التخطيط أساساً على التوقعات المستقبلية القريبة والبعيدة للمكان في بلد معين.

5- تجريب المنهج بحيث يؤدي دوره في تطوير المناهج على أساس علمي, فكم من دول بذلت جهوداً كبيرة لتطوير مناهجها ولكنها فشلت ولم تنجح في تحقيق الأهداف المنشودة لأنها اعتمدت على الآراء الشخصية والارتجال في اتخاذ القرارات وإصدار القوانين وجعلت ذلك أسلوبها في التطوير, والذي يميز التطوير المبني على أساس علمي عن غيره من أساليب التطوير الأخرى إنما هو التجريب.

= تحليلية تقويمية», مجلة كلية التربية, جامعة المنصورة, العدد23, سبتمبر, ص37.

(1) إبراهيم محمد عطا: مرجع سابق, ص878 - 879.

6- تطبيق المنهج بعد التجريب ومتابعة عملية التنفيذ لأن التطبيق على نطاق واسع يختلف إلي حداً ما عن التجريب, ففي الأخير يمكن السيطرة على الموقف التجريبي وتذليل الصعوبات التي تعوقه, لأنها محصورة في نطاق ضيق أما في التطبيق فقد تظهر مواقف لم تؤخذ في الحسبان وهو بداية مشكلات جديدة تعالج عن طريق التقويم.

7- تقويم المنهج وهي المرحلة الأخيرة والأولي في تطوير المنهج, فهي الأخيرة لأنها تتويج للمراحل السابقة, والحكم على ما تم فيها من ممارسات صالحة وغير صالحة, وهي الأولي - أيضاً - لأنها بداية لعملية تطوير أخرى, حيث أن عملية المراجعة هذه يتم فيها تجميع كل المآخذ على عملية التطوير, وبتراكم هذه المآخذ يأخذ التطوير دورة جديدة لتطوير جديد, حيث يصحب تنفيذ المنهج المدرسي خطوة بخطوة.

وبالتالي فمحاولات التطوير التي تقوم بها وزارة التربية والتعليم لمحتوى مناهج العلوم يحتاج إلي مزيد من التحليل والتقويم والتطوير في ضوء الإجراءات الحقيقية لهذا التطوير وفي ضوء متطلبات العصر و المتطلبات المعرفية لمشروع التيمز (TIMSS) التي اشتركت فيه.

وهذا ما تؤكده النتائج الفعلية للامتحان التجريبي لمشروع التيمز (TIMSS) للعام 2003م بمحافظة الدقهلية[1], والذي أظهرت انخفاض عدد الناجحين من التلاميذ حيث لم تتعدي نسبة النجاح (18,7٪).

وأيضاً النتائج الدولية لمشروع التيمز (TIMSS) للعام 2003م[2]

---

(1) مديرية التربية والتعليم(2004): تقرير عن إجابات التلاميذ في نتائج الامتحان التجريبي في(9/4/2003م) لمشروع التيمز((TIMSS لمدارس العينة, الدقهلية,ص3.

(2) nzales,O. E.(2005) ;Average Science Scale Scores of Eighth-Grade Students, by Country: 2003, National Center for =

والتي شاركت فيه مصر والتي أظهرها المركز القومي للإحصائيات التعليمية (NCES) تحت إشراف مركز الدراسة العالمي بجامعة بوسطن الأمريكية (ISC) المسئول عن إعلان نتائج مشرع التيمز (TIMSS).

وأظهرت نتائج هذه الدراسة احتلال مصر مركزاً متأخراً وهو المركز (35) من بين (45) دولة مشاركة واحتلال بعض الدول العربية المجاورة مراكز متقدمة عن مصر, كالأردن التي حصلت على المركز (25), البحرين حصلت على المركز (33) وفلسطين حصلت على المركز (34) رغم المشكلات التي تواجهها.

وكذلك حصول بعض الدول المجاورة لنا على مراكز أفضل منا كإيران التي حصلت على المركز (30) وحصول دول أخرى نامية مثلنا على مراكز أفضل كإستونيا حصلت على المركز (5) وماليزيا حصلت على المركز (20).

وعقب ظهور هذه النتيجة قامت الوزارة بمحاولات متسرعة أيضاً لتعديل المناهج وذلك بإرسال نشرات في العام الدراسي 2005 /2006 م إلي المدارس تتضمن إضافة بعض المفاهيم العلمية وذلك على مستوي الصف الأول الإعـدادي فقط مع ملاحظة أن هذه المفاهيم المضافة هي نفسها المفاهيم التي تم إضافتها للصف الثالث الإعدادي في العام الدراسي 2003/2002 م والتي ما زالت تدرس في العام الدراسي 2006/2005 م.

وهذا يؤكد ما سبق ذكره في أن الوزارة تقوم بالتطوير ليس بشكل منطقي ومنظم ولكنها تقوم به كرد فعل متسرع لنتيجة مشروع أو مركز متدني حصلت عليه مصر, وهذا للأسف أسلوب نراه دائماً في حياتنا فمتي يستقر لدينا النظام التعليمي ويتم رسم سياسة تعليمية واضحة ونصبح فعلاً وليس رد فعل.

= Education Statistics, Washington, DC . Retrieved on May 21st 2005, At 11:50PM [on – line], Available:

وهذا يؤكد على ضرورة تطوير محتوي المناهج الحالية بما يتناسب ومتطلبات مشروع التيمز (TIMSS) والتي تتمثل في ثلاثة أبعاد رئيسية هي[1]:

أولاً: بعد المحتوي Content Domain :

ويشتمل على خمسة مجالات هي:

- علم الحياة   Life Science

- علم الفيزياء   Science Physics

- علم الكيمياء   Chemistry Science

- علم الأرض   Earth Science

- علم البيئة   Environmental Science

ثانياً: بعد العمليات المعرفية Cognitive Domain:

ويشتمل على ثلاثة مجالات هي:

- المعرفة الواقعية Factual Knowledge

- الفهم المنظم على أساس مفاهيمي Conceptual Understanding

- الاستدلال والتحليل Reasoning and Analysis

ثالثاً: الاستقصاء العلمي Scientific Inquiry:

فهـو عنصـر أسـاسي في تعلـم العلـوم, وذلـك مـن خـلال قيـام الطـلاب بالبحث عـن حـل المشكـلات التـي تواجههم بـوصف الأشياء والأحـداث, ووضـع التساؤلات, بناء توضيحات, ربـط أفكارهم بعضها ببعض, ويقومون بتحديد

---

(1)   Mullis, I.V.S. et al(2003): OP.Cit

مقترحاتهم, باستخدام التفكير التأملي والناقد والمنطقي والإبداعي وذلك لربط المعرفة العلمية بالعقل ومهارات التفكير. ولمَّا كانت عملية اكتساب التلاميذ للمفاهيم العلمية الرئيسة والفرعية المتضمنة بمحتوي العلوم طبقاً لمشروع التيمز(TIMSS) تتم بطرق مختلفة وبمساعدة وسائل متعددة, فإن من أهم هذه الوسائل - بطبيعة الحال- الكتاب المدرسي بصفته الوعاء الذي يتضمن محتوي المادة الدراسية المطلوب تقديمها للتلاميذ, « باعتباره المرجع الأساسي لكل من الموجه والمعلم والتلميذ, والمصدر الطبيعي لتخطيط وتنفيذ العملية التعليمية».[1]

فالكتاب المدرسي يمثل حلقة الاتصال بين المعلم والمنهج[2], فهو يقدم له إطاراً عاماً يعمل من خلاله, كما يعتبر حلقة الاتصال بين التلميذ والمنهج, فهو يتعدى كونه أداة ووسيلة للتعلم إلي كونه ناقل للثقافة وأداة التواصل بين الأجيال بعضهم البعض كما أنه يمكن أن يساعد على خلق معلم جيد وتلميذ راغب في التعلم بدلاً من تلميذ لا جدوى منه.

ويؤكد دريفز, 1992(Dreyfus)[3] بأن المعلمين يعتمدون اعتمادا كلياً على الكتاب المدرسي وطالبوا بضرورة استمرار وجوده.

كما أن الواقع في المدرسة العربية يشير إلي أن الكتاب المدرسي لا يزال هو المحدد الأساسي لمنهج العلوم والأداة الأساسية لتنظيم المنهج ولعملية

(1) محمد ربيع (1991): تقويم كتب الرياضيات المدرسية بالحلقة الأولي من التعليم الأساسي في ضوء آراء المعلمين والموجهين, مجلة البحث في التربية وعلم النفس, المجلد الخامس, العدد الثاني,أكتوبر, ص131.

(2) عبد الفتاح عبد الحميد(1993): تعليم اللغة العربية بين الكتاب المدرسي والكتاب الخارجي في المرحلة الثانوية العامة من وجهة نظر الطلاب والمعلمين, مجلة كلية التربية, جامعة المنصورة, العدد23، سبتمبر , ص164.

(3) Dreyfus.A(1992):ContentAnalysisofSchoolTextBooks:Atechnology-OrientedCurriculum,InternationalJournalofScience Education, p 312-.

التدريس والتعلم. كما أن الكتاب المدرسي لا يزال في مقدمة المصادر اللازمة للتعلم بل هو الأكثر استخداماً من بينها، ومن خلال ما سبق يتبين أننا بحاجة إلي منهج مطور يقوم بناء على عملية تقويم شاملة ومتكاملة على درجة عالية من الصدق والموضوعية والوضوح، ويمثل محتوي المنهج المحور الرئيسي لهذا التقويم لأنه يبني عليه كل عناصر العملية التعليمية المحيطة به.

وأنه عندما نشترك في مشروع ما أياً كانت ماهيته علينا أن نقوم بتقييم وضعنا الحالي تبعاً لمتطلبات هذا المشروع قبل المشاركة وليس بعدها, لأن ما يحدث من تطبيق لمشاريع ونظم دون دراسة علمية منظمة وسليمة لكل أبعاد هذا المشروع سيؤدي إلي الفشل مما ينعكس أثره على النتاجات التعليمية لدينا وخاصة أبنائنا الطلبة والطالبات.

من هنا شعر الباحث بمشكلة البحث الحالي, حيث وجد أنه لا توجد دراسة عربية (في حدود علم الباحث) تناولت تقويم محتوي مناهج العلوم بالمرحلتين الابتدائية والإعدادية في ضوء المتطلبات المعرفية لمشروع التيمز (TIMSS).

على الرغم من مشاركة العديد من الدول العربية في هذا المشروع ومنها مصر التي قامت بمحاولات للإصلاح ولكنها اتسمت بالتخبط والعشوائية, ومن هنا نشأت مشكلة البحث الحالي.

مشكلة البحث

أن محتوى كتب العلوم بالمرحلتين الابتدائية والإعدادية لا يتضمن بعض المفاهيم العلمية الرئيسة والفرعية اللازمة لتطبيق مشروع التيمز(TIMSS) في مجالات (علم الحياة, علم الأرض, علم البيئة, علم الفيزياء, علم الكيمياء).

ومن هنا يمكن تحديد مشكلة البحث في التساؤل الرئيس التالي:

«ما التصور المقترح لشبكة مفاهيم تتضمن المفاهيم العلمية الرئيسة والفرعية التي يجب أن يتضمنها محتوى مناهج العلوم بالمرحلتين الابتدائية والإعدادية في ضوء المتطلبات المعرفية لمشروع التيمز(TIMSS) في مجالات (علم الحياة, علم الأرض, علم البيئة, علم الفيزياء, علم الكيمياء)؟».

وتتم دراسة هذه المشكلة من خلال الأسئلة الفرعية التالية:

1ـ ما المفاهيم العلمية الرئيسة التي يجب أن يتضمنها محتوى مناهج العلوم بالمرحلتين الابتدائية والإعدادية اللازمة لتطبيق مشروع التيمز(TIMSS) في مجالات (علم الحياة, علم الأرض, علم البيئة, علم الفيزياء, علم الكيمياء)؟

2ـ كيف يمكن الربط والتكامل أفقياً ورأسياً بين المفاهيم العلمية الرئيسة والفرعية في المجالات المعرفية (علم الحياة, علم الأرض, علم البيئة, علم الفيزياء, علم الكيمياء) في ضوء مشروع التيمز(TIMSS)؟

3ـ ما مدى تضمين محتوى مناهج العلوم بالمرحلتين الابتدائية والإعدادية لقائمة المفاهيم المقترحة في ضوء مشروع التيمز(TIMSS)؟

4ـ ما التصور المقترح لتوزيع قائمة المفاهيم العامة على الصفوف الدراسية الست بالمرحلتين الابتدائية والإعدادي؟

5ـ ما التصور المقترح لمحتوى أحد المفاهيم الرئيسة المتضمنة في قائمة المفاهيم العامة للصفوف الستة بالمرحلتين الابتدائية والإعدادية في ضوء المتطلبات المعرفية لمشروع التيمز(TIMSS)؟

أهداف البحث

يهدف البحث الحالي إلى ما يلي:

1- إعداد قائمة بالمفاهيم العلمية الرئيسة والفرعية اللازم تضمينها بمحتوى مناهج العلوم   بالمرحلتين الابتدائية والإعدادية في ضوء المتطلبات المعرفية اللازمة لتطبيق مشروع التيمز(TIMSS).

2- تحليل محتوى مناهج العلوم بالمرحلتين الابتدائية والإعدادية في ضوء قائمة المفاهيم العلمية المقترحة وتحديد جوانب القوة والضعف فيها.

3- إعداد قائمة مفاهيم خاصة لكل صف دراسي من الصفوف الستة بالمرحلتين الابتدائية   والإعدادية.

4- إعداد المحتوى العلمي لأحد المفاهيم الرئيسة المتضمنة في قائمة المفاهيم العامة للصفوف الست بالمرحلتين الابتدائية والإعدادية في ضوء المتطلبات المعرفية اللازمة لتطبيقات مشروع التيمز(TIMSS) وفي ضوء معايير صياغة المحتوى وتنظيمه.

أهمية البحث

ترجع أهمية البحث الحالي إلى ما يلي:

1- يعد استجابة لحركات إصلاح التعليم من منظور مشروع التيمز(TIMSS).

2- يساعد معلمي وموجهي ومخططي مناهج العلوم في التعرف على مشروع التيمز(TIMSS)، ومتطلباته.

3- يلقى الضوء على مدى تضمين محتوى مناهج العلوم بالمرحلتين الابتدائية والإعدادية لقائمة المفاهيم العلمية الرئيسة والفرعية اللازمة لتطبيق مشروع التيمز (TIMSS) والخاصة بمجالات (علم الحياة, علم الأرض, علم البيئة, علم الفيزياء, علم الكيمياء).

4- يمّد مخططي مناهج العلوم بقائمة المفاهيم العلمية الرئيسة والفرعية لمجالات (علم الحياة, علم الأرض, علم البيئة, علم الفيزياء, علم الكيمياء) اللازم تضمينها بمحتوي مناهج العلوم بالمرحلتين الابتدائية والإعدادية في ضوء مشروع التيمز(TIMSS).

5- يزود مخططي المناهج بتصور مقترح لبناء المحتوي العلمي لأحد المفاهيم الرئيسة المتضمنة في قائمة المفاهيم العامة للصفوف الست بالمرحلتين الابتدائية والإعدادية في ضوء المتطلبات المعرفية اللازمة لتطبيقات مشروع التيمز (TIMSS) وفي ضوء معايير صياغة المحتوي وتنظيمه.

أدوات البحث

قائمة بالمفاهيم العلمية الرئيسة والفرعية التي يجب تضمينها بمحتوي مناهج العلوم بالمرحلتين الابتدائية والإعدادية في ضوء المتطلبات المعرفية لمشروع التيمز (TIMSS) وتتضمن خمس قوائم فرعية هي:

1- قائمة بالمفاهيم العلمية الرئيسة والفرعية المتعلقة بمجال علم الحياة.

2- قائمة بالمفاهيم العلمية الرئيسة والفرعية المتعلقة بمجال علم الأرض.

3- قائمة بالمفاهيم العلمية الرئيسة والفرعية المتعلقة بمجال علم الفيزياء.

4- قائمة بالمفاهيم العلمية الرئيسة والفرعية المتعلقة بمجال علم الكيمياء.

5- قائمة بالمفاهيم العلمية الرئيسة والفرعية المتعلقة بمجال علم البيئة.

حدود البحث

يقتصر البحث الحالي على ما يلى:

1- إعداد قائمة بالمفاهيم العلمية الرئيسة والفرعية التي يجب تضمينها في محتوى مناهج العلوم بالمرحلتين الابتدائية والإعدادية في ضوء متطلبات مشروع التيمز (TIMSS) والخاصة بمجالات (علم الحياة, علم الأرض, علم البيئة, علم الفيزياء, علم الكيمياء).

2- تحليل محتوى مناهج العلوم من الصف الرابع الابتدائي وحتى الصف الثالث الإعدادي بجمهورية مصر العربية, وعددها (12) كتاباً بواقع كتابين لكل صف دراسي.

3- إعداد المحتوى العلمي لمحتوى أحد المفاهيم الرئيسة المتضمنة في قائمة المفاهيم العامة للصفوف الستة بالمرحلتين الابتدائية والإعدادية في ضوء المتطلبات المعرفية اللازمة لتطبيقات مشروع التيمز(TIMSS) وفي ضوء معايير صياغة المحتوي وتنظيمه، وقد اختار الباحث مفهوم (المحاليل) لبناء هذه الوحدة.

منهج البحث

يعتمد البحث الحالي على المنهج الوصفي التحليلي وذلك لوصف نتائج البحوث والدراسات السابقة وهي:

- دراسات وبحوث تتصل بمشروع التيمز (TIMSS) ومتطلباته.

- دراسات وبحوث تتصل باستخدام المفاهيم في تصميم المناهج.

- دراسات وبحوث تتصل بنمو المفاهيم ومستواها.

وكذلك لتحديد المفاهيم العلمية الرئيسة والفرعية لكل مجال من مجالات محتوى مناهج العلوم بالمرحلتين الابتدائية والإعدادية في ضوء متطلبات مشروع التيمز (TIMSS) والخاصة بمجالات (علم الحياة, علم

34

الأرض, علـم البيئـة, علـم الفيزيـاء, علـم الكيميـاء), ثـم وضـع هـذه المفاهيـم في صـورة قائمـة مفاهيـم وتحليـل محتـوى كتـب العلـوم للصفـوف السـتة (الرابـع الابتـدائي - الخامـس الابتـدائي - السـادس الابتـدائي - الأول الإعـدادي - الثـاني الإعـدادي - الثالـث الإعـدادي) في ضوءهـا.

مصطلحات البحث

- المحتوي Content

يعرفه (محمد السيد علي, 2000)[1]بأنه: «كل ما يضعه مخطط المنهج من خبرات سواء أكانت خبرات معرفية أو وجدانية أو نفس حركية بهدف تحقيق النمو الشامل المتكامل للمتعلم».

ويعرفه (سميث, 1956)[2] بأنه: «هو الجزء من الأفكار,الحقائق والقيم والذي يختار من المخزون الضخم للحقائق والأفكار والقيم التي تراكمت بواسطة الإنسان من خلال مسعاه العام والخاص والذي يتم تعليمه بواسطة التلاميذ».

ويمكن تعريفه بأنه المفاهيم العلمية التي تتضمنها كتب العلوم بالمرحلتين الابتدائية والإعدادية بجمهورية مصر العربية.

تقويم منهج العلوم Curriculum Science Evaluation

يعرفـه (محمـد السـيد عـلي) [3]بأنـه: «عمليـة جمـع بيانـات أو معلومـات عـن بعـض جوانـب المنهـج, أو بعـض نتاجاتـه التعليميـة (محصلتـه النهائيـة) ثـم تبويـب هـذه البيانـات ومعالجتهـا بأسـاليب إحصائيـة أو وصفيـة لاتخـاذ قـرار

(1) محمد السيد علي(2000): علم المناهج الأسس والتنظيمات في ضوء الموديولات (ط2), القاهرة, دار الفكر العربي, ص 159.

(2) Smith, B. (1956): Fundamental of Curriculum Development, Harcourt, Brace World, Inc , New York,p.p.130 - 137.

(3) محمد السيد على(2000) : المرجع سابق, ص237.

بشأن المنهج ومحصلته»، ويعرفه (رشدي لبيب,1979) [1] بأنه: « مجموعة من الأحكام التي نزن بها أي جانب من جوانب التعلم وتشخيص أوجة القوة وأوجة القصور فيه حتي يمكن الوصول إلي اقتراح الحلول التي تصحح المسار».

ويعرفه (بيلنج وفيرتز، 1973) [2] بأنه: «القدرة على إصدار حكم في ضوء معايير معينة».

ويعرفه (جود, 1973) [3] بأنه: «عملية التأكد أو الحكم على قيمة بعض الأشياء أو مقدارها باستعمال معيار أو محك خارجي»، ويعرفه (جون, 1977) [4] بأنه: «حكم قيمي ينطوي على نتائج إيجابية فعالة مرتبطة بالبرنامج التعليمي».

ويقصد بتقويم محتوي منهج العلوم في هذا البحث بأنه: «مجموعة الإجراءات التي يتم بواسطتها التعرف على مدي تضمين محتوي مناهج العلوم بالمرحلتين الابتدائية والإعدادية لقائمة المفاهيم العلمية المقترحة لتحديد جوانب القوة والضعف فيه بهدف تطويره في ضوء المتطلبات المعرفية اللازمة لتطبيق مشروع التيمز (TIMSS).

التيمز TIMSS

بعد الاطلاع على مشاريع: تيمز(1995   TIMSS,1995) [5],

---

(1)   رشدي لبيب، رشدي فام منصور(1979): ورقة عمل حول التقويم كمدخل لتطوير العلوم, القاهرة, المركز القومي للبحوث التربوية, ص23.

(2)   Billing, D.E. & Furniss, B.S.(1973): Aims, Methods and Assessment in Advanced Science Education, Hyden & Sons Limited, p. 165

(3)   Good, Carter V., (1973): Dictionary of Education, 3rd.Ed., New York, MC Grow-Hll Book CO., p. 220

(4)   John, W.B.(1977): Researches in Education, New York, Englewood, Cliffs, 3rd.Ed., p. 118.

(5)   Martin, M.O. et al (1996) : Third International Mathematics and Science Study (TIMSS) Technical Report, Volume I: Design and Development. Chestnut Hill, MA: Boston College. Retrieved on June 12th 2003, At 5:00AM [on – line], Available: http://isc.bc.edu/ timss1995.html.

تيمز 1999 (TIMSS,1999)[1]،وتيمز(2003IMSS,2003)[2]، وتيمز 2007 (TIMSS,2007)[3]،

توصل الباحث إلي أن مشروع التيمز (TIMSS) هو: «مشروع عالمي صُمم لمقارنة تعليم وتعلم مادتي العلوم والرياضيات في مدارس التعليم الأساسي والمدارس الثانوية حول العالم من أجل إمكانية تعلم الدول بعضها من بعض لكثير من الممارسات التعليمية وتطوير مناهج العلوم والرياضيات لتحقيق مستوي إنجاز مرتفع».

المتطلبات المعرفية   The Cognitive Requirements

هي البنية المعرفية الأساسية اللازم تضمينها بمحتوي مناهج العلوم بالمرحلتين الابتدائية والإعدادية في ضوء المتطلبات المعرفية لمشروع التيمز في مجالات (علم الحياة، علم الأرض, علم البيئة, علم الفيزياء, علم الكيمياء).

(1)   Mullis, I.V.S. et al (2000) : TIMSS 1999 International Science Report: Findings from IEA's Repeat of The Third International Mathematics and Science Study at the Eighth Grade. Chestnut Hill, MA: Boston College. Retrieved on September 15th, 2003,At 5:00AM [on – line], Available: http://isc.bc.edu/timss1999.html.

(2)   Mullis, I.V.S. et al(2003): OP.Cit

(3)   Mullis, I.V.S. et al(2005) : TIMSS 2007 International Science Report: Findings from IEA's Repeat of The Third International Mathematics and Science Study at the Eighth Grade. Chestnut Hill, MA: Boston College. Retrieved on September 15th, 2006,At 7:00AM [on – line], Available: http://isc.bc.edu/timss2007.html.

إجراءات البحث

أولاً: للإجابة عن السؤال الأول من أسئلة البحث وهو:

«ما المفاهيم العلمية الرئيسة التي يجب أن يتضمنها محتوى مناهج العلوم بالمرحلتين الابتدائية والإعدادية اللازمة لتطبيق مشروع التيمز (TIMSS) في مجالات (علم الحياة, علم الأرض, علم البيئة, علم الفيزياء, وعلم الكيمياء)؟».

يتم ذلك عن طريق:

1- إعداد قائمة بالمفاهيم العلمية الرئيسة التي يجب أن يتضمنها محتوى مناهج العلوم بالمرحلتي الابتدائية والإعدادية في ضوء المتطلبات المعرفية لمشروع التيمز (TIMSS) في مجالات (علم الحياة, علم الأرض, علم البيئة, علم الفيزياء, علم الكيمياء) وذلك من المصادر التالية:

أ-فحص ما تنشره المنظمة العالمية لتقييم الإنجاز التعليمي على شبكة الإنترنت عن نتائج تطبيق مشروع التيمز (TIMSS) وما يجب أن يتضمنه من مفاهيم علمية .

ب- من خلال استطلاعات الرأي التي تقوم بها المنظمة العالمية لتقييم الإنجاز التعليمي على المعلمين والمناهج لتحديد مدى تضمين بعض المفاهيم العلمية اللازمة لتطبيق مشروع التيمز (TIMSS) في محتوى مناهج العلوم التي يقومون بتدريسها.

جـ - فحص أسئلة امتحانات مشروع التيمز(TIMSS) التي تطبق محلياً وعالمياً للتعرف على المفاهيم العلمية الواردة في هذه الامتحانات.

2- باستخدام تحليل المفهوم يتم تحليل كل مفهوم من المفاهيم العلمية الرئيسة لتحديد المفاهيم الفرعية والمساعدة اللازمة لتدريس هذا المفهوم.

3- عرض هذا التحليل على مجموعة من المحكمين والمتخصصين في مجال المناهج وطرق تدريس العلوم للتأكد من صدق هذا التحليل.

4- إجراء التعديلات في ضوء أراء المحكمين ووضعها في صورتها النهائية.

ثانياً: للإجابة عن السؤال الثاني من أسئلة البحث وهو:

«كيف يمكن الربط والتكامل أفقياً ورأسياً بين المفاهيم العلمية الرئيسة والفرعية في المجالات المعرفية (علم الحياة, علم الأرض, علم البيئة, علم الفيزياء, علم الكيمياء) في ضوء مشروع التيمز (TIMSS)؟».

يتم ذلك عن طريق:

1- الربط والتكامل بين المفاهيم الرئيسة والفرعية ذات العلاقة في المجالات الخمسة (علم الحياة, علم الأرض, علم البيئة, علم الفيزياء, علم الكيمياء) في صورة شبكة مفاهيم يتضح فيه التكامل أفقياً ورأسياً بين هذه المفاهيم.

2- وضع تصور عام لشبكة المفاهيم التي يجب أن يتضمنها محتوى مناهج العلوم بالمرحلتين الابتدائية والإعدادية في ضوء المتطلبات المعرفية اللازمة لتطبيق مشروع التيمز (TIMSS).

3- عرض هذه الشبكة على مجموعة من المحكمين والمتخصصين في مجال المناهج وطرق تدريس العلوم والتربية العلمية.

4- إجراء التعديلات في ضوء أراء المحكمين ووضعها في صورتها النهائية.

ثالثاً: للإجابة عن السؤال الثالث من أسئلة البحث وهو:

«ما مدى تضمين محتوى مناهج العلوم بالمرحلتين الابتدائية والإعدادية لقائمة المفاهيم المقترحة في ضوء مشروع التيمز(TIMSS)؟»

يتم ذلك عن طريق:

1- تحليل محتوى كتب العلوم الحالي من الصف الرابع الابتدائي وحتى الصف الثالث الإعدادي بجمهورية مصر العربية, وعددها (12) كتاباً بواقع كتابين لكل صف دراسي بالمرحلتين الابتدائية والإعدادية في ضوء قائمة المفاهيم المقترحة وتحديد جوانب القوة والضعف في محتوى هذه المناهج.

2- يقوم أحد الزملاء بتحليل محتوى كتب العلوم السابقة في ضوء قائمة المفاهيم المقترحة.

3- يتم حساب نسب الاتفاق بين المحللين الاثنين.

4- يتم جمع البيانات وتحليلها في جداول ومعالجتها إحصائيا.

5- تفسير النتائج ومناقشتها.

رابعاً: للإجابة عن السؤال الرابع من أسئلة البحث وهو:

«ما التصور المقترح لتوزيع قائمة المفاهيم العامة على الصفوف الدراسية الستة بالمرحلتين الابتدائية والإعدادية؟».

يتم ذلك عن طريق:

1- توزيع قائمة المفاهيم الرئيسة على الصفوف الست بالمرحلتين الابتدائية والإعدادية بحيث يكون هناك قائمة مفاهيم خاصة بكل صف دراسي.

2- عرض هذا التوزيع على مجموعة من المحكمين والمتخصصين في مجال المناهج وطرق تدريس العلوم.

3- إجراء التعديلات في ضوء أراء المحكمين ووضعه في صورته النهائية.

خامساً: للإجابة عن السؤال الخامس من أسئلة البحث وهو:

«ما التصور المقترح لمحتوى أحد المفاهيم الرئيسة المتضمنة في قائمة المفاهيم العامة للصفوف الستة بالمرحلتين الابتدائية والإعدادية في ضوء المتطلبات المعرفية اللازمة لتطبيقات مشروع التيمز(TIMSS)؟».

يتم ذلك عن طريق:

1- اختيار أحد المفاهيم الرئيسة من قائمة المفاهيم الرئيسة المقترحة وإعداد المحتوى العلمي لها بحيث يتضح فيها معايير صياغة المحتوى وتنظيمه بما يتفق والمتطلبات المعرفية اللازمة لتطبيق مشروع التيمز(TIMSS).

2- عرض محتوى الوحدة المقترحة على مجموعة من المحكمين والمتخصصين في مجال المناهج وطرق تدريس العلـوم.

3- إجراء التعديلات ووضعها في صورتها النهائية.

الفصل الثاني

الإطار المفهومي للبحث

يتصدى البحث الحالي لمشكلة تقويم محتوي مناهج العلوم بالمرحلتين الابتدائية والإعدادية في ضوء المتطلبات المعرفية لمشروع التيمز (TIMSS), وفي محاولة لتحديد إطار نظري للبحث, يعرض الباحث للموضوعات التالية:

1- أهمية مشروع التيمز (TIMSS).

2- فلسفة مشروع التيمز (TIMSS).

3- أهداف مشروع التيمز (TIMSS).

4- مكونات مشروع التيمز (TIMSS).

- التقييمات (Assessment).

- الاستبيانات (Questionnaires).

- دراسات معيارية إقليمية (Benchmarking studies).

- دراسات شريط الفيديو (Video tap studies).

- دراسة حالة (Case study).

- دراسة المنهج (Curriculum study).

5- منهج مشروع التيمز (TIMSS).

- المنهج المقصود (الرسمي) Intened Curriculum .

- المنهج المنفذ (الفعَّال) Implemented Curriculum .

- المنهج المكتسب (نتاجات التعلم) Achieved Curriculum.

6- مجالات مشروع التيمز (TIMSS).

أ- مجال محتوى العلوم (Science Content Domain) .

ويشتمل على خمسة مجالات فرعية وهي:

- مجال علم الحياة.

- مجال علم الأرض.

- مجال علم البيئة.

- مجال علم الكيمياء.

- مجال علم الفيزياء.

ب- مجال العمليات المعرفية للعلوم (Science Cognitive Domain)

ويشتمل على ثلاثة مجالات فرعية وهي:

- مجال المعرفة الواقعية للعلوم.

- مجال الاستدلال والتحليل (إعمال العقل والتحليل).

ج- مجال الاستقصاء العلمي(Scientific Inquiry)

7- مدى صلاحية بيانات مشروع (TIMSS) للمقارنات العالمية.

8- أوجه الاختلاف بين مشروع التيمز (TIMSS) في الأعوام (1995, 1999, 2003م)

9- الانتقادات الموجهه لمشروع التيمز (TIMSS).

10- حركات إصلاح تعليم العلوم حول العالم.

- حركة إصلاح التربية العلمية في ضوء التفاعل بين العلم والتكنولوجيا والمجتمع.

- مشروع 2061 «العلم لكل الأمريكيين».

- مشروع «المجال, التتابع والتنسيق».

- المعايير القومية للتربية العلمية (NSES).

- البرنامج العالمي لتقييم الطلاب (PISA).

- التقييم القومي للتقدم التعليمي (NAEP).

وفيما يلي عرضاً تفصيلياً لكل موضوع من الموضوعات السابقة:

أهمية مشروع التيمز (TIMSS)

يعتبر مشروع التيمز(TIMSS) من المشروعات الهامة التي تساعد الدول المشاركة فيه على تقويم جميع عناصر المنظومة التعليمية من خلال رؤية عالمية, كما أن هذا المشروع يساعد التلاميذ على فهم العالم الذي يحيط بهم ويساعدهم على بناء تفكيرهم. لهذا يقوم بتنفيذه والإشراف عليه مجموعة كبيرة من الهيئات والمراكز البحثية حول العالم والتي يمكن حصرها فيما يلي[1]:

---

(1)   استعان الباحث بالمراجع التالية:

(a) Martin, M.O.(1996): OP.Cit .

(b) Mullis, I.V.S., Martin, M.O.,(2000): OP.Cit.

(c) Mullis, I.V.S. et al (2003): OP.Cit .

(d) Beaton, A. E., et al. (1996): Science Achievement in The Middle School Years: IEA>s Third International Mathematics and Science Study (TIMSS), Chestnut Hill, TIMSS International Study Center, Boston College. Retrieved on April 12th 2005, At 1:50PM [on – line], Available: http:// www.Csteep. bc. edu / timss.(e) Robitaille,D.F.,et al(1993):TIMSS MonographNo.1:Curriculum Frameworks for Mathe-matics and Science, Vancouver,

1- المنظمة العالمية لتقييم الإنجاز التعليمي (IEA):

(International Association for the Evaluation of Education Achievement)

-أُسست هذه المنظمة عام 1959 م من أجل القيام بدراسات بحثية مقارنه في مجال التعليم حول العالم في المواد الدراسية المختلفة.

-تضم هذه المنظمة في عضويتها وزراء التعليم ورؤساء بعض مراكز البحوث وأقسام التعليم المستقلة المتعاونة عالمياً من كافة الدول المشاركة فيها.

-لمنظمة (IEA) سكرتارية دائمة في الهوج Hague بأمستردام تقوم بتنسيق كل الدراسات والمشاريع مع هيئة المديرين الموجودة في معهد أونتاريو للدراسات في تورنتو بكندا.

BC: Pacific Educational Press.Retrieved on March 12th 2005, At 3:50PM [on –line], Available: http://ustimss.msu.edu.(f) Mullis, I.V.S., Martin, M.O.,(1998):Mathematics and Science Achievement in Primary and Middle School: IEA's TIMSS, Chestnut Hill, TIMSS International Study Center, Boston College . Retrieved on July 12th 2005, At 11:12PM [on – line], Available: http:// www.Csteep. bc. edu / timss.

2- مركز الدراسة العالمي (ISC): International Study Center

- مركز الدراسة العالمي كان يقع في جامعة فانكرفر بكندا إلا أنه في عام 1993م, تم تغيير مكانه ليصبح في جامعة بوسطن.

- فوضت منظمة (IEA) لهذا المركز مسئولية تنسيق وإدارة مشروع (TIMSS) وغيره من المشاريع التي تقوم بها المنظمة في مجال المقارنات العالمية للإنجاز في المواد الدراسية المختلفة. -أعضاء مركز الدراسة (ISC) مسئولون عن تصميم وتنفيذ هذا المشروع وأيضاً تطوير وإنتاج أطر (TIMSS).

3- مركز إحصائيات كندا: ـ Statistics Canada

- المركز المسئول عن جمع عينات الدراسة وتقييمها ومساعدة المشاركين في مشروع (TIMSS) على تكييف أدوات التقييم في ضوء الظروف المحلية الخاصة بكل دولة, ومقر هذا المركز جامعة (فانكرفر) بكندا.

4- مركز خدمة الإختبار التعليمي: Educational Testing

- مسئول عن تنفيذ وقيادة معلومات إنجازات مشروع (TIMSS) وكذلك بمراجعة إطارات التقييم من المنظور التصميمي لها.

5- لجنة تقييم الأداء (PAC) :Performance Assessment Committee

- تقوم هذه اللجنة بجمع عدد من مهام تقييم الأداء (اختبارات الأداء) وتحليل نتائجها لبيان مدي إنجاز الطلاب فيها.

6- منسقي البحث القومي (NRCs): National Research Coordinators

- تختار منظمة (IEA) بالتعاون مع مركز (ISC) خبير في أمور التعليم بكل دولة مشاركة تطلق عليه منسق بحث قومي تعطي له مسئولية قيادة مشروع التيمز (TIMSS) في تلك الدولة, وكذلك يقوم بملئ استبيانات عن المنهج بالتعاون مع متخصصين في مجال المناهج وكذلك تقديم اقتراحاته لمفردات الاختبارات.

7- مشروع المسح عن فرص تعلم العلوم والرياضيات (SMSO):

Survey of Mathmatics and Science Opportunities

- هذا المشروع ممول عن طريق منظمة العلوم القومية الأمريكية (NSF) ويتم فيه تطوير إطارات مشروع التيمز (TIMSS) من خلال مسح لمناهج الدول المشاركة في مادتي العلوم الرياضيات وذلك لإثراء مناهج تلك الدول في كل مرحلة تعليمية.

8- المجلس الأسترالي للبحث التربوي:

- يقوم بتحليل البيانات والمعلومات الخاصة بمشروع التيمز (TIMSS).

9- معهد التعليم المقارن:

- يوجد المعهد في جامعة هامبورج بألمانيا ومسئول عن المعالجة الميدانية لبيانات الدراسة.

10- جامعة التربية والتعليم بميتشجان:

- هذه الجامعة مسئولة عن تطوير استبيانات مشروع التيمز (TIMSS) الخاصة بالتلميذ المعلم والمدرسة والمنهج.

11- مركز ويستان ببوسطن:

- مسئول عن قيادة جمع البيانات لمشروع التيمز(TIMSS) وتصميم جدول مشروع التيمز (TIMSS) والذي يصمم طبقاً لبداية العام الدراسي للدول المشاركة فيطبق المشروع في فصل الربيع في معظم دول نصف الكرة الشمالي ويطبق في آخر العام في معظم دول نصف الكرة الجنوبي.

12- ممولي مشروع التيمز (TIMSS):

- وهم المسئولون عن تمويل المشروع مادياً لتنفيذه وهم:

أ-البنك الدولي.

ب- مشروع التطوير الخاص بالأمم المتحدة.

ج- الولايات المتحدة الأمريكية من خلال المركز القومي للإحصاءات التعليمية.

(NCES) و قسم التربية في U.S ومؤسسة العلوم القومية (NSF).

د- الحكومة الكندية.

هـ - الدول الغنية المشاركة من خلال تبرعاتها.

هذا وقد تم إعفاء أي دولة غير قادرة مالياً عن تحمل أي أعباء مادية وذلك من قبل الهيئات والدول المشار إليها سابقاً وذلك في صورة معونات مالية من تلك الهيئات والدول لتسهم في الارتقاء بالتعليم في تلك الدول الفقيرة.

فلسفة مشروع التيمز (TIMSS)

مما لا شك فيه أن التعليم عامة وتعليم العلوم والرياضيات خاصة أصبحا من أهم مجالات البحث عن التقدم ووسيلة لتنمية الاقتصاد القومي

49

والعالمـي، وبالتـالي توفـير فـرص عمـل للشـباب، فقـد تعـدي التعليـم دوره مـن كونـه نمـاء معـرفي للعقـول إلي كونـه نمـاء مجتمعـي للشـعوب، «فنحـن اليـوم نعيـش زمـن القفـزات المتتابعـة والواسـعة في جميـع الجوانـب ومختلـف الاتجاهـات وفي مقدمتهـا الجانـب التربـوي التعليمـي الـذي تعطيـه الـدول المتقدمـة والأمـم المتحـضرة قـدراً كبـيراً مـن العنايـة والرعايـة والتقديـر والدفـع مـا لا يقـف عنـد حـد, والسـبق الـذي تحققـه أيـاً مـن هـذه الـدول في الجانـب التربـوي ينعكـس أثـره عـلى كيانهـا الداخـلي والخارجـي نمـاءً وتفاعـلاً وتقدمـاً»[1].

فأصبح من يملك العلم يملك الحياة والقدرة على اتخاذ القرار وعلي حل مشكلاته التي يقابلها في حياته ويصبح له القدرة على أن يبدي رأيه بل وسيطرته على هذا العالم, يملك القدرة على أن يجد لنفسه الطريق الذي يسير فيه ولا ينتظر الآخرون ليرسموا له الطريق كما يريدون تبعاً لمصالحهم وأهوائهم.

فمن هذا المنطلق تسعي جميع الدول جاهدة إلي إحداث الجودة والتميز في تعليم أبناءها من خلال نظرة شاملة عالمية وليست قاصرة محلية, مما دفع تلك الدول إلي البحث عن وسيلة تمكنهم من تحقيق ذلك.

فانبثقـت فكـرة عمـل دراسـات ومشـاريع عالميـة مقارنـة في مجـال التعليـم بـين الـدول المختلفـة كمـشروع التيمـز (TIMSS) الـذي كان الفضـل في ظهـوره يرجـع إلي منظمـة التعـاون الاقتصـادي والتنميـة[2] (OECD Organisation for

(1) إبراهيم عبد الرازق آل إبراهيم(2002): التربية والتعليم في زمن العولمة منطلقات تربوية للتفاعل مع حركة الحياة (محطات للنهوض بالتعليم), مجلة كلية التربية, اللجنة الوطنية القطرية للتربية والثقافة والعلوم, العدد 140, مارس, ص133.

(2) TedBritton(1994):CaseStudiesofU.S.InnovationsinMathematics,Science,AndTechnologyinAnInternationalContext,Washington,D.C.,NationalCenterforImproving Science Education ,May 31. Retrieved on April 22nd 2003, At 5:00AM [on – line], Available: http://www.nap.edu/readingroom/books/icse/study_a.html.

(Economic Co-operation and Development)، هـذه المنظمـة التـي نـادت منـذ سـنوات عديـدة بعمـل دراسـة ترتكـز عـلى مـادتي العلـوم والرياضيات لمـا لهـما مـن أثـر إيجـابي عـلى الوضـع الاقتصـادي للـدول المشـاركة فيهـا, فهـذه المنظمـة تنظـر إلي نتائـج هـذه الدراسـات العالميـة ومنهـا مشـروع (TIMSS) كمصـدر للمعلومـات يسـاعدهم عـلى اتخـاذ القـرارات السـليمة تجـاه العمليـة الاقتصـادية لديهـم.

فيُعُّد مشروع (TIMSS) أعدل وأدق دراسة مقارنة للطلاب حول العالم والتي لم تقم مثلها من قبل[1], فهو: «نداء للعمل العقلاني»[2] .

فهو يخاطب العقل لإحداث الامتياز والجودة في كل ما يتصل بالعملية التعليمية. كما تعَّد الحاجة إلي مشروع مثل مشروع التيمز (TIMSS) في ظل هذا العصر التي تتزايد فيه ضغوط الحياة وتنتشر فيه المادية بين الدول.

وإذا كان الناس يتداوون من الأمـراض بالمضادات الحيوية فإن مشروع التيمز (TIMSS) من المضادات فوق الحيوية التي لها فعل السحر في معاصرة كل غايات الحرب وإرغام كل من يشترك فيه على رفع راية التنوير.

فهو من الأسلحة الفعَّالة المجربة ضد الحروب بشرط أن يكون كما هو إرشادي وليس إجباري حتي يكون الإصلاح نابع من داخل كل دولة وليس مفروض عليهما, فلعل مشروع التيمز (TIMSS) يؤلف قلوب الدول على هدف واحد, يقرب ما أبعدته الحروب ويصلح ما أفسدته الخلافات.

فمشـروع التيمـز(TIMSS) يتعـد دوره التعليمـي إلي دور أكـثر عمقـاً دور

(1)   Michael O. M. et al(1998): OP.Cit

(2)   NationalCouncilofTeachersofMathematics(2004):U.S.MathematicsTeachersRespondtoT heThird.International Mathematics and Science Study, Washington, Report from the National Center for Education Statistics. Retrieved on April 15th 2004, At 6:00AM [on – line], Available: http://www.ed.gov/NCES/timss.

إنساني من خلال تقريبه للشمال والجنوب, الشرق والغرب, دول الصراعات القديمة والدول المتصارعة حديثاً, فلعله يكون نواة لمستقبل أفضل وعالم أكثر تعاوناً وحباً وأمناً.

ولقد أصبح مشروع التيمز (TIMSS) وسيلة تغيير فعالة في تنمية وتطوير ثقافة المجتمعات المشاركة فيه للتكيف مع المستحدثات والظروف العالمية وذلك بما يتيحه من تكافؤ للفرص بين الدول في المشاركة والاستفادة من نتائجه بغض النظر عن هوية هذه الدول وبغض النظر عن اللون, العرق, الجنس, الدين, الطبقة الاجتماعية والحالة الاقتصادية.

فمشروع التيمز(TIMSS) يعمل على: «إحداث تغير ثقافي لعشرات الملايين من الطلاب والمعلمين وصانعي السياسات التعليمية حول العالم بما يقدمه من رؤية شاملة لتعليم العلوم والرياضيات» [1], فقد قام بجمع ثورة من المعلومات بمضامين متنوعة وذات مغزى للمعلمين وواضعي السياسات التعليمية وذلك فيما يتعلق بـ:[2]

1- ما يتعلمه الطلاب؟ .

_____

(1)   Andrew, A.(1997): Reflections on State Efforts toImprove Mathematics and Science Education in Light of Findings from TIMSS, California, Menlo Park, April . Retrieved on April 18th 2003, At 5:50PM [on – line], Available: http://www.negp.gov /Reports.

(2)   استعان الباحث بالمصادر التالية:

(a) Michael,O. M., et al(1998): OP.Cit .

(b) William Schmidt; et al(1996):Characterizing Pedagogical Flow An Investigation of Mathematics and Science Teaching in Six Countries, Australia, Trobe University, Gilah C. Leder, Bundoora, Kluwer Academic Publishers, p 243.Retrieved on August 12th 2003, At 11:00AM [on – line], Available: http://www.fiz-karlsruhe.de/fiz/publications/zdm/zdm976r4.pdf

2- ما يعلمه معلمينا؟

3- كيف تتم عملية التعلم؟

4- كيفية تصميم وتنظيم عملية التعلم؟

5- ماذا يتوقع من الطلاب أن يتعلموا؟

فمشروع التيمز (TIMSS) كالحلقة المتصلة التي تتداخل فيها جميع العناصر من أجل الوصول إلي مركزها وهو التلميذ الذي يبحث هذا المشروع عن عقله ونفسه, عن عقله لما يقدمه له من معارف ومهارات تشكل لديه الحصيلة العقلية التي ينبغي أن يلم بها في الوقت المعاصر, وعن نفسه من خلال دراسته لأثر المناخ الأسري, الاقتصادي, المدرسي, المادي والسياسي على إنجاز التلاميذ في مادتي العلوم والرياضيات. فمشروع التيمز(TIMSS) كالمنظومة المتكاملة التي لها مدخلاتها وعملياتها ومخرجاتها المتمثلة في عقل وإنجاز الطلاب في مراحل التعليم المختلفة.

ويمكن القول أن مشروع التيمز (TIMSS) من الوجوه الحسنة التي تجسد مفهوم العولمة والتي تعرف بأنها: «محاولة لتشكيل رؤية جديدة ومختلفة نحو العالم والنظر له ككل واحد وجعله إطاراً ممكناً للتفكير مع وجود آليات وتقنيات لها قدرة التعامل مع حقائقه وعناصره»[1].

فالعولمة جاءت لكي تفتح موجه من التغيرات تشمل ثوابت ومعطيات العالم برمته وتجعله مفتوحاً على بعضه ومتداخلاً بين أطرافه ومتقارباً بين أجزائه. ولقد فرضت العولمة نفسها في شتي نواحي الحياة وخاصة عولمة التعليم على جميع الشعوب والدول ولم يعد هناك سبيل عن التراجع عنها فعلينا مسايرتها والمضي فيها فكراً وسلوكاً, طوعاً أو كرهاً لمسايرة كل مستجدات العصر.

---

(1)   إبراهيم عبد الرازق أل إبراهيم(2002): مرجع سابق, مارس , ص135.

فيستطيع مشروع التيمز (TIMSS) تحقيق أهم سمات العملية التربوية في زمن العولمة والتي تتمثل في:[1]

- التطلع والطموح.

- الشمولية.

- الثقة بالنفس.

- الاتصال.

- انطلاق العقل.

- الاتزان.

- الشجاعة والجراءة.

- الرؤية الإيجابية للمستقبل.

- الأصالة والمعاصرة.

وهذه السمات يمكن أن يحققها مشروع التيمز (TIMSS) وذلك بما يتيحه من فرص لتعليم الدول بعضها البعض لكثير من الممارسات التعليمية, وذلك فيما يمكن تشبيهه بـ (الفصل العالمي) الذي تتجمع فيه جميع الدول بمؤسساتها وخبرائها مع بعضهم البعض للتعرف على أفضل الطرق لزيادة إنجاز طلابها في العلوم والرياضيات.

مما يؤدي إلى إعطاء الدول النامية المشاركة في مشروع التيمز (TIMSS) الفرصة الغير مسبوقة لقياس تقدم وإنجاز طلابها في هاتين المادتين مقارنتاً بمثيلاتها من الدول الأخري الأكثر تقدماً.

مما يؤدي إلى وقوف كل دولة نامية على حقيقة واقعها والتعرف على

---

(1)   نفس المرجع: ص138.

الهوة الكبيرة التي بينها وبين الدول المتقدمة, وذلك يكون بمثابة الدافع والحافز لأن تحدث تلك الدول تغيراً في حياتها ونظامها التعليمي حتي تقترب من تلك الدول المتقدمة.

ويتسم مشروع التيمز (TIMSS) بالمرونة التي تتيح للدول المشاركة فيه الفرصة لتعدّل من برامجها التعليمية في ضوء نتائج مشاركتها السابقة وما أظهرته من قصور وذلك خلال فترات التوقف والذي تصل إلي أربع سنوات ما بين إقامة مشروع التيمز (TIMSS) والذي يليه، ولكنه في الوقت ذاته «لا يرغم أي دولة على أن تفعل مثل ما تفعله الدول الأخرى من إصلاحات فهي تتيح لجميع الدول المشاركة الفرصة في أن تبدي رأيها في مناقشة حرة حول ما يدور في العملية التعليمية»(1).

وذلك من خلال منسقي البحث القومي المختارين من كل دولة مشاركة وأيضاً من خلال إتاحة الفرصة للتلاميذ والمعلمين ومديري المدارس لإبداء آرائهم مع أقرانهم حول العالم في قضايا ومشكلات هامة من خلال الاستبيانات والاختبارات, وذلك في حد ذاته قيمة يجب التأكيد عليها.

فالحرية في إبداء الرأي تجعل هناك تواصل وحوار بين الدول المختلفة فيما يمكن تشبيهه بحوار الحضارات فيمكن لمشروع التيمز (TIMSS) أن يجسد هذا المعني ولو بجانب صغير يتمثل في فئة تهتم بشئون التعليم والتعلم حول العالم وذلك في إطار المناقشة والحوار وليس التلقي والاستتباع.

كما أن مشروع التيمز (TIMSS) قد يستطيع تغير المشهد العام الذي نراه دوماً في عالمنا العربي في أننا كثيراً ما نقول أكثر مما نفعل وكثيراً ما

(1) William Schmidt (1996):Using the NSES to Guide The Evaluation Selection and Adaptation of Instructional Materials, Chestnut.MA; Boston College, USA, November. Retrieved on May10th 2004, At 12:00AM [on - line], Available: http:// www.nces.ed.gov / timss/Educators.asp#use.

نكتب أكثر مما نطبق، فدائماً نرفع شعارات قد يكون بعضها ممكناً للتحقيق ولكن دائماً يكون أغلبها بعيداً عن أرض الواقع الذي نعيش فيه, فيمكن لمشروع التيمز (TIMSS) أن يعطي صورة حقيقية عن الوضع الراهن للعملية التعليمية لبيان نقاط القوة والضعف في الأنظمة التعليمية القائمة حتى يمكن تطويرها للوصول إلى إستراتيجية شاملة للتعليم تزيد من فاعليته وأثره.

وذلك بنظرة واقعية وموضوعية لأنه مشروع بحثي محايد ليس ملك دولة أو أخرى ولكنه ملك عالم بأثره فهو يبعد عن الذاتية في الحكم وعن الشعار الذي نسمعه دائماً في الوسط العربي «بأن كل شئ على ما يرام».

هذا القول الذي جعلنا لا نرى الأخر ولا نرى أنفسنا فجعل هناك تباين كبير بين الشرق والغرب يسير بشكل ملفت للانتباه نحو الاتساع والتميز لصالح الغرب، ونظراً لوجود تباين بين الدول فإن مشروع التيمز (TIMSS) حدد ثلاثة معايير متدرجة للإنجاز وهي:[1]

1- ما يشبه جوائز نوبل المعدة سابقاً: Noble Prizes which set Precedent

يُشير هذا المعيار إلي أنه بالرغم من أن مشروع التيمز (TIMSS) يعطي صورة حقيقية عن طبيعة الوضع الراهن لكل دولة مشاركة فيه إلا أنه في الوقت ذاته ينمي روح الفكر والمنافسة بين هذه الدول ليصبح العالم أشبه بالملعب الذي يلعب فيه كل لاعب لتحقيق هدفين:

---

(1)   Stephen, P. H.(1997) :Using TIMSSin a World of Change :CommentsAtThe Nationalcademy of Sciences, Human Development and Social Policy Division, Technical Department Europe and Central Asia / Middle East and North Africa Regions, The World Bank, Washington DC, February. Retrievedon April 12th 2004, At 6:00AM [on – line], Available: http : //www.enc.org / topics / assessment / timss /additional / documentshtm ؟ InputACQ - 1210481048.

الأول: هدف خاص وهو أن يكون الأفضل بين زملائه في الفريق الواحد.

والثاني: هو أن يكون فريقه هو الفائز على الآخرين, فمشروع التيمز (TIMSS) مبني على إحداث هذا الدور بحيث يحدث تنافساً بين تلاميذ الدولة الواحدة من جانب وبين هؤلاء التلاميذ ككل واحد وأقرانهم من تلاميذ الدول الأخري من جانب آخر وذلك للوصول إلى أعلى إنجاز بين تلك الدول المشاركة ليكونوا كمن فازوا بجائزة نوبل التي لا تعطي إلا للأفضل علماً وتفكيراً وابتكاراً على مستوي العالم, فهذا تشبيهاً في المكانه وليس في الدرجة العقلية أو العلمية.

2- النموذج المثالي: Ideal Norm

هذا المعيار يحدد الحالة المثلي التي ينبغي أن يكون عليها أي نظام تعليمي وما يجب أن يصل إليه التلاميذ في أي دولة مشاركة في مشروع التيمز (TIMSS) من إنجاز ليكونوا على نفس القدر من التقدم بين مختلف الدول المشاركة.

3- الحد الأدنى: Minimum Norm

هذا المعيار يحدد أقل مستوي إنجاز يمكن أن يسمح به للدول المشاركة حتي تستطيع مسايرة ركب التقدم من حولها, والتي يعتبر الوصول إليه هو نقطة البداية التي يجب أن تسعي كل دولة لتخطيها للوصول إلي الدرجات التالية ولا تتراجع عن هذا المستوي لأن الرجوع عنه يعني الفشل.

ومن ثم فإن مشروع التيمز (TIMSS) يحدد لكل دولة المعيار أو المستوي التي تقف فية بين الدول, وهل هناك فرصة للوصول إلى المعايير العليا؟ وكيف يكون ذلك؟

وسواء كانوا في أي معيار من الثلاثة فإن كل دولة عليها أن تدرك أنه: «إذا كان تأثر التعليم بالحاضر إلا أن نتاج هذا التعليم يرتبط بالمستقبل أكثر من ارتباطه بالحاضر فالأجيال التي نعُدها في مراحل التعليم المختلفة

لن تتاح لها فرصة المساهمة في معالجة مشكلات حاضرنا بقدر ما تعتبر مسئولة عن المستقبل ومشكلاته»[1] وبالتالي فإن ما أنجزته كل دولة من خلال مشروع التيمز (TIMSS) لا يجب أن يكون أقصي ما تطمح إليه الدول حتي لو وصلت إلي أعلي معايير الإنجاز، لأن العالم يتغير كل يوم وتتغير متطلباته ومشكلاته التي لا يمكن لأحد أن يتنبأ بها سواء على المدى المتوسط أو الطويل الذي هما مسئولية هؤلاء الطلاب الذين شاركوا في هذا المشروع وبالتالي على كل دولة أن تستمر في عملية الإصلاح لأنه مفتاح النجاح بل مفتاح الاستمرار في الحياة.

من هنا يمكن القول بأن مشروع التيمز (TIMSS) يرشد كل دولة عن بداية الطريق التي يمكن أن تبدأ منه ويضع لها علامات إرشادية كي تيسر لها المضي فيه تاركة لكل دولة الفرصة لأن تحدد نهاية طريقها بالكيفية التي تريدها. فهذا المشروع كالشمس الذي تدور حولها الكواكب منها ما يأخذ نورها ومنها من يأخذ حرارتها وأخري تحولها إلي طاقات أخرى قد تقترب دول إليها لتأخذ كل ما فيها وقد تبتعد دول أخرى لتأخذ منها ما يناسبها فقط ولكن الكل يدور حولها في محاولة للاستفادة منها.

أما نحن في مصر فإننا بحاجة إلي أن نقترب من هذا المشروع أكثر ونحاول أن نتعلم منه, فكثيراً ما أخذنا من الغرب وخاصة أمريكا واليابان وفرنسا الكثير من الأنماط التعليمية ولكننا رغم ذلك لم يتكون لدينا نظام تعليمي راسخ ثابت, فالكل يتحدث عن قصور التعليم وعدم الاقتناع به على الرغم من أن هذه الدول التي أخذنا منها تعتبر من الدول المتقدمة في مجال التعليم. ولكن يبدو أننا كنا نطبق أفكار وأنماط خارجية لمجرد القول بأننا ننفتح على العالم دون النظر إلي مدي فاعلية تلك الأفكار والرؤى على الوضع

---

(1)   أحمد مختار شبارة (1997): تطوير مناهج البيولوجيا بالمدارس الثانوية العربية في ضوء بعض المعالم المستقبلية للتعليم العربي (دراسة ميدانية تستشرف أفاق المستقبل), «المؤتمر العلمي الخامس لجامعة الدول العربية, التعليم من أجل مستقبل عربي أفضل», القاهرة, المجلد الثاني, 29-30 إبريل, ص120.

المصري والإمكانات المتاحة لدينا فكنا أشبه بعود القش الذي يسبح على الماء لتتناقله الأمواج هنا وهناك ليجد نفسه في دوامة ليس لها بداية ولا نهاية ولا طريق واضح لتؤدي في النهاية إلي الغرق في مشهد يبرز منظومة التعليم التي يدور فيها أبنائنا الطلاب.

فيعتبر مشروع التيمز (TIMSS) فرصة للنجاة ولكنها ليست الأخيرة لأننا لدينا عقول وكفاءات تربوية وتعليمية تؤهلنا لعمل أفضل منها.

ولكن علينا أن نستفيد منه فهو نموذج جاهز نحاول من خلاله أن نلحق بركب التقدم ومسايرة العالم مع العمل على توفير سُبل النجاح له بالعمل الجماعي والتعاون من أجل تطبيقه في إطار إمكاناتنا المادية والبشرية حتي نستطيع الإجابة عن التساؤلات التالية:

- أين نحن من هذا العالم؟
- وهل ما نحن فيه هو ما يجب أن نكون عليه؟
- وماذا نفعل كي نكون أفضل مما نحن عليه؟

أهداف مشروع التيمز ((TIMSS

الهدف الرئيسي من إقامة مشروع التيمز (TIMSS) هو: «توفير بيانات موثوق فيها عن مدي تقدم طلاب الولايات المتحدة الأمريكية تجاه الأهداف القومية الموضوعة لمادتي العلوم والرياضيات.

ومقارنة الممارسات التعليمية الأمريكية بغيرها من الدول وذلك إيماناً من الولايات المتحدة الأمريكية بأنه رغم اختلاف الدول عن بعضها البعض إلا أنها تعتمد على نفس الطرق والحلول لتحسين تعليمها بسبب تشابه الأهداف الإصلاحية لتلك الدول مما يتيح الفرصة للولايات المتحدة للتعرف على نواحي القصور والقوة في أهدافها القومية وممارساتها التعليمية التي

تطبقها في مؤسساتها التعليمية»[1]. ولكن من هذا الهدف الخاص بالولايات المتحدة الأمريكية إمتد الأثر ليشمل جميع الدول التي تجري الولايات المتحدة الأمريكية مقارنة معها ليصبح مشروع التيمز (TIMSS) ليس حكراً على دولة بعينها بل مشروع عالمي يمتد أثره ونتاجه لجميع الدول المشاركة فيه.

وأصبحت أهداف مشروع التيمز (TIMSS) هي:[2]

1- قياس اتجاهات الطلاب في مادتي العلوم والرياضيات.

2- مقارنة إنجاز الطلاب في مادتي العلوم والرياضيات بغيرهم من الدول الأخرى.

3- التعرف على أسباب اختلاف مستوي إنجاز الطلاب عبر الدول المختلفة.

4- تقييم فعالية تعليم وتعلم العلوم والرياضيات داخل كل دولة.

5- إبراز مفاهيم وموضوعات منهجية جديدة من شأنها تنمية معارف ومهارات واتجاهات الطلاب نحو العلوم والرياضيات.

6- دراسة المناخ التعليمي الموجود فيه الطلاب داخل المدارس.

7- فحص صعوبات التعلم الشائعة في العلوم والرياضيات.

8- التعرف على مدي اختلاف الإنجاز بين طلاب المدارس الرسمية الحكومية والمدارس الخاصة.

9- التعرف على مدي اختلاف الإنجاز بين المدارس ذات المناهج الأكاديمية الرسمية والأخرى ذات المناهج المهنية الحرفية.

(1)   Greene, B. D., et al(2000): TIMSS: What Have We Learned about Math and Science Teaching?, ERIC Digest, ERIC Clearinghouse for Science, Mathematics and Environmental Education, Columbus OH , [ED463948]. Retrieved on June 27th 2003, At 5:00AM [on – line], Available: http://www.ericdigests.org/20031-/timss.

(2)   Mullis, I.V.S. et al(2003): OP.Cit .

10- دراسة أثر المناخ الأسري الذي يتعلم ويعيش فيه الطلاب حول العالم.

ويشير (ألبرت وآخرون, (1996) [1]إلي أن أهداف مشروع التيمز (TIMSS) تتمثل في:

1-تقديم معلومات حالية قومية عالمية تستخدمها الأنظمة التعليمية من أجل مقارنة مناهجها وممارستها التعليمية ونتائج طلابها مع بقية النظم التعليمية في الدول الأخرى ذات الأهمية التي حققت مستوي إنجاز مرتفع.

2- تقييم التأثير الفعلي للمناهج واستراتيجيات التعليم والنواحي الإدارية وطرق التدريس على العملية التعليمية.

3- تغيير اتجاهات الطلاب نحو العلوم والرياضيات.

4- اختبار وفحص التأثير المقارن لعدد من المتغيرات التركيبية داخل كل مكون من مكونات نجاح النظام التعليمي وذلك من خلال إنجاز الطلاب.

5- تساعد الباحثين على جمع البيانات عن مادتين مختلفتين (العلوم والرياضيات) في آن واحد وبالتالي توفير الوقت والجهد, مما يساعد المتعلمين وصناع السياسات والقرارات التعليمية على تحديد العلاقة بين هذين الفرعين من المعرفة والتعرف على إجابة للتساؤلات التالية في إطار عالمي وليس محلي:

أ - ما طبيعة الحالة الموجودة عليها هاتين المادتين؟

---

(1) Albert. et al(1996): Science Achievement in The Middle School years, Chest - nut Hill .MA: Boston College. Retrieved on April 12th 2003, At 5:00AM [on – line], Available: http:// www. Csteep. bc. edu / timss.

ب - ماذا خصص لهما من وقت وتمويل مادي واستعدادات؟

جـ - كيف يتم تعليمهم في المدراس؟

د - كيف يتعلمها ويستقبلها الطلاب؟

هـ - ماذا يمكن أن نُعَّلمه للطلاب في هاتين المادتين؟

وبالتالي يمكن للباحثين من خلال بحثهم عن إجابة لهذه التساؤلات أن يتعرضوا لآخر التطورات في طرق البحث وهذا يجعل العالم يبدو كمعمل لعرض نماذج تعليمية مختلفة وبالتالي تنمية وبناء قدرات الطلاب في الدول التي لم تتيح لطلابها فرصة تنمية هذه القدرات من قبل. كما تشير (ساره هوي,2002)[1] أن أهداف مشروع التيمز (TIMSS) تتمثل في:

1- تعلم المعلمين ومديري المدارس للكثير من الدروس عن نظم الإدارة الفصلية والمدرسية من خلال المشاركة مع أقرانهم في الدول المشاركة.

2- تمكن الآباء من معرفة مدي جودة التعليم التي يتلقاه أبنائهم بغيرهم من الدول الأخرى.

3- إبراز الأزمات والمشكلات التعليمية التي تظهر خلال عملية التعلم وخاصة في الدول النامية

4- القيام بدور إشرافي وآخر تقييمي من خلال الإشراف على كل عناصر الدراسة وتطبيقاتها وأيضاً تقييم الوضع الحالي للأنظمة التعليمية بكل ما يدور فيها.

(1) Sarah,J.H.,(2002): Third International Mathematics and Science Study Repeat(TIMSS-R,1999)ResearshSpecialist,Group ;Education and Training,Human Siences Research Council, Washington, DC. Retrieved on April 12th 2003, At 5:00PM [on – line], Available: http://www.HSRC.com.

5- فحص مدى التعاون بين القطاعين الخاص والحكومي في دعم العملية التعليمية.

كما يشير مجلس البحث القومي الأمريكي (NRC,1999) [1] أن أهداف مشروع التيمز (TIMSS) تتمثل في:

1- التعرف على المناخات الثقافية والاجتماعية المؤثرة في العملية التعليمية.

2- التعرف على الاختلافات في المناهج الدراسية بين الدول المشاركة.

3- التعرف على كيفية قيام المعلمون بالتدريس في المدارس المشاركة في هذا المشروع.

4- التعرف على مدى اختلاف الدول في الممارسات التعليمية واستخدام الأنشطة والوسائل التعليمية.

5- التعرف على ما يمكن أن تتعلمه الدول من بعضها البعض.

كما يشير (مارتين وآخرون,2001) [2] بأن أهداف مشروع التيمز (TIMSS) تتمثل في:

---

(1)   National Research Council(1999): Global Perspectives for Local Action; Using TIMSS to Improve U.S. Mathematics and Science Education - Professional Development GuideWashington, D.C.: National Academy Press. Retrieved on April 17th 2004, At 5:00AM   [on – line] , Available: http://www.nap.edu.

(2)   Martin, M.O. et al(2001): Science Benchmarking Report, TIMSS 1999 - Eighth Grade: Achievement for U.S. States and Districts in An International Context, Chestnut Hill, MA: Boston College. Retrieved on April 16th 2003, At 12:00AM [on – line], Available: http://www.timss.bc.edu/timssi/about_main.html

1- التعرف على متغيرات المناخ المدرسي (النشاطات الصفية واللاصفية- حاجات المدرسة – اتجاهات وتوقعات الآباء – استراتيجيات التعليم والتدريس – الواجب المنزلي) لما لهما من   أهمية في فهم الاختلافات العالمية في الإنجاز لدي الطلاب حول العالم في مادتي العلوم والرياضيات.

2- تحليل المناهج الدراسية للدول المشاركة لمعرفة مدي استخدامها لمرشدات ومواد منهجية أخرى مساعدة بجانب الكتب المدرسية.

كما أن مشروع التيمز (TIMSS) يهتم بدراسة عدة عناصر أثناء تطبيقه, أهمها:[1]

1- فرص التعلم (Opportunity to learn) وذلك فيما يتعلق بما هو ممكن في تعليم العلوم والرياضيات.

2- إنجاز الطلاب (Students > achievement) وذلك فيما يتعلق بقدرة الطلاب على تطبيق معارفهم ومهاراتهم في المواقف التي يتعرضون لها.

3- استخدام التكنولوجيا (Use of technology) وذلك فيما يتعلق بدور التكنولوجيا وخاصة الكمبيوتر والإنترنت في تعليم وتعلم العلوم والرياضيات.

4- معدل الاشتراك (Participation rates)؛ وذلك فيما يتعلق باشتراك كلا الجنسين (الذكر- الأنثى) في التعليم قبل الجامعي.

(1)   William Schmidt (1994): IEA Third International Mathematics and Science Study. Presentation to The Board on International Comparative Studies in Education, November, Michigan State University College of Education, 10 July .Retrieved on April 12th 2005, At 5:50AM [on – line], Available: http://www.nap.edu /readingroom/ books / icse/ study_q.html .

5-التتابع والسريان (Tracking and streaming)، وذلك فيما يتعلق بتتبع التطوير في المناهج والسياسات التعليمية عامة ومدي التغيرات الحادث فيهما أثناء فترات تطبيق مشروع التيمز (TIMSS) منذ عام 1995 وحتى عام 2003 مروراً بعام 1999م.

6- دور الكتب الدراسية (The role of textbooks) وذلك فيما يتعلق بتأثير الكتب الدراسية الرسمية على تعليم وتدريس العلوم والرياضيات.

7- الممارسات التعليمية (Instructional practices) وذلك فيما يتعلق باستخدام الوسائل والأنشطة التعليمية والتدريسية في عملية التعلم في الدول المشاركة.

كما يضيف (إيجينيو وآخرون،1997)[1] بأن مشروع التيمز (TIMSS) يهدف إلي:

1- المساعدة على إحداث مناقشات بين الطلاب والمعلمين عن مناهج العلوم والرياضيات على مستوي المدرسة والعالم.

2- استكشاف معرفة الطلاب في العلوم والرياضيات حول العالم.

3- استخدم المفاهيم والمهارات العملية التي يطرحها مشروع التيمز (TIMSS) في الفصل الدراسي للدول المشاركة.

4- اكتشاف العلاقة بين المفاهيم التي تعلمها الطلاب والطرق المستخدمة لقياس فهم الطلاب لهذه المفاهيم.

---

(1)   Eugenio,T. et al(1997): User guide for The TIMSS International Data base Primary and Middle School years, Chest nut Hill.MA: Boston College . Retrieved on April 22nd 2005, At 11:00AM[on – line], Available:http:// www.Csteep. bc. edu / timss.

5- السماح بتقييم الطلاب لأنفسهم تبعاً لاحتياجاتهم.

6- التعرف على أداء الطلاب في كل دولة مقارنةً بأداء الطلاب في الدول الأخرى.

ويشير (موليس وآخـرون,1997) [1] بأن هدف مشروع التيمز (TIMSS) هو توفير فرصة فريدة للمعلمين حول العالم لتعلم الطرق المثلي لتدريس العلوم والرياضيات من خلال رؤيتهم لأقرانهم في الفصل الدراسي.

ويشير (مارلين وآخرون,2002) [2] بأن هدف مشروع التيمز (TIMSS) هو التعرف على دور قوي التأثير الاجتماعي (السياسيون, صناع القرار, العامة من الشعب, رجال الأعمال والصناعة والمؤسسات المهنية والاجتماعية) في العملية التعليمية للدول المشاركة.

ويذكر (موليس ومارتن, 2000) [3] بأن الغرض الأساسي من التقييمات العالمية مثل مشروع التيمز (TIMSS) هو توفير تغذية راجعة لصناع السياسات وللشعب عما يمكن عمله لتغيير بعض نواحي القصور الموجودة لدي الأنظمة التعليمية في دولهم.

(1)   Mullis, I.V.S. et al (1997) Mathematics and Science Achievement in The Final year of Secondary School, Chest nut Hill.MA: Boston College . Retrieved on April 13th 2004, At 5:40AM [on – line], Available: http:// www.Csteep. bc. edu / timss.

(2)   Maryellen,K. et al(2002): Performance Assessment in IEA>S Third International Mathematic and Science Study,   Chestnut Hill.MA: Boston College . Retrieved on November 12th 2003, At 5:00PM [on – line], Available: http:// www.Csteep. bc. edu / timss

(3)   Mullis, I.V.S., Martin, M.O.,(2000): OP.Cit .

ومما سبق يمكننا القول بأن مشروع التيمز (TIMSS) يهدف إلى:

1- الارتقاء بالثقافة العلمية للطالب حتى يؤهل لدخول العصر القادم لمواكبته وفهمه والتفاعل معه والإبداع من خلاله.

2- إعطاء أحكام صادقة حيادية لسلبيات وإيجابيات الوضع الراهن لكل نظام تعليمي للدول المشاركة.

3- مساعدة الدول النامية الفقيرة التي لا تستطيع عمل مشاريع بحثية على نفس هذا المستوى العالمي على معرفة واقع نظامها التعليمي وتطويره دون تحميلها أية أعباء مادية.

4- معرفة مدى تأثير الإمكانات المادية والاقتصادية على رفع أو خفض مستوى إنجاز الطلاب

5- القيام بدور إرشادي يمد كل الدول المشاركة بالنصائح والتوصيات (الغير ملزمة) لتحسين أوجه القصور في نظامها التعليمي.

6- ينمي لدى الطلاب القدرة على التساؤل والفضول المعرفي عما يحيط من حولهم (بلماذا وكيف ومتى ومن و......الخ) ليحدث الصراع العقلي الذي يكون نواة لاكتشافات واختراعات علمية وتكنولوجية هامة.

7- إحداث التكامل والربط بين مجالات علوم (الحياة, الأرض,البيئة, الكيمياء, الفيزياء) من جانب والاستقصاء العلمي والعمليات المعرفية من جانب آخر.

8- إتاحة الفرصة للطلاب والمعلمين ومديري المدارس بأن يحتكوا بمستويات مختلفة مع أقرانهم

9- حول العالم مما يكسبهم خبرات ومهارات واتجاهات تسهم في

تحسين العملية التعليمية. التعرف على مدى ملائمة المناهج الدراسية الموجودة في كل دولة مشاركة للوضع العالمي في ضوء المعايير التي حددها مشروع التيمز (TIMSS).

10- تنمية قدرة الطلاب على حل المشكلات من خلال مجموعة العمليات المعرفية والاستقصاء العلمي المتضمن في مشروع التيمز (TIMSS).

11- تنمية قدرة الطلاب على التفكير العلمي بأنواعه الثلاث, التفكير التأملي والناقد والابتكاري.

12- تنمية روح المنافسة بين تلاميذ الدول المشاركة من ناحية وبين الأنظمة التعليمية للدول المختلفة من ناحية أخرى للوصول إلى السبق والامتياز فيما بينهم.

13- محاولة إخضاع جميع الدول المشاركة إلى مستوى تعليمي موحد يتناسب مع معطيات العصر.

14- تنمية روح المشاركة المجتمعية بين المدرسة من جانب وبين الأسرة ومؤسسات المجتمع المدني من جانب آخر لما لهم من دور في تشكيل وجدان وبيئة وحياة الطالب.

15- إيجاد القدوة والمثل الأعلى من خلال ما تتعلمه الدول من أنماط إيجابية من الدول ذات الإنجازات المرتفعة مما يساعد على إحداث التقدم والرقي لجميع الدول المشاركة.

مكونات مشروع التيمز (TIMSS)

يتكون مشروع التيمز (TIMSS) من ستة أجزاء رئيسية هي:[1]

---

(1)   استعان الباحث بالمصادر التالية:

(a) Martin, M.O.(1996): OP.Cit .

(b) Mullis, I.V.S., & Martin, M.O.,(2000): OP.Cit .

(c) Mullis, I.V.S. et al(2003): OP.Cit .

(d) Cynthia, A. T. et al(2002): TIMSS 1999 – Eighth Grade Mathematics and Science: Achievement for a Workforce Region in a National and International Context, Regional Benchmarking Report, Chestnut Hill.MA: Boston College .Retrieved on April 19th

- التقييمات (Assessment).

- الاستبيانات (Questionnaires).

- دراسات معيارية إقليمية (Benchmarking Studies).

- دراسات شريط الفيديو (Video tap Studies).

- دراسة حالة (Case Study)

- دراسة المنهج (Curriculum Study)

وفيما يلي نبذة عن كل جزء من هذه الأجزاء:

أولاً: التقييمات (Assessment):

يعتمد مشروع التيمز (TIMSS) على جهود الخبراء الدوليين في تعليم العلوم
والرياضيات وخاصة في مجال القياسات التعليمية.

وذلك من أجل تقييم الطلاب في الصفوف المستهدفة للمشروع (الرابع- الثامن –
الثاني عشر), وتتم عملية التقييم بواسطة:

2003, At 5:00AM [on – line], Available: http://www.msc.collaboratives.org.

(e) Robitaille, D.F;et al(1993):TIMSS Monograph No. 1:Curriculum Frameworks For Mathematics
and Science, Vancouver, BC: Pacific Educational Press.Retrieved on April 23rd 2004, At
5:00AM [on – line], Available: http://isc.bc.edu/timss1999.html.

(f) National Center for Education Statistics(2004): Frequently Asked Questions About the
Assessment, Washington, DC 20006, USA. Retrieved on May 12th 2003, At 5:00AM [
on –line], Available: http://nces.ed.gov/timss/FAQ.asp?FAQType=

- اختبارات الإنجاز.

- تقييم الأداء.

1- اختبارات الإنجاز

هي اختبارات تحريرية وليست شفهية تقيم معرفة وفهم الطلاب للعلوم والرياضيات من خلال مجموعة من الأسئلة ذات طابع التحدي مصاغة على أساس مواقف حياتية وليس على أساس الارتباط بمنهج محدد لدولة ما.

وقد صممت مفردات الاختبار لتحتوي على مجموعة من المعارف والمفاهيم التي تمثل محتوي مناهج العلوم والرياضيات للدول المشاركة بحيث لا يكون هناك تحيز لصالح أو ضد أي دولة مشاركة.

وقد ربط مشروع التيمز (TIMSS) بين نتائج هذه التقييمات وبين المنهج الذي يتعلمه الطلاب فأصبح المنهج تقاس مدي فاعليته بما يحرزه طلاب الدول المشاركة من تقدم في تلك التقييمات.

ويشتمل مشروع التيمز (TIMSS) على خمس اختبارات للإنجاز حول العالم للصفوف الثلاث المستهدفة وهي كما بالجدول التالي:[1]

الصف الرابع	الصف الثامن	الصف الثاني عشر
-اختبار للعلوم والرياضيات.	- اختبار للعلوم والرياضيات معاً.	- اختبار الرياضيات المتقدمة. - اختبار للعلوم والرياضيات معاً. - اختبار الفيزياء.

(1) Martin, M.O. et al(2001): OP.Cit

وقد أكدت لجنة مشروع التيمز (TIMSS) الاستشارية [1] للمادة الدراسية على أن هذه الاختبارات تعكس التفكير الراهن وأولويات التعلم الذي ينبغي أن يكون التلاميذ ملمين بها في مجال العلوم في وقت تطبيق الاختبارات.

هذا وقد صممت اختبارات مشروع التيمز (TIMSS) عامي 1999م, 2003م أو ما يطلق عليها اختبارات مشروع التيمز المعاد (TIMSS-R) بنفس طريقة التصميم التي استخدمت في اختبارات عام 1995م, حيث اشتملت الاختبارات عامي 1999 و2003 م على مجموعة من مفردات اختبارات عام 1995 بجانب مفردات أخرى طورت لتحل محل بعضها الآخر, وهذا التطوير أدي إلي اشتمال الاختبارات على موضوعات كثيرة واسعة المحتوي تؤدي إلي التعرف على معارف ومفاهيم ومهارات التلاميذ, وتشتمل مفردات الاختبارات على ثلاثة أنواع من الأسئلة هي:

1- أسئلة اختيار من متعدد:

يتطلب هذا النوع من الأسئلة أن يختار الطالب الإجابة الصحيحة من عدة إجابات قد يكون أربعة أو خمسة إجابات موضوعة للسؤال الواحد, وفي هذا النوع من الأسئلة يختار الطالب الإجابة الصحيحة من بين الإجابات الخطأ أو يختار الإجابة الخطأ من بين الإجابات

الصحيحة أو يختار الإجابة الأكثر أهمية أو قوة, لكن هذا النوع من الأسئلة يعتبر أقل ملائمة لتقييم قدرة الطالب على القيام بالتفسيرات أو الشروح فكانت الحاجة إلي نوع آخر من الأسئلة وهي أسئلة الإجابات القصيرة وأسئلة الإجابات الطويلة أو ما يطلق عليهم أسئلة المقال.

---

(1) Beaton,A.E .etal (1996) :Science Achievement in The Primary School Year, Chest nut Hill .MA: Boston College. Retrieved on April 22nd 2005, At 11:00AM [on – line], Available: http:// www.Csteep. bc. edu / timss.

2- أسئلة ذات إجابات قصيرة:ــ

هي أسئلة مقال قصيرة تتطلب الإجابة على مفرداتها كلمة أو جملة, وترتكز هذه الأسئلة على المستويات الدنيا للتفكير مثل التذكر والفهم.

3- أسئلة ذات إجابات طويلة:

هذه الأسئلة أطلق عليها مسميات عدة منها أسئلة مقال طويل أو الأسئلة المفتوحة النهاية ويتطلب هذا النوع من الأسئلة أن يجيب الطالب عليها كتابياً بمقال يتكون من عدة فقرات أو جمل.

مما يتيح قياس قدرة الطالب على التعامل مع المستويات العليا للتفكير مثل التحليل والتركيب والتقويم.

وبالتالي تقييم سمات معرفية ومهارية تتطلب من الطالب شرح الظواهر المختلفة وتفسير البيانات, ويتم التركيز في تقييم هذه الشروح على أساس محتوى الإجابة وليس على أساس قدراتهم على الكتابة جيداً.

وهذه الأسئلة مفتوحة النهاية تثير تفكير التلاميذ في اتجاهات متعددة لأنها ليس لها إجابة واحدة ولكن كل الإجابات صحيحة , ويشير (أحمد قنديل,1993)[1] أن هذه الأسئلة مفتوحة النهاية تثير انتباه الطلاب للتعلم.

وهذا تبعاً لنظرية تشغيل المعلومات وتجهيزها التي تشير إلي أن الانتباه ضروري لحدوث التعلم وأنه يسهل فقدانه كما يسهل الحصول عليه مما يبرز الحاجة إلي أهمية استخدام أسئلة الإثارة من النوع المفتوح والتي تجعل التلميذ مشارك أساسي في التعلم ومفكر بدلاً من متلقي.

بالإضافة إلي أن الأسئلة الإجرائية (مفتوحة أو مغلقة) تعَّد أحد

---

(1) أحمد إبراهيم قنديل (1993): تأثير أسلوب الاستقراء والأسئلة المفتوحة على تحصيل العلوم وحب الاستطلاع العلمي لتلاميذ الصف الثاني المتوسط, مجلة كلية التربية, جامعة المنصورة, يونيو , ص250.

مهارات عمليات العلم بل من المهارات التدريسية التي تري بعض الأبحاث ضرورة تدريب المدرسين على كيفية صياغتها وذلك قبل وأثناء الخدمة. ومن هنا يرى الباحث أن مشروع التيمز (TIMSS) إستخدم مجموعة من الأسئلة التحريرية التي تتنوع في شكلها ولكنها تعتمد على المهارات الفكرية لدي التلاميذ ووضعهم في مواقف مختلفة بين الإجابة بكلمة وبين الإجابة بجملة أو فقرة وبين الاختيار من بين مجموعة من الكلمات.

إلا أنه كانت هناك ضرورة لبيان الجانب الآخر من قدرات الطلاب لا يعتمد على الورقة والقلم ولا يعتمد الكلمة ولكنه يعتمد على قدرة الطالب على التطبيق وتحويل الجانب

النظري إلي جاني أكثر أهمية وهو العمل التجريبي فكان ذلك ليس بعيداً عن تقييمات مشروع التيمز (TIMSS) ولكنه كان من أساسياته لذلك كان النوع الثاني من التقييمات بعد الاختبارات التحريرية هو تقييم الأداء.

II- تقييم الأداء:

يستخدم فيه الاختبارات الأدائية أو الاختبارات العملية, ويهتم هذا التقييم بقياس الأداء العملي للتلاميذ في مادة العلوم, حيث يتم فيه تحديد بعض المهام المطلوب قياس قدرة الطلاب على القيام بها.

ويترك للطالب بعدها فرصة التفكير في حلول لها من خلال قيامه بتصميم نماذج تجريبية لهذه الحلول ثم اختيار أحد هذه الحلول وتجريبها لاختيار الحل الصحيح ويقوم بعرض النتائج بعد تسجيلها, و تصنف الاختبارات الأدائية إلي ثلاث أنواع هي:[1]

---

(1)   محمد السيد علي(2000): مصطلحات في المناهج وطرق التدريس (ط2), القاهرة, دار الفكر العربي, ص79.

1- اختبارات التعرف

وفي هذا النوع من الاختبارات يقوم الطالب بالتعرف على خصائص المهمة (الأداء) كأن يتم توصيل دائرة كهربية أمامه ويطلب منه تحديد الأخطاء التي بها.

2- اختبارات النماذج المصغرة

هي اختبارات تتضمن مواقف تشبه المواقف الحقيقية بعمل نماذج مصغرة للأشياء الكبيرة لقياس بعض الأنشطة الأساسية في العمل. كأن يقوم الطالب بعمل دوائر كهربية يوصل فيها أعمدة كهربية على التوالي أو على التوازي مثل الموجودة في المنازل أو الشوارع.

3- اختبارات عينه العمل

هي اختبارات توضع لها معايير مقننه لبيان أوجه القوة أو الضعف في أداء الطالب لمهمة ما وبالتالي يسهل تصحيحها بسهولة, كأن يقوم الطالب بإجراء تجارب عن التفاعلات الكيميائية وملاحظة كيفية الاستخدام الصحيح أو السيئ للأدوات والمواد الكيميائية وذلك من خلال النواتج التي يحصل عليها من تلك التفاعل أو غيره.

وبالتالي فإن اختبارات الأداء تعطي للطالب الفرصة للتعلم الذاتي وتظهر قدراته على التعامل مع الواقع من خلال ما يقوم به من تجارب عملية.

إلا أن هذه الاختبارات الأدائية يصعب مقارنة نتائجها بين الدول وذلك لأن إمكانات الدول تختلف عن بعضها البعض, فهناك دول تمتلك المدارس التي بها معامل مجهزة بأحدث الوسائل والتقنيات والأجهزة مما يسهل على الطالب اكتساب المعلومة بسهولة والقيام بأي مهمة يكلف بها, وهناك دول أخرى فقيرة لا يوجدلديها مثل هذه المعامل فتكتفي في دراستها على الجانب النظري فقط.

وبالتالي ذلك سيكون له أثر سلبي على النتائج التي سنحصل عليها من هذا الاختبار الأدائي لعدم وجود تكافؤ للفرص بين الدول المشاركة. ومن هذا المنظور نجد أن مشروع التيمز (TIMSS) طبق هذا النوع من الاختبارات الأدائية في عامي 1995, 1999 م ولم يقم بتطبيقه عام 2003 م واكتفى فيها بالاختبارات الكتابية (المقالية والموضوعية) لما تتميز به من: الصدق, الثبات,الموضوعية, الشمولية, التدرج وإمكانية الاستخدام.

هذا وقد أطلقت عدة مسميات على تقييمات مشروع التيمز (TIMSS) منها "التقييم التجزيء أو التقييم البديل"[1].

وقد أطلق مسمي (التقييم التجزيء) لأن اختبار كل صف من الصفوف الثلاثة المستهدفة (4, 8, 12) تُقسم مفرداته على عدد من الكتيبات الصغيرة باستخدام أساليب مصفوفة العينات الإحصائية, بحيث يحصل كل طالب في دولته على كتيب واحد فقط تكون زمن الإجابة عليه بالنسبة لطلاب الصف الرابع 65 دقيقة وللصف الثامن 90 دقيقة.

وأيضاً أطلق عليه (التقييم البديل) لأن هناك عدد من الاختبارات البديلة محفوظة في مأمن لدي مركز الدراسة العالمي ببوسطن (ISC) وذلك لاستخدامها في المشروعات القادمة لمشروع التيمز (TIMSS) في عام 2007, 2011 م وما بعدهما بإذن الله.

وكذلك لأن هذه الاختبارات يمكن أن تكون بديلاً للدول المشاركة التي كانت تعتمد في تقييمها لطلابها على أسئلة الحفظ والاستظهار وعلي سلبية التلميذ في عملية التعلم.

ويمكن أن تصبح اختبارات مشروع التيمز (TIMSS) نموذجاً جاهزاً لأسئلة التفكير والابتكار التي يجب أن تقدم للطلاب في مثل هذا العصر التي يتسم بالتغيير وليس الجمود فلم تعد أساليب الأمس صالحة للتعامل مع حياة

---

(1)   Martin, M.O. & Kelly, D.L.(1996): OP.Cit.

اليوم التي لا ينجح في فهمها إلا من لديه فكراً ليس متوقع يتعامل فيه مع الأدوات الحالية ولكن بشكل يجعل منها أدوات تنوير وخير للآخرين وليست أدوات قوة وسيطرة على الآخرين.

هذا وقد تم التحقق من العدالة في تطبيق هذه التقييمات من خلال مجموعة من المعايير المنضبطة التي نُفذت بالتساوي عبر جميع الدول وذلك لتحقيق المبدأ الذي تؤمن به منظمة (IEA) المشرفة على مشروع التيمز (TIMSS) وهو: "إذا أردت أن تقيس التغيير فعليك ألا تغير القياس", فإذا أردنا قياس مستوي الطلاب في عدة دول فيجب توفير نفس الظروف والقواعد لتلك الدول حتي يكون التقييم صحيح وعادل.

مما تقدم نري أن مشروع التيمز (TIMSS) يقيس جوانب عقلية مختلفة للتلاميذ من خلال أسئلة تقيس مستويات دنيا للتفكير وأسئلة تقيس مستويات عليا وذلك يتيح الفرصة للتلاميذ لتنمية قدراتهم وإشباع ميولهم للارتقاء بمستواهم معرفياً ومهارياً ووجدانياً وابتكارياً.

ثانياً: الاستبيانات (Questionnaires):

يطلق عليها مسميات عدة منها استطلاعات الرأي أو استفتاءات وتعرف بأنها: "سلسلة من الأسئلة تتعلق بموضوعات سيكولوجية أو اجتماعية أو تربوية ترسل إلي مجموعة من الأفراد أو تعطي لهم, بغرض معرفة آرائهم بشأن هذه الموضوعات ويقدم الاستبيان في نمطين:

النمط الأول: مفتوح ويتضمن عدد من الأسئلة ويترك للفرد الحرية الكاملة في اختيار الإجابة التي يراها دون قيود.

والنمط الثاني: مغلق يتضمن عدداً من الأسئلة وتوجد لكل سؤال عدة إجابات مختلفة يقوم الفرد باختيار إحداها[1].

(1) محمد السيد علي (2000): مصطلحات في المناهج وطرق التدريس, مرجع سابق, ص68.

وقد استخدم مشروع التيمز (TIMSS) كلا النوعين من الاستبيانات المغلق والمفتوح وذلك لدراسة المناخ الذي تتم فيه العملية التعليمية, وتم تقسيم هذه الاستبيانات إلي أربع أقسام هي:

I- استبيانات المنهج:

وضع مشروع التيمز (TIMSS) استبيان خاص بمادة العلوم وآخر خاص بمادة الرياضيات وذلك لجمع معلومات أساسية عن:

أ- كيفية تصميم وتنظيم المنهج.

ب- محتوي المنهج ومداه.

ج - مجالات المحتوي (علم الحياة, علم الأرض, علم الكيمياء, علم الفيزياء, علم البيئة وطبيعة العلوم والبحث العلمي).

د- الإشراف على تنفيذ المنهج وتقييمه.

هـ- المواد المنهجية المساعدة (كتب دراسية, مرشدات التعلم).

ويقوم بملء هذا الاستبيان منسق البحث القومي بكل دولة مشاركةً مع خبراء ومتخصصين في المناهج وطرق التدريس.

II- استبيانات الطلاب:

يتم تطبيق هذا الاستبيان على عينات من الطلاب تُختار عشوائياً من المدارس, ولكن القائمين على مشروع التيمز (TIMSS) واجهتهم مشكلة وهي: هل يتم اختيار الطلاب عن طريق العمر الزمني أم الصف الدراسي؟

وذلك لأن سن دخول المدرسة يختلف من دولة إلي أخرى وكذلك سن التخرج من المدرسة الثانوية حيث أن: "الذكاء يتغير تنظيمه مع تزايد العمر الزمني من عامل عقلي عام أو قدرة عقلية عامة إلي مجموعة من العوامل أو القدرات المتمايزة الأمر الذي يترتب عليه اختلاف قياس الذكاء تبعاً لتزايد

77

العمــر الزمنــي"[1]، وبعــد مناقشــات عــدة تــم اختيــار ثلاثــة عينــات (مجتمعــات) مــن الطـلاب يقـدم لـكلاً منهـم اسـتبيان خـاص بهـم وهـم:[2]

أ-مجتمع الدراسة (الأول) ويمثل الطلاب في سن 9 سنوات وهم يمثلون طلاب الصف الثاني, الثالث أو الرابع في الدول المشاركة.

ب-مجتمع الدراسة (الثاني) ويمثل الطلاب في سن 13 سنة وهم يمثلون طلاب الصف السادس أو السابع أو الثامن أو التاسع في الدول المشاركة.

ج- مجتمع الدراسة (الثالث) ويمثل الطلاب الذين قاربوا على الانتهاء من الصف الثاني عشر أي في نهاية المرحلة الثانوية.

ونجد أنه لو اعتبر عدد سنوات الدراسة هو المحدد للمعرفة الأكاديمية للطلاب فإن ذلك سيكون له تأثير سلبي على نتائج اختبارات الإنجاز والاستبيانات لأنه سيترتب عليه اختلافات عمرية بين الطلاب ستؤثر على الأداء والإنجاز، ويركز هذا الاستبيان الذي يقوم بملئه الطلاب المختارين في خلال (15- 30) دقيقة فقط على عدة نواحي أهمها:

أ - الخلفية المنزلية متمثلةً في الوضع الاجتماعي والاقتصادي.

ب - خبراتهم السابقة.

ج - اتجاهاتهم نحو العلوم والرياضيات.

---

(1)   فتحي الزيات وآخرون(2000): الفروق الفردية وتطبيقاتها التربوية, قسم علم النفس, كلية التربية, جامعة المنصورة, ص16.

(2)   (1998): ATIMSS Primer:Lessons and Implications for U.S. Education,Chester E.& Finn,- JrThomas B. Fordham Foundation,Washington,D.C, July. Retrieved on April 12th 2003, At 12:05AM [on – line], Available: http://www.edexcellence.net/institute/publication/ publication. cfm?id=50.

د - حياة الطلاب داخل المدرسة (عادات الدراسة).

هـ - النشاطات اليومية داخل وخارج المدرسة.

و - مصادر التعلم داخل المنزل (الكمبيوتر – الإنترنت – الكتب).

ن - أراءهم ومعتقداتهم عن التعليم.

ز - الواجب المنزلي.

III- استبيان المعلم:

يقوم معلمي العلوم والرياضيات الذين يُدَّرسون للطلاب المختارين للتقييم بملء هذا الاستبيان في خلال (30 – 45) دقيقة فقط, و يشتمل الاستبيان على عدة جوانب هي:

أ- الإعداد الأكاديمي والمهني.

ب- تخصص المعلم الدراسي.

جـ- دافعية المعلم.

د- التطور المهني.

هـ- أساليب وطرق التعلم.

و- خبرة المعلم.

ن- بيئة المعلم الذي يعيش فيها.

ز- اتجاهات المعلم نحو التعليم.

س- النشاطات الفصلية وتتضمن:

- الموضوعات المنهجية التي تدرس

- الواجب المنزلي

- الوقت المخصص للتدريس.

- المناخ الفصلي.

- التدريبات والتقييمات داخل الفصل.

- حجم وتنظيم الفصل.

- استخدام أساليب البحث والتقصي.

- استخدام تكنولوجيا المعلومات من (وسائل تعليمية - وسائط متعددة).

وقد تم عمل برنامج لبعض المعلمين لتغيير المفاهيم والرؤى لديهم عن العلوم وكيفية تطبيق المبادئ الموجودة في مبادرات الإصلاح القومي مثل مشروع التيمز (TIMSS) لنتحرك من إصلاح منهج العلوم إلى ممارسة يظهر فيها الإصلاح, وهذا البرنامج يمر فيه المعلم بثلاث مراحل هي:[1]

1- المرحلة الأولى:

تعمل على زيادة معرفة وفهم المعلم لمبادرات الإصلاح القومي في تعليم العلوم وذلك من خلال:

أ- نقاش مع المعلمين عن طبيعة مفاهيم العلوم الجديدة.

ب- كشف الرؤى الموجودة لدي المعلمين عن العالم وتأثير هذه الرؤى على فهمهم للعلوم.

جـ- تعريف المعلمون بفكرة التغيير في المفاهيم.

د- إحداث التآلف لدي المعلمين وبين محتوي ومبادرات إصلاح العلوم.

---

(1)   Hammrich, P.L.(1999):Science Curriculum Reform:What Teachers Are Saying, Philadpia, Temple University.Retrieved on May 16th 2004, At 11:00AM [on – line], Available: http://www.TempleUniversity.edu.html.

2- المرحلة الثانية:

يحدث فيها تطبيق المعلمين لمبادرات الإصلاح القومي من خلال العملية التعليمية.

3- المرحلة الثالثة:

يحدث فيها تقويم لما طبقه المعلمون من خلال قيامهم بتحليل مواد المنهج للتعرف على مدي الترابط بين المحتوي وطرق التدريس الموجودة من جهة وبين مبادرات الإصلاح القومي من جهة أخري.

IV- استبيانات المدرسة:

يتم اختيار المدارس التي تشارك في مشروع التيمز (TIMSS) على أن يستثني عن الاشتراك فيه كلاً من:[1]

- المدارس الصغيرة في الحجم.

- المدارس الضعيفة المستوي.

- المدارس البعيدة عن الإدارات التعليمية.

ويقوم مديري المدارس المختارة بملء هذا الاستبيان في خلال (30 دقيقة) والذي يشتمل على عدة جوانب أهمها:

أ- المناخ المدرسي.

ب- علاقة المدرسة بالمنزل.

جـ- وقت التدريس الكلي في المدرسة.

---

(1)   Michael, O.M.et al(1999):School Contexts for Learning and Instruction, IEA 's Third International Mathematics and Science Study, Chestnut Hill.MA: Boston College. Retrieved on April 28th 2004, At 5:00AM [on – line], Available: http://www.timss.org.

د- تصميم المدرسة.

هـ- أدوار مدير المدرسة.

و- أهداف المدرسة المتمثلة في:

- الامتياز الأكاديمي

- العادات الحسنة

- تنظيم وتحقيق الذات

- العمل الجاد

- النمو الشخصي لكل من فيها

ز- اشتراك الآباء.

ن- البيئة المدرسية المنظمة للعمل.

س- قضايا مجتمعية وشخصية.

ش- هيئة المدرسين والإداريين.

ص- مسئوليات سياسية وتمويلية.

ض- المنهج المدرسي في العلوم والرياضيات.

ط- موضوعات تتعلق بسلوك الطلاب.

ظ- النظام التعليمي.

ي- الموارد والمصادر المساندة لتعلم العلوم والرياضيات والتي تقسم إلى:

- مصادر عامة (الوسائل التعليمية- الميزانية- المباني التعليمية).

- مصادر خاصة (الكمبيوتر - أدوات المعمل - مواد المكاتب).

ثالثاً: دراسات معيارية إقليمية (Benchmarking Studies):

يطلق عليها أيضاً مسمي دراسات مميزة إقليمية أو دراسات نموذجية مصغرة إقليمية, وهذه الدراسات المعيارية الإقليمية طُبقت عامي 1995,1999م فقط, وكانت تشتمل على ولايات ومقاطعات مختارة من داخل الولايات المتحدة فقط, وهذه المقاطعات والولايات طُبق عليها نفس تقييمات واستبيانات مشروع التيمز (TIMSS) بنفس الإجراءات والمعايير التي طُبقت على الدول المشاركة, وقد ظهرت نتائج هذه الدراسة المعيارية بعد ظهور نتائج مشروع التيمز (TIMSS) بوقت قصير[1].

وهذه الدراسات المعيارية تتيح الفرصة للولايات المتحدة بتقييم طلابها في المناطق المختارة وكذلك تقييم برامجها التعليمية في العلوم والرياضيات من خلال سياق ومناخ عالمي, فهذه الدراسات أشبه بتصغير لمشروع التيمز (TIMSS) تصغير ليس في هيكلها ولكن في ـــ عدد المشتركين فيها.

وفي مداها واتساعها لتستفيد منها دولة واحدة في إطار عالمي, وقد طُبقت هذه الدراسات في أمريكا دون سواها لأنها تتحمل تكاليف هذا المشروع وتطبيقاته والقائمة على الجزء الأكبر من تنفيذه وكذلك لأنها تتيح الفرصة لباقي الطلاب الذين لم يشاركوا في المشروع الأصلي كي تتعرف على مستواهم بشكل أكثر إتساعاً وعمقاً.

رابعاً: دراسات شريط الفيديو (Video tap Studies):

شريـط الفيديو هـو شريـط تسجيل تلفزيـوني بواسطة مسجل الصـور التليفزيونيـة داخـل الفصـول الدراسيـة, وقـد أقيمـت هـذه الدراسـات عامـي

---

(1)   Tereas.F. et al (2000): Profiles of Student Achievement in Science at the TIMSS International Benchmarks: U.S. Performance and standards in an International context Chest nut Hill.MA: Boston College. Retrieved on April 12th 2005, At 12:50PM [on – line], Available: http: // isc. bc. Edu

1995, 1999 فقـط وذلك عـلى مسـتوى الصـف الثامـن فقـط, وقـد اختـيرت أكـثر مـن مائـة مدرسـة عشوائياً مثلت أكـثر مـن ألـف حجـرة دراسـة مـن معظـم الـدول المشاركة وذلك بعـد تقسـيم الـدول في ثـلاث مسـتويات:

- دول مستوى إنجازها أعلى من U.S.

- دول مستوى إنجازها لا يختلف كثيراً عن U.S.

- دول مستوى إنجازها أقل بكثير من U.S.

وقد تم اختيار عدة دروس في العلوم والرياضيات تُمثل أهم الموضوعات في المنهج وتم التصوير بالفيديو بعد موافقة كل مدرسة وذلك على مدار العام الدراسي, وهذه الدراسات تنفذ تحت قيادة المركز القومي للإحصاءات التعليمية بالولايات المتحدة (NCES), وكان الهدف من هذه الدراسات هو:

1- التعرف على الممارسات التعليمية في حجرات الدراسة ومقارنتها بين الدول المشاركة.

2- تعلم الدول من بعضها البعض لطرق التدريس داخل الفصول.

3- اكتشاف أفكار جديدة عن تعلم العلوم والرياضيات.

4- تطوير المعلمين مهنياً.

5- إنشاء مكتبة من شرائط الفيديو عن الممارسات التعليمية للدول المختلفة يُستفاد منها عند صياغة السياسات التعليمية.

6- إحداث نقاش واسع النطاق بين المعلمين وصناع السياسات وأولياء الأمور.

وهذه الدراسات تهتم بعدة جوانب عند تطبيقها وهي:

1- وقت الحصة الكلي.

2- كيفية عمل الطلاب (جماعي أم فردي).

3- هل تشتمل الحصة علي:

أ- وقت للمراجعة؟

ب- تمهيد وتقديم للدروس الجديدة؟

جـ- إشراك التلاميذ وتدريبهم على المحتوى الجديد؟

د- هل الدروس والحصص يستخدم فيها الكتاب المدرسي أم أوراق عمل أخرى أم الاثنين معاً؟

هـ- هل طريقة التدريس المستخدمة في الفصل الدراسي تقليدية أم مناقشة أم موجهه؟

و- مستوي تعقيد المنهج من حيث درجة الصعوبة والسهولة والاعتدال وكيفية تعامل المدرس معها؟

ز- هل التركيز في الفصل الدراسي على الجانب النظري أم التطبيقي؟

ن- هل التركيز في الفصل الدراسي على استخدام الكمبيوتر أم الكتب الدراسية أم الدخول على شبكة الإنترنت؟

س- هل تجري تجارب داخل معامل العلوم أم لا؟ وهل يتم اشتراك الطلاب في هذه التجارب؟

وبالتالي فهذه الدراسات تعطي لكل المشاركين فيها فرصة ليس لسماع تجارب الأخرين فحسب ولكن تعطيهم القدرة على المشاهدة بالعين لكل ما يجري في الفصل الدراسي عبر دول مختلفة، مما يمّكن القائمين على العملية التعليمية من الاستفادة من تلك التجارب مما يؤدي إلي الارتقاء بالعملية التعليمية لتحقيق الأهداف المنشودة.

خامساً: دراسة الحالة (Case Study):

أجريت هذه الدراسة في عام 1995 فقط وذلك لتقديم معلومات عن التعليم في ثلاث دول فقط هي الولايات المتحدة وألمانيا واليابان وذلك من أجل بحث عدة جوانب[1]:

1- مستويات ومعايير التعليم القومي.

2- تكييف ظروف عمل المعلمين مع البيئة المحيطة.

3- دور المدرسة في حياة المراهقين.

4- طرق التعامل مع المشكلات والصعوبات.

وقد عُنيت هذه الدراسة بالمعلمين والطلاب ومديري المدارس وتوصلت إلى نتائج تمد تلك الدول بدلائل وآليات لفهم نتائج إنجازات الطلاب في مشروع التيمز (TIMSS) وأسباب القوة أو الضعف فيه.

سادساً: دراسة المنهج (Curriculum Study):

أُجريت هذه الدراسة في عام 1995 فقط وقد قامت على تحليل مكونات المنهج وذلك لتطوير إطاراته وهياكله وتقييم للعوامل المنهجية المؤثرة على إنجاز الطلاب. وقد قامت دراسة المنهج بعدة مهام:

1- جمع الوثائق التي تحمل الأغراض المنهجية والخطط الخاصة بالمنهج.

2- جمع وتحليل الكتب الدراسية في العلوم والرياضيات.

---

(1)   Harold, W. S. & Roberta, N. L (1998): TIMSS Case Studies of Education in Germany, Japan and the United States, Mid- Atlantic, Eisenhower Consortium for Mathematics and   Science Education .Retrieved on April 12th 2005, At 11:55PM [on – line], Available: http:// www.webmaster.rbs.org.

3- النظر في الموضوعات التي تُدرس في الدول المشاركة.

وهذا من شأنه أن يسمح بعمل إطار عالمي للمنهج في مادتي العلوم والرياضيات.

منهج مشروع التيمز (TIMSS)

بنشأة التعليم نشأت الحاجة إلي مناهج له لتحقيق غاياته وأهدافه ولكن مفهوم هذا المنهج اختلف باختلاف مقاصده وأغراضه, فهناك عدة أنواع للمناهج كما يشير إليها (إبراهيم محمد عطا, 1992)[1]:

1- المنهج المثالي: وهو يمثل مجموعة التوصيات التي اقتراحها الخبراء والأكاديميون.

2- المنهج الرسمي: وهو المتضمن في أدلة المناهج الدراسية.

3- المنهج المطبق: هو المنهج التي يعتقد المعلمون أنهم يقومون بتدريسه.

4- المنهج الإجرائي: هو المنهج الذي يلاحظه أي مشاهد.

5- المنهج المتعلم أو الممد بالخبرة: هو المنهج الذي يُعلم للآخرين.

وهذا التنوع يبرز أهمية المنهج وضرورة الاعتناء بمضمونه فإذا كانت العملية التعليمية تشتمل على عناصر متعددة كالإدارة التعليمية والمبني المدرسي وغيرهما من العناصر التي تُسهم في إكمال وإنجاح النظام التعليمي فإن المناهج الدراسية هي جوهر هذه العملية التعليميةوالخيط الرئيسي الذي يربط بين كل جوانبها.

ولإدراك القائمين على مشروع التيمز(TIMSS) لهذه الأهمية للمنهج وللقول الذي يشير إليه (روبرت, 1975م)[2] بأنه: "إذا لم تكن متأكداً من

(1) إبراهيم محمد عطا (1992): مرجع سابق, ص865 - 866.

(2) Rebert, F. M.(1975): Preparing Instructional Objectives, 2nd ed, Fearon- Pitman Publishers , Belmont, California , p23.

المكان الذي تسير إليه فإنك ستصل إلي مكان آخر", أي أنه إذا لم تحدد منهج تسير عليه لتحقيق أهدافك فإنك ستصل إلي نتائج أخرى غير التي كنت تصبو إليها.

لذلك حدد مشروع التيمز (TIMSS) منهج تنظيمي مخطط يعمل على إيجاد سلسلة من الفرص التعليمية تعبر وتعكس ثقافة الدول المشاركة, وقد صُمم هذا المنهج ليكون من الاتساع لاحتواء المفاهيم والمهارات والاتجاهات المتعددة الضرورية لتعلم العلوم بما يتواكب ويتلاءم مع احتياجات جميع الدول المشاركة من ناحية ومع المعايير العالمية من ناحية أخرى وذلك من أجل قيام الدول المشاركة بخطوات إصلاحية في مناهجها الدراسية[1]، وقد راعي مشروع التيمز (TIMSS) عند تصميه للمنهج عدة سمات أهمها:[2]

- ميول واتجاهات التلاميذ.
- طبيعة ووظيفة التعليم.
- البيئة المطبق فيها المنهج.
- طبيعة المجتمع الذي يطبق عليه المنهج.
- القيمة التي يضعها المجتمع على تعلم منهج العلوم والرياضيات

هذا ويتبنى مشروع التيمز (TIMSS) نقطتين هامتين هما:[3]

1- لكل دولة حرية كاملة في وضع معايير محلية لمناهجها بما يتناسب مع إمكاناتها وقيمها.

(1) Michael. et al (1997): Science Achievement in The Primary School Year, Chest nut Hill .MA: Boston College . Retrieved on April 16th 2003, At 4:44AM [on – line], Available: http:// www.Csteep. bc. edu / timss

(2) Mullis, I.V.S. et al(2003): OP.Cit .

(3) William Schmidt (1996): OP.Cit

2- العمل على موائمة تلك المعايير المحلية مع المعايير الدولية بالمناقشة وليس الصدام.

ويميز مشروع TIMSS بين ثلاث سمات للمنهج هي:[1]

- المنهج المقصود (الرسمي) Intened Curriculum.

- المنهج المنفذ (الفعَّال) Implemented Curriculum.

- المنهج المكتسب (نتاجات التعلم) Achieved Curriculum.

أولاً: المنهج المقصود (الرسمي) Intened Curriculum:

بُذلت العديد من الجهود من جانب علماء التربية لتعريفه فأشار (محمد السيد علي, 2000)[2] بأنه: المنهج الرسمي المعلن أو المنظم أو الظاهر وهو وثيقة مكتوبة محددة من قبل هيئة أو جهة مخولة بإعدادها يطبقها المعلم في أثناء تدريسه في فترة زمنية معينه ووفق خطة دراسية محدده.

ويشير (جودت أحمد سعادة, 1984)[3] بأنه: جميع الخبرات التعليمية التي يتم تخطيطها والإشراف على تنفيذها من جانب المدرسة لتحقيق أهدافها التربوية.

---

(1)   استعان الباحث بالمصادر التالية:

(a) Mullis, I.V.S. et al(2003): OP.Cit.

(b) Mullis, I.V.S(2002):Background Questions in TIMSS and PIRLS:An Overview TIMSS and PIRLS,International Study Center, Department ofEducational Research,Measurement and Evaluation, Lynch School of Education, Boston College,August. Retrieved on April 12th 2003, At 5:00AM [on – line], Available: http://www.house.gov/science/schmidt_108-.htm(c) Mullis, I.V.S & Martin, M.O.,(2000): OP.Cit

(2)   محمد السيد علي(2000): مصطلحات في المناهج وطرق التدريس, مرجع سابق, ص17.

(3)   محمد السيد علي(2000): مصطلحات في المناهج وطرق التدريس, مرجع سابق, ص17.

ويعرفه (مارتن وآخرون,2001) [1] بأنه: "مجموعة من الوثائق والخطوط الإرشادية والأطر المنهجية والمواد المعينة والكتب الدراسية المعدة من قبل وزارة التربية والتعليم وأقسام التربية القومية والمحلية في الجامعات والمعاهد التربوية".

ويشير (مايكل وكيلي, 1997) [2] بأن: المنهج المقصود هو المنهج المرغوب فيه القائم على أساس أهداف قومية ورؤى معلمين وخبراء متخصصين في فروع المعرفة لكل مجال من مجالات المنهج.

ويشير (كارن و ديفيد, 2003) [3] بأن: المنهج المقصود هو المنهج الموجه الذي يتم من خلاله إعلان وبيان الأهداف والمعايير التي تُحدد المحتوي الذي سيدرس للتلاميذ وكذلك بناء وتتابع وعرض هذا المحتوي، ويري (بوشامب, 1981) [4] بأن المنهج المقصود هو وثيقة مكتوبة أو وثيقة تم تصميمها لاستخدامها كنقطة انطلاق للتخطيط التعليمي , ويشير إلي أنه على المنهج أن يشتمل على العناصر التالية:

(1)   Martin, M.O. et al (2001): OP.Cit

(2)   Michael O. M.& Kelly, D.L.(1997): Third International Mathematics and Science Study (TIMSS) Technical Report, Volume II: Implementation and Analysis, Primary and Middle School Years (Population 1 and Population 2). Chestnut Hill, MA: Boston College. Retrieved on April 12th 2003, At 5:00AM [on – line], Available: http:// www.Csteep. bc. edu / timss.

(3)   Karen, S. H. & David,H.(2003): What Is the Influence of the National Science Education Standards?: Reviewing the Evidence, A Workshop Summary, National Research Council,   Washington, D.C.: National Academy Press. Retrieved on April 12th 2003, At 5:00AM [on – line], Available: http://www.nap.edu.

(4)   Beachamp,G. A. (1981): Curriculum Theory.4th Ed.F.E. Peacock Publishers, Inc, Itasca, Illinois, pp.145

- مخطط يدور حول محتوي الثقافة المراد تعلمها.

- تحديد الأهداف العامة والأهداف التدريسية.

- تحديد الدوافع من وراء إيجاد المنهج مع تحديد الطرق التي يتم فيها تنفيذه.

ومن خلال ما سبق من تعريف للمنهج المقصود يمكن تعريفه بأنه: " كل متكامل لما قصده صناع القرارات والسياسات ومتخصصي وخبراء التعليم والتعلم ليتعلمه الطلاب داخل المدرسة وخارجها لتحقيق أهداف عامة وخاصة تعكس الوضع السياسي والاقتصادي والاجتماعي, العقائدي, الثقافي والتكنولوجي في عالمنا المعاصر".

وهناك ثلاثة مستويات لتصميم المنهج المقصود هي:[1]

1- المستوى الإقليمي (القومي - الدولة).

2- المستوى الوطني (الولاية - المحافظة).

3- المستوى المحلي (المقاطعة - المدينة).

وهذه المستويات الثلاثة تبرز مفهوم المركزية واللامركزية في التعليم فالمستوي الإقليمي تكون فيه الدولة هي المسئولة عن كل القرارات الهامة التي تحكم اتجاه وإدارة العملية التعليمية بما يعطي تماسك وتناغم على المنهج مع تحجيمه لمرونة المدرسة والمعلم على تطويع التعليم طبقاً لاحتياجات الطلاب.

---

(1)   Eugenio J. G,. et al(1997): Science Achievement in the Primary School Years: IEA's Third International Mathematics and Science Study, Chest nut Hill.MA: Boston College. Retrieved on April 12th 2003, At 5:00AM [on – line], Available: http:// www.Csteep. bc. edu / timss.

أما المستويين الوطني والمحلي فإنهما يجسدان مفهوم اللامركزية التي تعطي الحرية لكل مقاطعة أو جزء من الدولة بعمل إطار خاص يتعلم فيه الطلاب طبقاً لظروف المكان ولرؤى وميول واضعي المنهج.

ثانياً: المنهج المنفذ (الفعَّال) Implemented Curriculum:

تناول العديد من العلماء تعريف هذا المنهج نظراً لاختلافه عن المنهج المقصود فأشار(كارن & ديفيد, 2003)[1] بأن المنهج المنفذ هو المنهج المطبق: "وهو ترجمة للمنهج المقصود عن طريق المعلمين ومديري المدارس والآباء والطلاب من خلال ما يتم تدريسه فعلاً للطلاب داخل الفصول الدراسية".

ويشير (مارتن وآخرون, 2001)[2] بأن المنهج المنفذ: "هو ترجمة ووصف وتعديل وتغيير للمنهج المقصود طبقاً لرؤى المعلمين واحتياجات وقدرات الطلاب في الفصل الدراسي".

ويعرفه (محمد زياد, 1982)[3] بأنه عبارة عن: "تفاعل مستمر بين الطلاب والمعلمين والمتخصصين في علم النفس من جهة وبين طرق التدريس والمعلومات والوسائل التعليمية والمدرسة والبيئة من جهة أخري". ويمكن تعريفه بأنه: "جملة ما تم تطبيقه وتدريسه من المنهج المقصود في الفصول الدراسية نتيجة تفاعله مع البيئة المدرسية والإمكانات المادية والبشرية المتاحة". هذا ويمكن تحديد مقدار هذا المنهج المنفذ من خلال الملاحظة الفعلية للفصول الدراسية وما يُدِّرسه المعلمين داخلها.

ومن خلال إجابات الطلاب عن بعض الأسئلة المتعلقة بما تعلموه في مراحل معينه من مراحل التعليم الأساسي, وهذه الملاحظات تُجيب عن التساؤلات الآتية التي من شأنها تحديد مدى التقارب أو التباعد بين المنهج المقصود والمنهج المنفذ وهي:

---

(1) Karen S. H. & David,H.(2003): OP.Cit .

(2) Martin, M.O. et al(2001): OP.Cit

(3) محمد زياد حمدان(1982): المنهج في أصوله وأنواعه ومكوناته, الرياض، دار الرياض, ص31.

1- ماذا يدرس للتلاميذ من موضوعات؟

2- كيف تقدم هذه الموضوعات للتلاميذ؟

3- ما هي أنواع التقييمات التي يستخدمها المعلم لتحديد مدي تعلم واكتساب الطلاب للموضوعات؟

4- كيف يستخدم الطلاب تلك المعارف في المواقف المختلفة التي تمر وذلك من خلال:

- تطبيق مشكلات وتدريبات داخل الفصول.
- الواجب المنزلي.
- التقييمات الشهرية والسنوية.

و يلعب المعلم دوراً هاماً في إحداث التقارب بين المنهج المقصود والمنهج المنفذ من خلال اطلاعه على أحدث المعلومات والطرق التدريسية والتقييمية, وذلك من خلال:[1]

أ - الرابطة القومية لمعلمي العلوم بالولايات المتحدة الأمريكية(NSTA).

ب - منظمة (IEA).

ج - دليل المعلم.

د - الكتاب المدرسي.

هـ - المرشدات والمساعدات الأخرى التي تشمل:

- مرشد المنهج.
- الكتاب المرجع.
- كتاب عمل الطالب.

(1) Robitaille, D.F., et al (1993): OP.Cit .

كما يمكن إحداث التقارب بين المنهج المقصود والمنهج المنفذ من خلال القيام بـ:[1]

1- تدريب المعلمين على كيفية إحداث ذلك.

2- عمل كتاب مدرسي يوضع فيه كل ما يهدف إليه واضعي المنهج سواء كانت أهداف معلنه أو كامنة.

3- عمل نظام من التفتيش والإشراف المدرسي.

4- عمل مرشد تعليمي للمعلمين.

5- عمل استبيانات ومقالات شخصية.

6- يجب أن يتوفر للمعلمين:[2]

- سهولة الحصول على المعلومات الخاصة بمواد المنهج, من المواقع الرسمية والغير رسمية.
- إتاحة الفرصة للمعلمين لتطوير فهمهم عن هذه المواد واستخدامها.
- تزويد الطالب المعلم بالجامعات بتلك المواد وبخبرات تعليمية جديدة.
- توفير الوقت الكافي لهم من أجل التأقلم مع هذه المواد وممارساتها التعليمية المصاحبة لها.

ثالثاً: المنهج المكتسب (نتاجات التعلم) Achieved Curriculu:

يشير (موليس ومارتن, 2003)[3] بأن المنهج المكتسب هو: "أجزاء من المنهج المقصود والمنهج المطبق الذي تم تعلمه بواسطة الطلاب ويستدل

(1) Martin, M.O. et al (2001): OP.Cit.

(2) Cynthia A. T. et al (2002): OP.Cit.

(3) Mullis, I.V.S. et al (2003): OP.Cit .

عليه من خلال نتائج التقييمات التي تتم على المستويات العالمية والإقليمية والمحلية", ويشير (رالف تايلر, 1984)[1] بأنه: " كل ما يتعلمه التلاميذ وتقوم المدرسة بالتخطيط له وتوجيهه لبلوغ أهدافها التربوية ".

ويمكن تعريفه بأنه: "جملة ما تعلمه الطلاب في المدرسة نتيجة التفاعل بين المنهج المقصود والمنهج المنفذ من جانب وبينهم وبين المنهج المنفذ من جانب أخر".

وقد أشار (مارتن وكيلي, 1996)[2] بأن الاختلاف الأساسي بين الثلاثة أنواع السابقة للمنهج يكمن في أن:

1- المنهج المقصود: يوضح ويبين أهداف المجتمع للتعليم والتعلم و يعكس مثاليات وعادات المجتمع السامي, ويحاول الإجابة عن التساؤل التالي:

- ما المتوقع من الطلاب أن يتعلموه؟

2- المنهج المنفذ: يوضح ما يقوم به المعلم داخل الفصل و يعكس سلوك المعلم وإعداده وخبرته

وطرق تعامله مع النظام المدرسي ومع زملاءه. ويحاول الإجابة عن التساؤلين التاليين:

- من يقوم بعملية التعلم؟

- كيف تم تنظيم عملية التعلم؟

3- المنهج المكتسب: يوضح ما تعلمه الطلاب فعلاً ويعكس الأثر السلبي أو الإيجابي للمنهج من خلال تعامل الطلاب مع بعضهم البعض ومع بيئتهم ومجتمعهم, ويحاول الإجابة عن التساؤل التالي:

---

(1)   Ralph Tyler (1984):Basic Principles of Curriculum and Instruction, Chicago, University of Chicago Press, p35.

(2)   Martin, M.O. & Kelly, D.L.(1996) : OP.Cit.

- ماذا تعلم الطلاب؟

ومما سبق يتضح أن إنجاز الطلاب يعتمد جزئياً على المنهج المنفذ وإلي حد كبير على الصفات الشخصية للطلاب, الإمكانات المادية, البشرية, البيئة والمجتمع.

و يمكن اعتبار المنهج قناة من خلالها تقدم الفرص التعليمية للطلاب التي تنمي عقولهم بما يتلاءم مع معطيات العصر.

مجالات مشروع التيمز (TIMSS)

يُعَّرف المجال بأنه[1]: "جسم معرفي متماثل متناغم متناسق", ويمكن تعريفه أنه: "الفروع والموضوعات الرئيسة التي تتضمنها المادة الدراسية من محتوي وعمليات معرفية واستقصاء علمي والتي تشكل في جملتها محاور المنهج الدراسي"

وقد ارتكزت مجالات مشروع التيمز (TIMSS) عامي (1995, 1999) على ثلاثة مجالات هي[2]:

أولاً: مجال محتوي العلوم:

يشكل هذا المجال البنية المعرفية لمادة العلوم واشتمل على ثماني مجالات هي:

1- علم الحياة.

2- علم الفيزياء.

---

(1) محمد السيد علي(2000): مصطلحات في المناهج وطرق التدريس, مرجع سابق, ص47.

(2) استعان الباحث بالمصادر التالية:

(a) Martin, M.O.(1996): OP.Cit.

(b) Mullis, I.V.S., Martin, M.O., (2000): OP.Cit.

3- علم الأرض.

4- طبيعة العلوم.

5- العلوم وعلاقتها بالتكنولوجيا والرياضيات.

6- تاريخ العلوم والتكنولوجيا.

7- البيئة وقضايا وعاصر.

8- العلوم والأنظمة الأخرى.

ثانياً: مجال توقعات الأداء:

يصف هذا المجال أنواع الأداء أو السلوكيات المتوقعة من الطلاب إزاء ما يتعلموه من موضوعات في مادة العلوم ويشتمل هذا المجال على:

1- الاتجاهات نحو العلوم.

2- الحياة وعلاقتها بالمنهج.

3- التعاون والاشتراك بين الطلاب.

4- الدافعية والاهتمام لدي الطلاب تجاه تعلم العلوم.

5- التفكير (تشغيل العقل) ومدي تقبله لما يتعلمه.

6- الأمان فيما يقوم به من تجارب معملية.

ثالثاً: مجال الفهم الثاقب للعلوم:

ويتعلق هذا المجال بالعمليات المعرفية ويشتمل علي:

- الاستكشاف.

- الاتجاهات نحو العلوم والرياضيات.

ولكن المجالات السابقة تم تطويرها، وتقنينها، وتنظيمها في مشروع التيمز (IMSS) عام 2003م لتشتمل على ثلاثة مجالات أساسية هي:[1]

- مجال محتوى العلوم.

- مجال العمليات المعرفية للعلوم.

- مجال الاستقصاء العلمي.

أولاً: مجال محتوي العلوم (Science Content Domain):

يختص هذا المجال بتشكيل البناء المعرفي للطلاب ويشتمل على خمسة مجالات فرعية وهي:

1- مجال علم الحياة.

2- مجال علم ألأرض.

3- مجال علم الفيزياء.

4- مجال علم البيئة.

5- مجال علم الكيمياء.

تُشكل هذه المجالات البنية الأساسية لمحتوي مناهج العلوم بالمرحلتين الابتدائية والإعدادية إلا أن بعض مفاهيم هذه المجالات دُرس في مناهج بعض الدول في مواد دراسية أخرى غير مادة العلوم كمادة الدراسات الاجتماعية.

كما أن هذه المجالات الخمسة الفرعية أُدمجت معاً كمواد دراسية متصلة أُطلق عليها مادة العلوم في كثير من الدول, ولكن البعض الآخر من الدول يُدرس كل مجال من هذه المجالات كوحدة منفصلة, الأمر الذي يترتب عليه إحداث تكرار في المعلومات وعدم إحداث الربط العقلي المعرفي بين

---

(1)   Mullis, I.V.S. et al (2003): OP.Cit, p43.

هذه المجالات مما يُحدث تفكك وتشتت معرفي للطلاب. و تتدرج موضوعات كل مجال من المجالات المعرفية الخمسة بين الصفوف الدراسية من المفاهيم المحسوسة الأقل تعمقاً في بداية الصف الرابع مروراً بالمفاهيم المحسوسة الأكثر تعمقاً وصولاً إلي المفاهيم المجردة في نهاية الصف التاسع من مرحلة التعليم الأساسي وذلك مراعاتاً للقدرات العقلية للتلاميذ في هذه المراحل العمرية.

وفيما يلي عرض لكل مجال من تلك المجالات المعرفية الخمسة:

1- مجال علم الحياة (Life Science):

يهتم هذا المجال بفهم طبيعة ووظائف الكائنات الحية والعلاقات فيما بينها وكيفية تفاعلها مع بعضها البعض من ناحية ومع البيئة المحيطة من ناحية أخرى, ويهتم مشروع التيمز(TIMSS) بهذا المجال اهتماماً كبيراً لما له من أهمية وارتباط بواقع التلميذ وقد حدد مشروع التيمز(TIMSS) لهذا المجال بعض الموضوعات منها:

- أشكال و صفات وتصنيفات الكائنات الحية.

- تركيب ووظيفة والعمليات الحيوية للكائنات الحية.

- الخلايا ووظائفها.

- التطور ودورات حياة الكائنات الحية.

- التكاثر والوراثة.

- التنوع والتكيف والانتخاب الطبيعي.

- الأنظمة الكونية (العلاقات بين الكائنات الحية).

- الصحة العامة للإنسان.

2- مجال علم الكيمياء (Chemistry Science):

يهتم هذا المجال بدراسة التغيرات والتفاعلات الكيميائية والحرارية للمواد, وقد حدد مشروع التيمز (TIMSS) لهذا المجال بعض الموضوعات منها:

- تصنيف وتركيب المادة.

- المحاليل والمخاليط.

- خصائص واستخدامات المياه.

- الأحماض والقلويات.

- التغير الكيميائي.

3- مجال علم الفيزياء: (Physics Science)

يهتم هذا المجال بدراسة حركة الأجسام والأمواج وبدراسة الظواهر الطبيعية المحيطة بالإنسان, وقد حدد مشروع التيمز (TIMSS) لهذا المجال بعض الموضوعات منها:

- الحالات الفيزيائية والتغيرات التي تحدث للمادة.

- أنواع الطاقة ومصادرها وتحولاتها.

- الحرارة ودرجة الحرارة.

- الضوء.

- الصوت والحركة الاهتزازية.

- الكهربية والمغناطيسية.

- القوى والحركة.

هـذا ويتـم تدريـس موضوعـات مجـالي علـم الكيميـاء والفيزيـاء في المرحلـة

الابتدائية كمجال واحد يسمي بمجال العلوم الفيزيائية (Physical Sciences)، وذلك مراعاة للقدرات العقلية للتلاميذ في مثل هذه المرحلة العمرية ولما يحتويه هذين المجالين من مفاهيم مجردة يصعب تدريسها على حده دون ربطها مع مفاهيم أخرى حتي يستوعبها التلاميذ.

4- مجال علم الأرض (Earth Science):

يهتم هذا المجال بدراسة سطح الأرض والتغيرات الجيولوجية والكونية والأرضية, وعلاقة الأرض ومكانها في المجموعة الشمسية, ويُقسم علم الأرض إلي أربعة فروع هي:

أ- علم الجيولوجيا.

ب- علم الفضاء.

جـ- علم الهيدرولوجي.

د- علم المحيطات.

وقد أخذ مشروع التيمز (TIMSS) بعض الموضوعات منها وهي:

- تركيب الأرض وخواصها الفيزيائية (الغلاف اليابس - الغلاف المائي - الغلاف الحيوي- الغلاف الجوى).

- عمليات الأرض: الدورات والتاريخ.

- الأرض في المجموعة الشمسية والكون.

ويلاحظ أن بعض هذه الموضوعات تم تناولها في بعض الدول في مواد دراسية أخرى غير مادة العلوم, كموضوع تركيب الأرض يتم تناوله في مادة الجغرافيا وليس العلوم.

5- مجال علم البيئة (Environmental Science):

يهتم هذا المجال بدراسة الظواهر والموارد البيئية وما يؤثر على البيئة من تغيرات, ويعتبر علم البيئة من العلوم التطبيقية التي تهتم بالواقع والحياة, وقد حدد مشروع التيمز (TIMSS) لهذا المجال بعض الموضوعات منها:

- التغيرات السكانية.

- الموارد البيئية.

- التغيرات البيئية وملوثاتها.

ويؤكد مشروع التيمز (TIMSS) على أن تنظيم وتوزيع الموضوعات التي تتضمنها مجالات محتوي العلوم الخمسة على الصفوف الدراسية يتم بواسطة:[1]

1- اختبارات منهجية معيارية.

2- المستويات والمعايير التعليمية على مستوي الدولة بما فيها من خصوصيات متعلقة بالبيئة

المطبق فيها هذه الموضوعات.

3- الوقت المخصص لمنهج العلوم والرياضيات في الأسبوع والعام الدراسي بأكمله.

4- الثقافة المجتمعية ومدي تأثيرها على سلوك الطلاب.

5- آراء الآباء والنظراء (المديرين) وخبراء التعلم.

6- استخدام التقييمات الرسمية وغير الرسمية.

7- توقع المعلمين لما يمكن أن يتعلمه الطلاب في الصفوف الدراسية المختلفة.

8- إعطاء الطلاب مجموعة من المهارات ومتابعة مدي تعلمها وإجادتها.

كما يؤكد مشروع التيمز (TIMSS) على بُعدين أساسين عند صياغة محتوي منهج العلوم وهما:

---

(1)   National Research Council (1999): OP.Cit, pp 65-78.

- العمق.

- الترابط.

فبالنسبة إلي (عمق المنهج) فيعني مدى التعمق في الموضوعات من حيث قلة أو كثرة هذه الموضوعات, وعلي واضعي المحتوي أن يوازن بين عمق المحتوي وشموله بحيث لا يكون سطحي فيهمش دوره أو عميق فيجهد متلقيه.

أما (ترابط المنهج) فهو من الأمور الهامة التي يرتكز عليها مشروع التيمز (TIMSS), حيث يعبر عن علاقة الموضوعات ببعضها البعض ومدي تداخلها وتسلسلها منطقياً.

وتقاس قوي الترابط أو الاندماج لمحتوي المنهج بمدي ترابط أفكاره ومهاراته المقدمة للطلاب على مدار فترة زمنية طويلة, والمنهج المترابط يمكن تشبيهه بالقصة المتتابعة الأحداث التي لها بداية ونهاية ويتخللها عُقد وصراعات تثير تفكير التلاميذ وتنميه.

وهذا التماسك يراعي فيه البعد عن التكرار لما تم تناوله في الصفوف الدراسية السابقة ليصبح التعلم السابق (الخبرات) وسيلة وقاعدة أساسية يرتكز عليها التعلم اللاحق, وللتعرف على مدي ترابط محتوي المنهج من عدمه فإن ذلك يظهر من خلال الإجابة على التساؤلات التالية:

1- كيف تغطي الموضوعات المتنوعة في المنهج الدراسي؟ وهل على فترة زمنية قصيرة أم ممتدة؟

2- كيف يرتبط العدد الهائل من الموضوعات داخل الكتاب المدرسي؟

3- هل العلاقة بين الموضوعات واضحة من حيث الترابط الرأسي والأفقي؟

4- هل هناك وقت لمراجعة الموضوعات التي دُرست من قبل والموضوعات الجديدة على مدار العام؟

5- هل هناك تكرار لبعض الموضوعات ومدى مناسبة ذلك؟

6- هل هناك علاقة بين ما دُرس وما يُدَّرس وما سوف يدَّرس من موضوعات؟

7- هل هناك إمكانات مادية وتكنولوجية تراعي هذا المنهج؟

ثانياً: مجال العمليات المعرفية للعلوم (Science Cognitive Domain):

يؤمن القائمين على مشروع التيمز (TIMSS) بفكرة مفادها أن مادة العلوم عبارة عن مجموعة من العمليات التي تُستخدم من أجل تعلم الطلاب الكثير من الخصائص عن العالم المحيط لإكسابهم القدرة على تطبيق مجموعة المعارف التي يحصلون عليها في مواقف حياتية مختلفة. وقد اشتمل مجال العمليات المعرفية على ثلاثة مجالات فرعية تحدد مجموعة السلوكيات المتوقعة من الطلاب خلال اشتراكهم وتفاعلهم مع محتوى العلوم, وهذه المجالات هي:

1- مجال المعرفة الواقعية للعلوم.

2- مجال الفهم المنظم على أساس المفاهيم.

3- مجال الاستدلال والتحليل (إعمال العقل والتحليل).

وفيما يلي عرض لكل مجال من تلك المجالات:

1- مجال المعرفة الواقعية (الحقائقية)(Factual Knowledge):

يهتم هذا المجال ببناء القاعدة المعرفية المتعلقة بالحقائق العلمية الواقعية لدى الطلاب وذلك من أجل إكسابهم القدرة على المشاركة في النشاطات المعرفية المختلفة, وقد حدد مشروع التيمز(TIMSS) عدة عناصر لتنمية وبناء هذه القاعدة المعرفية وهي إكساب الطالب القدرة على أن:

- يدرك (يستدعي).

- يعرف.

- يصف الأشياء والأجهزة.

- يستخدم الأدوات والإجراءات.

2- مجال الفهم المنظم على أساس مفاهيمي(Conceptual Understanding):

يهتم هذا المجال بإكساب الطلاب القدرة على فهم وتفسير ما يعرفه ويلاحظه، وإيجاد صلة بين ما هو ملاحظ وما يتعلمه من مفاهيم علمية بعضها محسوس والأخر مجرد، وهذا الفهم لا يقاس مباشرةً ولكنه يظهر من خلال قيام الطلاب بأداء مهام محددة تتناسب مع قدراته العقلية ومراحله العمرية, وقد حدد مشروع التيمز (TIMSS) عدة عناصر لتنمية قدرة الطالب على الفهم والتفسير من خلال إكسابه القدرة على أن:

- يوضح بأمثلة.

- يطبق المعلومات.

- يوجد الحلول.

- يشرح.

- يقارن.

- يستخرج.

- يستنبط.

- يرسم.

- ينسب ويرجع الشيء لأصله.

- يفسر.

- يصنف.

3- مجال الاستدلال والتحليل (Reasoning and Analysis):

يهتم هذا المجال بإكساب الطلاب القدرة على إحداث جدال عقلي لحل المشكلات التي تواجههم والوصول إلي نتائج يمكن تطبيقها, وكذلك إكسابهم القدرة على اتخاذ القرار المناسب وذلك من خلال عدة عناصر حددها مشروع التيمز (TIMSS) لتنمية قدرة الطالب على الاستدلال والتحليل من خلال إكسابه القدرة على أن:

- يحلل.

- يحل المشكلة.

- يعلل.

- يفترض.

- يقيم.

- يقوم بعمل تركيبات وتكاملات.

- يفسر.

- يتوصل إلي نتائج.

- يعمم النتائج.

- يتنبأ.

- يجمع البيانات ويحللها.

ثالثاً: مجال الاستقصاء العلمي (Scientific Inquiry):

هذا المجال كان جزء من مجال العمليات المعرفية ولكن مشروع التيمز (TIMSS) في العام 2003 قرر تقييمه كمجال مستقل بذاته, ويشتمل هذا المجال على مجموعة المعارف والمهارات والقدرات التي تغطي نطاق واسع من المتطلبات والعمليات المعرفية ولكن في سياق تطبيقي تجريبي.

وعملية الاستقصاء العلمي في مشروع التيمز (TIMSS) تشتمل على مجموعة من المفردات والمهام التي تتطلب من التلاميذ التعامل معها في ضوء ما تم تعلمه من معارف ومفاهيم ومهارات عملية في مجال محتوي العلوم ومجال العمليات المعرفية, وقد حدد مشروع التيمز (TIMSS) عدة عناصر لتنمية قدرات الطلاب على التقصي من خلال إكسابهم القدرة على:

- صياغة أسئلة وفروض المشكلة.

- القيام بعمل تصميم تجريبي لكل فرض.

- القيام بجمع وتمثيل البيانات.

- القيام بتحليل وتفسير البيانات.

- التوصل إلي النتائج وتفسيرها.

ومما تقدم يمكن القول بأن مجالات مشروع التيمز (TIMSS) تؤكد على فلسفته في أنه لا يتعامل مع تلاميذ بلا عقل ولكنه يؤمن بعقل التلاميذ وقدراتهم وبأنه يمكن تنمية هذه العقول معرفياً ومهارياً واجتماعياً من خلال منظومة مترابطة يتم فيها البناء بالتوازي وليس بالتتابع ليكتسب التلميذ القدرة على المعرفة والفهم والابتكار والمهارات اللازمة للتطبيق ولحل المشكلات واتخاذ القرارات ليكتسب القدرة على الثقة بالنفس لتنمية مجتمعه وعالمه.

107

مدى صلاحية بيانات مشروع (TIMSS) للمقارنات العالمية:

أشار المركز القومي للإحصاءات التعليمية (NCES) [1] في سؤاله حول كيف يمكن للدول المشاركة التأكد من أن البيانات الحاصلة عليها من مشروع التيمز (TIMSS) صادقة وصالحة للمقارنة؟

وأجاب بأن مركز الدراسة العالمي (ISC) في جامعة بوسطن يعمل جاهداً على جعل جميع الإجراءات الخاصة بجمع البيانات عبر جميع الدول متشابهة وذلك من خلال:

1- اختيار عينات مشروع التيمز (TIMSS) (طلاب – معلمين – مديرين مدارس) يتم عن طريق مجموعة خبراء ومحكمين دوليين وذلك من أجل عدم التحيز وإحداث المساواة في الاختيار بين جميع الدول.

2- قام مركز الدراسة العالمي (ISC) بترجمة الاستبيانات والتقييمات المطروحة في مشروع التيمز (TIMSS) إلي اللغات القومية للدول المشاركة وذلك من خلال مترجمين متخصصين

3- قام مركز الدراسة العالمي (ISC) بتدريب منسقي البحث القومي (NRCs) ومساعديهم في كل دولة على كيفية جمع البيانات.

4- قام فريق شكله مركز الدراسة العالمي (ISC) أطلق عيه (فريق التحكم في الجودة) بزيارات خاصة لكل دولة مشاركة للتأكد من مدى تطبيقها للإجراءات الموضوعة.

5- يقوم مركز الدراسة العالمي (ISC) بعد كل الإجراءات السابقة بمراجعة مركزة ودقيقة لكل البيانات التي تم الحصول عليها من جميع الدول المشاركة في مشروع التيمز (TIMSS) من خلال المراكز الفرعية التابعة له.

---

(1)   National Center for Education Statistics (2004): OP.Cit, p 87.

وهذا الاهتمام الكبير لأن تكون هذه البيانات عادلة وصالحة للمقارنة ترجع إلى أن نتائج مشروع التيمز (TIMSS) ليست إعلاناً لفائز بالمركز الأول أو غيره ولكنها إعلان لمستوى دول ونظم تعليمية حتى تقدم لها النصائح والإرشادات للوصول إلى أعلى مستوى إنجاز.

وذلك لأن مشروع التيمز (TIMSS) لا يسعى إلى تنافس سلبي لا يستفاد منه ولكنه يسعى إلى التنافس الإيجابي الذي يجعل الجميع فائزين ويساعد كلاً منهما الآخر للوصول إلى مستوى عالمي موحد بين الدول في تعليم أبناءها للعلوم والرياضيات.

فهذه البيانات التي أظهرها مشروع التيمز (TIMSS) ساعدت على معرفة أسباب ارتفاع إنجاز طلاب بعض الدول عن الأخرى.

وحُددت هذه الأسباب في:[1]

1- وجود مجموعة من الأهداف التعليمية المركزية المحددة في تلك الدول.

2- وجود معايير أكاديمية لما يجب أن يتعلمه الطلاب في كل مرحل تعليمية.

3- وجود معلمون على دراية وفهم للمواد التي يدرسونها.

4- وجود برامج أكاديمية معدة جيداً للطلاب الذين تسربوا لظروف ما من التعليم لتحفيزهم على العودة للتعليم مرة أخرى.

5- وجود مناهج على درجة عالية من العمق والترابط.

---

(1) American Federation of Teachers(1999): Lessons From The World ; What TIMSS Tells Us About Mathematics Achievement, Curriculum, and Instruction, AFT Educational Issues Department 555, New Jersey, Washington, D.C 20001. Retrieved on May 12th 2003, At 5:00AM [on – line], Available: http://www.aft.org/timss.

6 وجود توازن بين محتوي الكتب الدراسية والمنهج من جانب وبين الأهداف والمعايير القومية والعالمية من جانب أخر.

7- وجود نظام للمحاسبة لجميع القائمين على العملية التعليمية, يجازي فيه المقصر ويكافأ فيه المجتهد.

8- عدم وجود مداخلات ومقاطعات للمعلمين تعيقهم عن التدريس أثناء الحصة مثل (الغياب- التصحيح للكراسات – درجات أعمال السنة وغيرها).

9- وجود اختبارات للمدرسين يجب اجتيازهم لها قبل السماح لهم بالتدريس.

10- الجماعية والتعاون في الأداء بين جميع القائمين على العملية التعليمية فالكل يعمل كفريق واحد بشكل أكثر تناغماً ومرونة.

كذلك ساعدت هذه البيانات على معرفة أسباب انخفاض مستوي إنجاز بعض الدول وحُددت هذه الأسباب في:[1]

1- ضعف المعايير الأكاديمية وعدم وضوحها.

2- المطالب العديدة الموضوعة على عاتق المعلمين دون العمل على إحداث تطور مهني أو توفير وقت كافي لقيامهم بهذه المطالب.

3- المناهج مجزءه وغير متتابعة أو مترابطة.

4- المعلمين الغير مؤهلين ثقافياً للتطورات المحيطة بهم محلياً وعالمياً.

5- عوامل ديموجرافية كظاهرة تدريس مناهج أقل تحدياً لعقول بعض التلاميذ نظراً لسطحيتها وعدم تطورها.

---

(1)   Chester E. & Finn, Jr.,(1998) : OP.Cit, p34.

6- عدم وضوح الأهداف القومية لتلك الدول وخاصة فيما يعقدون عليه أمالهم من وراء التعليم.

ويمكن أن نضيف من الأسباب التي تؤدي إلى انخفاض مستوى إنجاز بعض الدول:

1- عدم وجود نظام للمحاسبة مما يجعل كل فرد لا يدرك ماله وما عليه فلا يجازي أو يكافأ إذا قصر أو اجتهد

2- السماح لأي شخص مهما كان تخصصه أو إمكاناته بأن يُدَّرس في المدارس دون وضع   ضوابط أو معايير محددة.

3- عدم وجود التعاون أو التواصل بين المستويات الدنيا والمتوسطة والعليا لهيكل النظام التعليمي, والذي يمكن تشبيهه بجبل الثلج الذي يعيق وصول كلاً منهما للأخر, ولكن هذا الجبل بمزيد من الجهد وبزيادة حرارة التفاعل بينهما يمكن أن يذوب من أجل إحداث التواصل لبناء مجتمع ناهض يتسم بالرقي والازدهار.

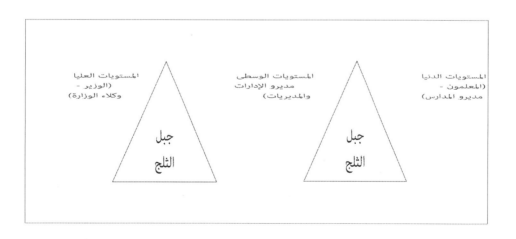

مخطط يبين العلاقة بين المستويات الثلاثة التي تشكل الهيكل
الإداري للنظام التعليمي

111

كما أن البيانات الناتجة من مشروع التيمز (TIMSS) تمد جميع الدول سواء منخفضي أو متوسطي أو مرتفعي الإنجاز ببعض التوجهات الهامة والتي تتمثل في[1]:

1- أن معايير محتوي العلوم في حاجة إلي أن تكون أكثر تحديداً على مستوى كل صف دراسي وكل مرحلة تعليمية والعمل على تطويرها كل فترة لمسايرة الاتجاهات المعاصرة.

2- أن المنهج يتطلب تفعيل لدور الطلاب أكثر, وبالتالي فالمعايير الموضوعة التي تركز على تعلم الطلاب للحقائق يجب أن تتسع لتشمل معايير أخرى تُكسب الطلاب القدرة على أن يحللوا ويفسروا ويفكروا وصولاً إلي المستويات العليا من التفكير التي تُكسبهم القدرة على الابتكار والإبداع.

3- أن عملية المحاسبة المتزايدة للمعلمين يجب أن يتزايد معها تدريب أكاديمي ومهني للمعلمين كي يقوموا بالتدريس بطرق أكثر حداثة وفاعلية حتى يمكن من خلالها إحداث التوازن بين عالمية التعليم وإمكاناتنا المتاحة.

4- أن تدريب الطلاب المعلمين (أثناء الدراسة الجامعية) يجب أن يُزود بأحدث الموضوعات والمهارات والطرق التدريسية من أجل تسهيل دورهم المستقبلي في الحياه العملية داخل المدارس عند تعينهم.

---

(1)   William H. Schmidt(1997): What Can We Learn From TIMSS?, East Lansing,Mich-igan,Michigan State University .Retrieved on Nov 12th 2003, At 5:55AM [on – line], Available: http://www.house.gov/science/schmidt_10-8.htm.

وهناك ملاحظتان هامتان يمكن استنتاجهما من البيانات الصادرة عن مشروع التيمز (TIMSS)، وهي:[1]

1- عدم وجود رؤية واضحة ومتكاملة لدي جميع الدول المشاركة عن كيفية تعليم أطفال اليوم.

2- أن حجم الفصل سواء كان صغيراً أم كبيراً ليس له علاقة بمستوى إنجاز الطلاب في الدول المرتفعة أو المنخفضة الإنجاز.

مما تقدم يمكن القول بأن بيانات مشروع التيمز (TIMSS) وفَّر لها كل السُبل كي تكون صالحة للمقارنات العالمية بين الدول وذلك بما وفَّر لها من عدالة في كل إجراءاتها وإشراف كل الدول المشاركة علي ذلك من خلال منسقي البحث القومي. والأهم من ذلك هو أنه إذا كان القائمون علي مشروع التيمز (TIMSS) يبذلون كل هذا الجهد ويتحملون كل هذه التكاليف المادية ويقيمون مراكز ومعاهد ومنظمات للإشراف علي هذا المشروع ويقومون بعمل تحليلات وتقارير عن مستوى إنجاز الدول المشاركة, فما مصلحتهم في ذلك؟هل بحثا عن مادة أم شهره أم تدمير لدول أم ماذا؟

كل المشاركين؛ حيث أنهم يذللون لهم مشكلات ويوفرون لهم أُطراً يمكن السير عليها طبقاً لما يرونه صالحا للتطبيق في بلادهم دون إجبار أو خضوع, وبالتالي فبيانات مشروع التيمز (TIMSS) بمثابة دواء موجود وصالح للاستخدام دوماً دون تاريخ صلاحية ؛ لأنه يناسب كل زمان ومكان فهو يجدد نفسه بنفسه, فتستطيع كل دولة لديها قصور الأخذ منه بالحد الذي يجعلها ترقي وتساير مجريات العصر.

(1) Southwest Educational Development Laboratory (1997): The TIMSS: Looking at Classrooms Around the World, U.S. Students and TIMSS, Volume 3 Number 3, Washington, D.C. Spring. Retrieved on April 12th 2003, At 5:00AM [on - line], Available: http://www.SEDL.com.

أوجه الاختلاف بين مشروع التيمز (IMSS) في الأعوام (-1995 99 - 2003 م):

الاختلاف الأساسي بين تطبيق مشروع التيمز (TIMSS) في الثلاث مرات السابقة(1995, 1999, 2003 م) يتمثل في الصفوف الخاضعة للتقييم والدراسات المكونة للمشروع وعدد الدول المشاركة, ويمكن توضيح ذلك في الجدول الآتي:[1]

وجه المقارنة	تيمز 1995(TIMSS 1995)	تيمز 1999 (TIMSS 1999)	تيمز 2003 (TIMSS2003)
الصفوف المقيمة	- الصف الرابع - الصف الثامن - الصف الثاني عشر	- الصف الثامن فقط	- الصف الرابع - الصف الثامن
الدراسات المكونة لها	- دراسات إقليمية Benchmark studies. - دراسة فيديو Video study - دراسة حالة Case study - دراسة منهج Curriculum study	- دراسات إقليمية-Benchmark studies - دراسة فيديو Video study	- لا توجد
عدد الدول المشاركة	42 دوله	38 دولة	45 دولة

(1) استعان الباحث بالمصادر التالية:

(a) Martin, M.O.(1996): OP.Cit, p12.

(b) Mullis, I.V.S., Martin, M.O.,(2000): OP.Cit,p45.

(c) Mullis, I.V.S. et al(2003): OP.Cit, p34

كما توجد اختلافات أخرى تكمن في:

1- أن مشروع التيمز (IMSS) في عامي (1995م – 1999م) لم تشارك مصر فيهما ولكنها شاركت فقط في عام (2003م) علي مستوى الصف الثالث الإعدادي.

2- أن مشروع التيمز (TIMSS) في عامي (1995م – 1999م) لم يتناول تأثير المناخ الأسري والعوامل البيئية التي يعيش فيها الطلاب وكذلك العامل المادي والاقتصادي, بينما في عام (2003م) تم التأكيد عليهما وإبراز تأثيرهما علي إنجاز التلاميذ.

3- أن مشروع التيمز (TIMSS) في عام (2003م) تم تناول مجال الاستقصاء العلمي كبعد وموضوع تقييم منفصل مستقل بذاته, بعكس ما كان عليه في عامي (1995م - 1999م) الذي تم تناوله ضمن مجال العمليات المعرفية.

الانتقادات الموجهة لمشروع التيمز (TIMSS):

إنَّ النقد الموجه لمشروع التيمز (TIMSS) ليس لعدم الاقتناع به ولكنه إسهام ممن ينتقدونه للتغلب علي بعض نواحي القصور لما لهذا المشروع من أهمية في تطوير السياسات والممارسات التعليمية.

فأشار (ألكسندر,1997)[1] بأن مشروع التيمز (TIMSS) أثمر عن مؤسسة غير مسبوقة للبيانات أثارت مجموعة من الأسئلة الهادفة عن العلوم والرياضيات والإنجاز فيهما, كذلك أثارت أسئلة عريضة عن بناء وأهداف

---

(1)   Alexandra,B (1997): Learning from TIMSS ; Results of the Third International Mathematics and Science Study. Summary of a Symposium, Washington, D. C, National Academy Press . Retrieved on April 12th 2005, At 2:00AM [on - line], Available: http://www.nap.edu.

المناهـج للأنظمـة التعليميـة في مختلـف الـدول المشاركة, ولكـن لا أحـد يفترض أن هـذا المـشروع دون أخطـاء, فجميـع الـدول المشاركة غيـر قادرة علـي اتبـاع نفس التعديـلات والتوصيات الصادرة عـن مـشروع التيمـز (TIMSS), كذلك هناك بعض القصور في بعض مفردات الاختبارات والاستبيانات تتضح في عـدم ملاءمتهـا بالتساوي لجميع المشاركين وذلـك علـي الرغـم مـن الجهـود المبذولـة مـن أجـل إحـداث المساواة بـين جميـع الـدول.

ويشير (أتكين وبلاك,1997)[1] أن المشروعات العالمية مثل مشروع التيمز (TIMSS) تثير مجموعة مـن التساؤلات أكثـر مـن الإجابة عليها, وأن المعايير الدولية المنبثقة منها تختلف في محتواها وتأثيرها على المعلمين والطلاب من مكان لأخر.

وهذه المعايير قد يكون تطبيقها مفيداً في بعض الفصول الدراسية وغير ملائم في البعض الآخر وذلك لعدم وضوحها وضعف ارتباطها بالواقع الذي يعيشه الطلاب فهي تميل إلى المثالية التي قد تكون درب من دروب الخيال في بعض الدول لاستحالة تطبيقها لأسباب مادية أو تنفيذية.

وهناك معارضة أو انتقاد لمشروع التيمز (TIMSS) في أن الدول المشاركة فيه تختلف من حيث الثقافة والعادات والتقاليد الأمر الذي ينتج عنه عدم ملائمة هذه المقارنات العالمية بين الدول[2].

كـما أن الممارسـات التعليميـة والسـمات الثقافيـة مختلفـة بـين جميـع الـدول لـذا فـإن هـذه الاختلافـات تؤثرعلـى نتيجـة مشاركة تلـك الـدول في مـشروع

(1) Atkin, J. M. & Black, P.(1997): Policy perils of international comparisons: The TIMSS case. «Phi Delta Kappan,», ERIC Digest, [EJ 550 557],p.p 22-28. Retrieved on April 12th 2003, At 3:00AM [on – line], Available:http: // www. Ericfacility. net / eric digests / ed 550 557. html.

(2) National Research Council (1999): OP.Cit,.

التيمـز (TIMSS)، وبالتـالي يجـب أن يضعهـا مـشروع التيمـز (TIMSS) في الاعتبـار عنـد تفسيره للاختلافـات في الإنجـاز بـين تلـك الـدول[1].

وقد شبهت الرابطة القومية لمعلمي العلوم (NSTA)[2] مشروع التيمز (TIMSS) بسباق الخيل أو حدث أولمبي لكن بلا جدوى. كما شبهه (بيكر,1997)[3] بأنه يشبه مقارنة (التفاح بالبرتقال) إشارة إلى أن هناك دول فقيرة وأخرى غنية، وأشار (شيستر, 1998)[4] أن مشروع التيمز (TIMSS) هو دراسة (رديئة في جوهرها) فهو كالأرض الوعرة حول الحواف (Rough Around The Edges) التي ليس لها جدوي فهي كالصحراء التي نمشي فيها فلا يصاب صاحبها إلا بالحر والتعب الشديد.

وبالتالي فإننا لا يجب أن ننزعج ونغضب من تدني مستويات إنجاز بعض الدول في مشروع التيمز (TIMSS)؛ لأن ذلك قد يرجع إلى أسباب فنية تكمن في عدم صلاحية القياسات المستخدمة في مقارنات مشروع التيمز (TIMSS) بين الدول, كما أن مشروع التيمز (TIMSS) لم يضع قواعد محدده لاشتراك الدول فيه وفي كل مكون من مكوناته, نتيجة لذلك لم تشارك بعض الدول فيه, ودول أخري شاركت في أجزاء منه دون الأخرى.

(1)   Mc Cann, Wendy.S.(1998): Ascience Teacher>s Guide to TIMSS. ERIC Digest, ED 432445, Boston, Washington, p123. Retrieved on April 12th 2003, At 2:50AM[on – line], Available: http: // www. Ericfacility. net / eric digests / ed432445. html

(2)   National Science Teachers> Association(1998): OP.Cit, p134.

(3)   Baker, D. P.(1997): Surviving TIMSS or Everything you Blissfully Forgot about International Comparisons. «Phi Delta Kappan,» ERIC Digest, [EJ 556 845], 79(1), 2228-. Retrieved on April 16th 2003, At 5:00AM [on – line], Available: http: // www. Ericfacility. net / eric digests / ed 556 845. html.

(4)   r E. & Finn, Jr., (1998): OP.Cit, p234.

وأشار (ستيجلر و هيبرت,1997) [1] إلى أن أدوات قياس الإنجاز (الإختبارت) الذي قام علي أساسها مشروع التيمز (TIMSS) لا تقيس عمّا إذا كان الطلاب لديهم القدرة علي التفكير عملياً أو رياضياً فهذه الاختبارات تقيس نوع من الحقائق والمهارات الأقل وجوداً.

وهذه الانتقادات في مجملها لا تعيب مشروع التيمز (TIMSS) ولكنها تؤكد أهمية هذا المشروع وعلي ما يضعه هؤلاء من قيمة له وما يرجوه منه في تحقيق النهضة التعليمية من خلاله في أوطانهم.

ومن هذا المنطلق يرى الباحث الحالي أن مشروع التيمز (TIMSS) يمكن أن يؤخذ عليه بعض النقاط التالية:

1- أن أدوات التقييم المستخدمة فيه اقتصرت علي الاختبارات الكتابية دون مراعاة للجانب اللفظي الكلامي للتلاميذ فالاختبارات الشفهية تفيد في تقيم جوانب هامة في شخصية الطلاب كالمواجهة, الدفاعية, وسرعة الانتباه والتحمل والثقة في النفس وسرعة التفكير وحسن التعبير.

2- اقتصرت الاختبارات التحريرية الكتابية علي أسئلة اختيار من متعدد وأسئلة مقال قصير وطويل ولم تشمتل علي أنواع أخرى من الأسئلة التي تبرز مدي فهم التلميذ لما تعلمه مثل الصواب والخطأ والمزاوجة وغيرها .

3- اقتصرت أدوات التقرير الذاتي علي الاستبيانات فقط, وأغفلت أدوات أخرى كمقاييس الاتجاهات وقوائم الميول والقوائم الشخصية و المقابلات الشخصية وكذلك أغفلت أدوات الملاحظة, مما يؤدى

(1)   Stigler, J. W. &. Hiebert, J.(1997): Understanding and Improving Classroom Mathematics Instruction: An Overview of the TIMSS Video Study, Phi Delta Kappan, September, P.P14-21.

إلى عـدم إعطـاء تفسـيراً شـاملاً للأسـباب الفعليـة لتـدني أو ارتفـاع مسـتوى إنجـاز بعـض الـدول في مـشروع التيمـز (TIMSS).

4- مشروع التيمز (TIMSS) لا يفرض علي أي دولة طريقة للإصلاح ولكنه يترك للدول الفرصة؛ لأن تتعلم من بعضها البعض وذلك قد يكون صعب لبعض الدول المشاركة خاصة الدول ضعيفة الإمكانات المادية والكوادر البشرية المؤهلة لمثل هذا الدور.

حركات إصلاح تعليم العلوم حول العالم ظهرت العديد من المشروعات لإصلاح مناهج التعليم وخاصة مناهج العلوم بمراحل التعليم المختلفة وهذه المشروعات نذكر بعضا منها حتى نرى أوجه الاختلاف بين هذه المشروعات العالمية وبين مشروع التيمز (TIMSS):

أولاً: حركة إصلاح التربية العلميه في ضوء التفاعل بين العلم والتكنولوجيا والمجتمع STS (Science, Technology &Society):[1]

تعَد حركة التفاعل بين العلم والتكنولوجيا والمجتمع (STS) أكثر حركات إصلاح مناهج العلوم وتطوير محتواها سعياً لتحقيق التنـوير العـلمي, وقد ظهـرت هذه الحـركة نتيجة الانتقادات التي وجهـت إلى منـاهج العـلوم في الخمسينات والستينات وهي:

- عدم تركيزها علي العلاقات المتبادلة بين العلم والتكنولوجيا.
- عدم إظهار الجانب الاجتماعي للعلم.

(1) Pedretti. E. (1996): Learning About Science, Technology and Society (STS) Through An Action Research Project: Co-Constructing An Issues-Based Model for STS Education, School Science and Mathematics, New York, Teachers Colloege Press, pp. 432-440.

"نقلاً عن: محمد السيد علي(2002): التربية العلمية وتدريس العلوم, القاهرة, دار الفكر العربي, ص41-40.

- ظهور قضايا ومشكلات ذات صبغة علمية وتكنولوجية اتخذت طابعاً محلياً وعالمياً.

- وجود تعارض بين محتوي مناهج العلوم في المدارس و (90%) مما يحتاج إليه الطلاب.

هذا وتتحدد العلاقات بين العلم والتكنولوجيا فيما يلي:

1- أن العلم يسبق التكنولوجيا حيث يمثل العلم البناء المعرفي في حين تأتي التكنولوجيا كتطبيق عملي لهذا البناء المعرفي في مجالات الحياة المختلفة.

2- أن كلاً من العلم والتكنولوجيا يعتمد علي الأخر حيث تؤدي الاكتشافات العلمية إلى المزيد من التطبيقات التكنولوجية وتؤدي تلك التطبيقات بدورها إلى اكتشاف المزيد من المعرفة العلمية وهكذا.

3- أن التكنولوجيا تساعد علي التقدم العلمي لما توفره للعلماء من أجهزه ومعدات وأدوات تمكنهم من اكتشاف المزيد من المعرفة العلمية الجديدة.

4- أن هناك تفاعل ثنائي الاتجاه بين العلم والتكنولوجيا حيث يستفيد العلماء من التكنولوجيا كما يستفيد التكنولوجيين من العلماء, فالبحث العلمي يمكن أن يساعد في تنمية التكنولوجيا,

وبنفس الدرجة من الأهمية فإن المشكلات التكنولوجية يمكن أن تثير أبحاثاً علمية جديدة قد تكون – أحياناً غير متوقعة.

وتمتاز برامج (STS) بالخصائص التالية:

1- يحدد فيها الطالب المشكلات التي تناسب اهتماماته.

2- تستخدم المصادر المحلية (بشريه ومادية) التي يمكن الاعتماد عليها في حل المشكلة.

3- المشاركة النشطة للطالب في البحث عن المعرفة التي يمكن تطبيقها في حل المشكلات الواقعية الحياتية

4- التركيز علي تأثير العلم والتكنولوجيا علي الطلاب أنفسهم.

5- التأكيد علي مهارات عمليات العلم التي يستخدمها الطالب في حل مشكلاته.

6- التأكيد علي الوعي المهني وبخاصة المهن المتعلقة بالعلم والتكنولوجيا.

ثانياً: مشروع 2061 «العلم لكل الأمريكيين»(Science for all Americans)[1]:

يقدم هذا المشروع رؤية بعيدة المدى للإصلاح التربوي في العلوم, حيث يمثل التنور العلمي الأساس في إعادة بناء مقاصد التربية العلمية من رياض الأطفال حتي نهاية المرحلة الثانوية, ويمثل التداخل بين كل من العلوم والرياضيات والتكنولوجيا المقصد المحوري للتربية العلمية التي تحقق التنور العلمي لكل الأمريكيين.

ويتكون هذا المشروع من ثلاثة مراحل:

---

(1)   (AAAS) American Association for the Advancement of Science (1993): Benchmarks forScience Literacy, New York, Oxford University Press.

نقلاً عن: محمد السيد علي (2002): المرجع السابق, ص43.

المرحلة الأولي:

وفيها حُددت المعرفة والمهارات والاتجاهات العلمية التي ينبغي لكل الطلاب اكتسابها من خلال ممارستهم العملية في المدرسة, وفي هذه المرحلة يتم التأكيد علي ما يلي:

1- اختزال كم من المحتوى في مقررات العلوم.

2- إزالة الحواجز الفاصلة بين المجالات المعرفية المختلفة.

3- الترابط بين العلوم والرياضيات والتكنولوجيا.

4- تشجيع مهارات التفكير العليا.

5- تقديم العلم كمؤثر ومتأثر بالمجتمع.

وقد انتهت هذه المرحلة عام 1989 بنشر التقرير المعنون " العلم لكل الأمريكيين " وقد حُدد فيه صفات الشخص المتنور علميا.

المرحلة الثانية:

وفيها تم ترجمة توصيات المرحلة الأولى إلى خطط عمل ووضع نماذج عديدة للمنهج, ونُفذَّت هذه المناهج في بعض المدارس المختارة في الولايات المتحدة الأمريكية في محاولة لإصلاح تدريس العلوم وانتهت هذه المرحلة عام 1992 بنشر التقرير المعنون: المعايير/ المقاصد النوعية للتنوير العلمي (Benchmarks for Science Lieracy).

وقد أشار المشروع في هذه المرحلة إلى حذف بعض الموضوعات التي كانت ذات أهمية في العلوم التقليدية مثل: قوانين أوم, تصنيف النباتات والحيوانات, قوانين الغاز المثالي, فسيولوجيا النبات, الحرارة النوعية, وزن التفاعلات الكيميائية, الآلات البسيطة, أشكال السحب, والبصريات.

المرحلة الثالثة:

وتستمر هذه المرحلة إلى داخل القرن الحادي والعشرين وفيها تُنفذ مخرجات المرحلتين الأولى والثانية علي نطاق واسع.

هذا ويتناول مشروع "2061" عدداً كبيراً من الموضوعات الشائعة في مناهج العلوم مثل: تركيب المادة, الوظائف الأساسية للخلية, الوقاية من الأمراض, تكنولوجيا الاتصالات, بالإضافة إلى تضمين موضوعات لم تكن موجودة بصفة عامة في المناهج المدرسية مثل: طبيعة المسعى العلمي, العلاقة بين العلوم والرياضيات والتكنولوجيا, وتاريخ العلم والتكنولوجيا.

ثالثاً: مشروع «المجال, التتابع والتنسيق» **(SS&C)**:[1]

Scope, Sequence, and Coordination

يمثل هذا المشروع إعادة بناء منهج العلوم بالمرحة الثانوية في أربعة مجالات رئيسة وهي: البيولوجي, والكيمياء, والفيزياء, وعلوم الأرض بما يواكب التنور العلمي وإعداد الأفراد الذين ينخرطون في أعمال علمية ترتبط بتلك المجالات, وقد صُمِّم هذا المشروع لقصور برامج العلوم فيما يتعلق بمجالاتها وتتابعها وتناسقها.

وقد أُعدَّت مواد المشروع انطلاقاً من المرتكزات التالية:

1- تعلَّم العلوم من خلال أربعة مجالات وهي: البيولوجي, والكيمياء, والفيزياء, وعلوم الأرض.

2- توضح معرفة الطلاب القليلة وخبراتهم السابقة في الحياة.

3- يقدم تتابع المحتوى وتعلمه من الخبرات المحسة إلى التعبيرات الوصفية إلى الرموز المجردة وأخيراً التعبيرات الكمية.

---

(1) (NSTA) National Science Teachers Association (1995): Scope, SequenceandCoordinationof National Science Content Standards: An Addendum to the Content, Arlington, VA.

نقلاً عن: محمد السيد علي (2002): المرجع السابق, ص45.

4 تُقدم خبرة محسة للظاهرة العلمية قبل استخدام المصطلحات التي تشرح تلك الظاهرة(مثال- تعريف).

5- تنقح المفاهيم والمبادئ والنظريات عند أعلي مستويات التجريد.

6- التنسيق بين مجالات العلوم الأربعة, والتداخل بين المفاهيم والمبادئ ما أمكن.

7- ربط تعلم العلوم في المجالات الأربعة بمجالات أخرى مثل: التاريخ والدين والفلسفة.

8- معالجة عدد قليل من المبادئ العلمية ذات الصلة بما سيدرسه الطالب بالجامعة مع التأكيد علي الفهم العميق للعلوم.

9- اختزال بعض موضوعات محتوى العلوم مع التركيز علي عمق فهم الموضوعات الأساسية القليلة.

10- تصميم المفردات وأدوات القياس الخاصة بمهارات الطلاب ومعلوماتهم وفهمهم واتجاهاتهم واستخداماتهم في تقويم البرنامج وتقويم الصفوف الدراسية بما يتماشى والمرتكزات السابقة.

رابعاً: المعايير القومية للتربية العلمية (NSES)[1]:

قام المجلس القومي للبحث (-National Research Coun cil NRC) عام 1995م التابع للأكاديمية القومية للعلوم بأمريكا National

---

(1)   National Academy of Science,National Research Council (1995): National Science Education Standards,Washington, D.C, National Academy Press.

نقلاً عن: أ- محمد السيد علي (2002) : المرجع السابق, ص ص46-47. ب- عبد السلام مصطفى عبد السلام (2001): الاتجاهات الحديثة في تدريس العلوم, القاهرة, دار الفكر العربي, ص ص 176-189.

National Science) بإصدار المعايير القومية للتربية العلمية (Academy of Science) والتي اشتقت من مشروع "2061 " وتجيب هذه المعايير (Education Standards عن الأسئلة التالية:

1- ماذا يجب أن يعرفه الطلاب وأن يكونوا قادرين علي أدائه وعمله في العلوم الطبيعة؟

2- ماذا يجب أن يعرفه مدرس العلوم وأن يكون قادراً علي أدائه؟

3- كيف يمكن إجراء تقدير مناسب لفهم الطالب وقدراته؟

4- كيف تهيئ برامج المدرسة الفرصة لكل الطلاب في تعليم العلوم؟

5- ما الذي يجب علي النظام التربوي عمله لمساندة برامج العلوم بالمدرسة طبقاً للمعايير القومية

وهذه الأسئلة توجه الانتباه إلى المجالات الكبرى للمعايير القومية وهي:

- معايير المحتوي (Content Standards)
- معايير التدريس (Teaching Standards)
- معايير النمو المهني (Standards of Professional Development9
- معايير التقدير (Assessment Standards)
- معايير البرنامج (Program Standards)
- معايير النظام (System Standards)

هذا وترتكز المعايير القومية للتربية العلمية علي مجموعة من المبادئ والأسس التالية:

1- العلم لجميع الطلاب.

2- تعلم العلوم عملية نشطة.

3- تعكس العلوم المدرسية التقاليد الفكرية والثقافية والتي تميز الممارسات المعاصرة للعلوم.

4- أن إصلاح التربية العلمية جزء من إصلاح النظام التربوي ككل.

خامساً: البرنامج العالمي لتقييم الطلاب (PISA)[1]

Programme for International Student Assessment

تُشرف علية منظمة التعاون الاقتصادي والتنمية (OECD) بمشاركة المركز القومي للإحصاءات التعليمية (NCES) بوزارة التعليم الأمريكية. ويقدم هذا البرنامج منظوراً جديداً للتعُّلم في سياق دولي من خلال تقييم ومقارنة أداء واتجاهات الطلاب حول العالم في سن الخامسة عشرة خلال دورة منتظمة كل ثلاث سنوات في ثلاثة مواد دراسية هي:

- تعلم العلوم (Literacy Science)
- تعلم القراءة (Reading Literacy)
- تعلم الرياضيات (Mathematics Literacy)

وقد اهتم برنامج (PISA) بالطلاب في سن الخامسة عشرة بغض النظر عن الصف الدراسي الموجودين فيه رغم توقع القائمين علي هذا

(1) Lemke,M. et al (2004): International Outcomes of Learning in Mathematics Literacy andProblem Solving, PISA2003 Results for the U.S. Perspective, Washington, DC, National Center for Education Statistics .Retrieved on April 12th 2005, At 11:50PM [on – line], Available: http://nces.ed.gov/surveys/ pisa/PISA2003High Lights.

البرنامج بأن يكون هؤلاء الطلاب في نهاية مرحلة التعليم الإلزامي ويكون الطلاب قد بدأوا مرحلة الشباب ومروا بمرحلة البلوغ وبسلسلة من التجارب التراكمية المتعلمة داخل وخارج المدرسة, وكانت أول انطلاقة لهذا البرنامج عام2000م وشاركت فيه 43 دولة وكان التركيز الأساسي فيه علي تعلم القراءة ولم يعطي أي اهتمام للعلوم والرياضيات.

ثم كُرر مرة ثانية عام 2003 م وقد شاركت فيه 41 دولة وكان التركيز الأساسي فيه علي تعلم الرياضيات وأُهمل تعلم القراءة والعلوم, وينتظر أن يكرر مرة أخرى (مرة ثالثة) عام 2006 م ويتوقع مشاركة أكثر من 58 دولة وهذه المرة سيركز البرنامج اهتمامه علي تعلم العلوم بجانب الرياضيات والقراءة, وجدير بالذكر أن مصر لم تشارك في المرتين السابقتين عام (2000م, 2003م).

ويتكون برنامج (PISA) من مكونين أساسيين هما:

1- التقييمات

عبارة عن مجموعة من الاختبارات تحتوي علي نوعين من الأسئلة هي:

- أسئلة المقال.

- أسئلة اختيار من متعدد.

هذه الاختبارات تقدم إلى ما بين (450) إلى (1000) طالب وطالبة في كل الدول المشاركة, وبعد الإجابة عليها يتم أخذ متوسطاتهم لبيان النتيجة الإجمالية لأدائهم.

2- الاستفتاءات

تُقدم هذه الاستفتاءات أو الاستبيانات للطلاب لبيان بعض المعلومات عن حياتهم الشخصية والمدرسية وكذلك تقدم لمديري المدارس لمعرفة بعض

المعلومات عن المدرسة ونظامها والأنشطة التي تدار فيها.

وتبرز أهمية هذا البرنامج العالمي (PISA) في:

1- أنه يعتبر مؤشراً قوياً للأداء الكلي لنظام التعليم في الدول المشاركة فيه بما يوفره لهذه الدول من معرفة العوامل المختلفة المؤثرة علي أداء الطلاب.

2- أن البرنامج لا يقيس فقط كيفية قراءة الطلاب أو كيفية تعلمهم للصيغ والقوانين الرياضية أو كيفية تعلمهم للمفاهيم العلمية ولكنه يقيس أيضاً كيفية استخدام الطلاب لهذه المعارف والمهارات في حياتهم اليومية.

3- يؤكد برنامج (PISA) علي طلب المعرفة بإعطاء الطالب عدة مهام تستلزم منه البحث عن المعلومة وتفسيرها تفسيراً واقعياً بقدر استطاعته.

4- يهتم هذا البرنامج بطريقة حل المشكلات في تعلم الطلاب لما لها من دور فعَّال في تنمية أفكارهم وعقولهم.

كما أن برنامج (PISA) يجيب عن مجموعة من التساؤلات الهامة وهي:

- هل المعارف والمهارات التي تلقاها الطلاب حتي سن الخامسة عشرة تمكنهم من المشاركة في الحياة المجتمعية؟

- هل هذه المعارف والمهارات أعَّدت هؤلاء الطلاب إعداداً جيداً لمقابلة تحديات المستقبل؟

- هل الطلاب قادرون علي أن يحللوا و يفكروا فيما يدور من حولهم؟

- هل الطلاب قادرين علي توصيل أفكارهم بفاعلية للآخرين؟

- هل الطلاب لديهم القدرة علي الاستمرار ومواصلة تعليمهم المستقبلي بعد سن الخامسة عشرة؟

سادساً: التقييم القومي للتقدم التعليمي (NAEP):[1]

National Assessment of Educational Progress

هو تقييم للطلاب في ولايات ومقاطعات USAالمختلفة يجرى في مواد (القراءة - الرياضيات - العلوم - التاريخ الأمريكي - التربية الوطنية - الجغرافيا - الفنون).

وذلك في مراحل التعليم المختلفة في (الصف الرابع - الصف الثامن - الصف الثاني عشر) يُطلق عليه التقييم الممثل أو المستمر أو شهادة الدولة.

ويتم فيه مقارنة أداء الطلاب بالولايات والمقاطعات الأمريكية معاً لبيان أوجه الضعف أو القوة في النظام التعليمي.

والعوامل التي تؤثر عليه وعلي أداء الطلاب من حيث رفع أو خفض إنجازهم, ومدى تأثرهم بالبيئة المحيطة وبالجو الأسري والمستوى الاقتصادي والمادي, وهذا التقييم يُموَّل عن طريق مركز الإحصاءات الأمريكية بوزارة التعليم الأمريكي (NCES).

ومما تقدم يمكن القول بأن هذه المشروعات التي تمت لإصلاح وتطوير التعليم وخاصة تعليم العلوم تعتبر جهد طيب من القائمين عليها, ويرجع سبب

(1) Allen,A.M., et al (2004): NAEP 2005 Mathematics, Reading and Science Assessments are Coming to Schools Across Nation, Washington, DC 20006, National Center for Education Statistics, January 24 - March 4 . Retrieved on April 12th 2005, At 11:50PM reportcard/participation2005.asphttp://nces.ed.gov/nations [on - line], Available.

اختيار مشروع التيمز (TIMSS) كأساس لهذه الدراسة دون المشروعات الأخرى إلى أن مصر لم تشارك إلا في مشروع التيمز (TIMSS) عام 2003م.

والذي تناول جميع العوامل والأبعاد المؤثرة في العملية التعليمية, كما أن المشروعات الأخرى تم تناولها معظمها في العديد من الدراسات والأبحاث العربية, ولم يتم تناولها لمشروع التيمز (TIMSS) من قبل والبحث الحالي يحاول أن يتناول بُعد من أبعاده وهو بُعد المحتوى لتقويم محتوى مناهج العلوم بالمرحلتين الابتدائية والإعدادية في ضوء المتطلبات المعرفية لمشروع التيمز (TIMSS) في مجالات (علم الحياة, علم الأرض, علم البيئة, علم الفيزياء, وعلم الكيمياء)؟

الفصل الثالث

البحوث والدراسات السابقة

مقـدمة:

لمَّا كان البحث الحالي يهدف إلى وضع تصور لمحتوى مناهج العلوم بالمرحلتين الابتدائية والإعدادية في ضوء المتطلبات المعرفية اللازمة لتطبيق مشروع التيمز (TIMSS), فإن ذلك يتطلب التعرف علي الدراسات العربية والأجنبية في المجالات التالية:

أولاً: دراسات تتصل بمشروع التيمز (TIMSS).

ثانياً: دراسات تتصل باستخدام المفاهيم في تصميم المناهج.

ثالثاً: دراسات تتصل بنمو المفاهيم ومستواها.

وذلك حتى يمكن الاستفادة من تلك الدراسات في:

- تحديد المفاهيم الرئيسة والفرعية اللازمة لتطبيق مشروع التيمز (TIMSS).

- تصميم شبكة المفاهيم العامة لمحتوى مناهج العلوم بالمرحلتين الابتدائية والإعدادية.

- توزيع شبكة المفاهيم الرئيسة والفرعية علي الصفوف الستة (الرابع – الخامس – السادس) بالمرحلة الابتدائية و(الأول – الثاني – الثالث) بالمرحلة الإعدادية.

وهذا ما يتناوله الفصل الحالي:

أولاً: دراسات تتصل بمشروع التيمز (TIMSS):

يحتوي هذا المجال على العديد من الدراسات التي تتناول أهمية مشروع التيمز (TIMSS) والعوامل المختلفة التي تؤثر في إنجاز الطلاب في هذا المشروع, ومن هذه الدراسات دراسة (شميدت, 2004)[1]، والتي أجريت لمقارنة مناهج العلوم بالولايات المتحدة الأمريكية مع مناهج الدول المشاركة في مشروع التيمز (TIMSS) فأظهرت نتائج هذه الدراسة أن ما يميز مناهج الولايات المتحدة (U.S) عن مناهج الدول الأخرى هو:

- عدم التركيز في محتوى المنهج حيث تحتوي المناهج علي موضوعات كثيرة جداً وخاصة

في الصفوف الأولى من التعليم.

- تكرار الموضوعات حيث تدرس الموضوعات للتلاميذ في الصفوف الأولي للتعليم مهما كانت حداثتها أو صعوبتها ولكن بعمق أقل ثم تكرر بالتدرج في العمق.

أما ما يؤخذ علي مناهج U.S هو عدم تماسك المنهج حيث أن الموضوعات لا يتم تناولها بشكل متكامل ولكن يتم تدريسها بشكل مجزأ وهذا لا يتوافق مع متطلبات مشروع التيمز (IMSS).

---

(1)   William Schmidt ;et al (2004): «Curriculum Makes a Huge Difference» - ASummary of Conclusions from the Trends in International Mathematics Study (TIMSS) with California Data Added, Chestnut.MA; Boston College, USA. Retrieved on April 25th 2005, At 5:00AM [on – line], Available: http://www.nychold.com/report-hook-040305.pdf.

وقد أجريت دراسة أخرى[1] لمقارنة أداء U.S مع باقي الدول المشاركة في مشروع التيمز (TIMSS) فأظهرت نتائج هذه الدراسة أن طلاب U.S سجلوا أداء متميز في مجال علم الحياة وذلك علي مستوي الصف الثامن, بينما سجلوا أداء ضعيف في العلوم الفيزيائية وخاصة فيما يتعلق بالتغيرات الفيزيائية.

ومن جانب آخر تبين أن هناك دول تُدرس محتوى مناهج أقل مما تفعله U.S ولكن بعمق أكبر للموضوعات وذلك لأن U.S تؤمن بأن "الكثير قليل" فمهما كان عدد الموضوعات التي تُدرس فهي قليلة, وقد أدي ذلك إلى إحداث عدم التماسك في مناهج U.S مما ترتب عليه ضعف إنجازها في مشروع التيمز (TIMSS) ويشير الباحث أن مناهج U.S الغير متماسكة هي أكثر تماسكاً من مناهج دول أخرى كألمانيا واليابان.

وقد أكدت دراسة (أندرو, 1998)[2] أن مناهج U.S يمكن تشبيهها بأنها: "مناهج باتساع ميل وبعمق بوصة واحدة", وقد أشار أن مناهج العلوم لـ U.S أقل تحديداً من مناهج فرنسا وإسبانيا.

وأن هناك ضرورة لإحداث تغيرات أساسية في المناهج وطرق التدريس ونظامها التعليمي ليتحسن إنجاز الطلاب في مشروع التيمز (TIMSS) وقد أوصى بعمل كتب دراسية عالية الجودة وأن يتم تدريب المعلمين علي تلك المناهج بطرق تدريسية تناسب هذه المناهج المطورة تساعد علي تنمية عقول التلاميذ وأفكارهم.

وقد اتفق الاتحاد الأمريكي للمعلمين (AFT,1999)[3] مع دراسة (أندرو) في أنه لكي تحصل U.S علي ما تصبو إليه وهو أن تكون الأولى في مشروع التيمز (TIMSS) فإنها تحتاج إلى تحسين وتطوير مناهجها بما

---

(1)   National Research Council(1999): OP.Cit

(2)   Andrew, A.(1998) : OP.Cit.

(3)   American Federation of Teachers (1999): OP.Cit .

يتناسب مع متطلبات مشروع التيمز (TIMSS). وكذلك دراسة أتكين وبلاك (At-kin & Black,1997) [1] التي توصلت إلى أن محتوى مناهج العلوم يجب أن يوضع في إطار مركزي قومي Nationally Centralized Curricula, وذلك لوصول التلاميذ إلى مستوى إنجاز مرتفع.

ودراسة بيتر وهوج (Peter & Hugh,1997) [2]. اللتان توصلتا إلى أن عملية إصلاح مادة العلوم ليست عملية قاصرة علي تعديل أو تحسين المناهج لكنها تحتاج إلى إعادة التفكير في كيفية تعلم العلوم وتكوين رؤية جديدة لتعليم وتعلم مناهج العلوم طبقاً لما يجب أن يتعلمه التلميذ من معارف في ضوء المستحدثات العالمية الحالية. وهذا ما تؤكده الرابطة القومية لمعلمي العلوم (NSTA National Science Teacher's Association) [3] التي توصلت إلى أن دراسة مناهج العلوم تحتاج إلى رؤية عامة شاملة لتعليم العلوم في ضوء متطلبات مشروع التيمز (TIMSS).

ودراسة بيدل (Biddle,1997) [4] والتي توصلت إلى أن تغيير معايير محتوى مناهج العلوم في ضوء مشروع التيمز (TIMSS) لا يؤدى بمفرده إلى تغيير إنجازات التلاميذ في العلوم وذلك لأن تحقيق هذه المعايير يحتاج إلى عوامل أخرى مساعدة كالإنفاق الحكومي الذي يتناسب مع متطلبات هذا المشروع والمعلمين المؤهلين لذلك.

---

(1)   Atkin, J. M. & Black, P.(1997): OP.Cit.

(2)   Peter, C. & Hugh, M.(1997): «Background Research Commissioned by The Ontario inistry of Education and Training Secondary School Curriculum», Faculty of Education, Queen>s University.Retrieved on April 12th 2003, At 11:00AM [on – line], Available: http: // www. Stao. Org/ back grnd.

(3)   National Science Teachers> Association (1998): OP.Cit

(4)   Biddle, B. J.(1997): Foolishness, dangerous nonsense, and real correlates of state differences in achievement. Phi Delta Kappan, pp. 8-13. [EJ 550 555].

وقد توصلت دراسة ويليام و كيرتز (William & Curtis, 1996)[1] ودراسة ماك كان و ويندي(McCann & Wendy,1998)[2] إلى أن مناهج العلوم في الولايات المتحدة الأمريكية كي تتناسب مع مشروع التيمز (TIMSS) يجب أن تكون مناهج غير متعمقة لكن شاملة لأكثر من مفهوم في موضوعات عديدة متنوعة فيما يسمي بالمنهج المجزأ(Fragmented urricu-lum) ولكن وجدوا أن المعلمين يجدون صعوبة عند تدريس هذا المحتوي للكتب الدراسية نظراً لتعدد المفاهيم العلمية وعدم التعمق في موضوعاته.

ونتيجة لهذه التوصيات والنتائج قامت U.S بتشكيل لجنة للاطلاع علي شرائط الفيديو الناتجة من مشروع التيمز1995 (TIMSS 1995) فقامت بتخفيض عدد الموضوعات في كل صف دراسي وأوصت اللجنة بأن يتم وضع كل مجال من المجالات المعرفية الخمسة (علم الحياة - علم الأرض- علم البيئة - علم الكيمياء - علم الفيزياء) لمشروع التيمز (TIMSS) في كتيب خاص بها[3].

---

(1) William H.S. & Curtis C. M.(1996): A Splintered Vision: An Investigation of U.S. Science and Mathematics Education, Dor Drecht, Boston / London. Retrieved on April 12th 2003, At 12:00AM [on – line], Available: Http: // timss. Msu. edu / svision. html

(2) Mc Cann & Wendy S.H. (1998): OP.Cit .

(3) نقلاً عن:

(a) Dunson, M.(2000): TIMSS as A Tool for Educational Improvement (CPRE Policy BriefNo. RB-30), Philadelphia: Consortium for Policy Research in Education, University of Pennsylvania. Retrieved on April 12th 2003, At 7:00AM [on – line], Available: http://www.nationalacademies.org/bicse/Workshop%20Presentation%20Memo%20- %20 Furhman.pdf (b) Nelson, D.(2002): Using TIMSS to Inform Policy and Practice at The Local Level (CPRE Policy Brief No. RB-36). Philadelphia: Consortium for Policy Re-search .in Education, University of Pennsylvania. Retrieved on April 12= = th 2003, At 7:00AM [on – line]Available: http://www.nationalacademies.org/bicse/Workshop%20 Presentation%20Memo%20-%20Furhman.pdf

وقد أجرى مكتب الجودة التعليمية والمحاسبة(EQAO,2000) [1] دراسة لتقييم منهج ولاية أونتاريو الأمريكية في ضوء ما أسفرت عنه نتائج مشروع التيمز 1999 (TIMSS 1999).

وتوصلت إلى أن مناهج العلوم لم تكن متضمنة لموضوعات ومفاهيم متعلقة بمجال علم الأرض في الصفوف من الأول وحتى الثامن, لذا قام المسئولون عن عملية التعليم في الولاية بتصميم منهج جديد للعلوم متكامل يشتمل علي المجالات الخمسة (علم الحياة – علم الأرض – علم البيئة – علم الكيمياء – علم الفيزياء) اللازم تضمينها بمحتوى مناهج العلوم طبقاً لمتطلبات مشروع التيمز (TIMSS).

كما أجرى (موليس ومارتن, 2000) [2] دراسة كانت تهدف إلى تحليل مناهج العلوم للدول المشاركة في مشروع التيمز (TIMSS), وقد أوضحت أن بعض الدول كالصين, اندونيسيا ومعظم دول أوروبا يدرسون مجال علم الحياة, الأرض, الفيزياء والكيمياء كلاً علي حدى كمواد دراسية منفصلة, ولكن في دول أخرى كالأردن, كوريا, قبرص و سلوفينيا تدرس هذه المجالات كمواد دراسية متصلة أي تتكامل فيها المجالات مع بعضها البعض.

وقد أجرى (أكيبا,2001) [3] دراسة لتحليل نتائج جنوب إفريقيا مع

(1)   The Education Quality and Accountability Office (EQAO) (2000): School Achievement Indicators Program (SAIP) 1999 Science Assessment (13- and 16-year-old students), Ontario Report, May. Retrieved on April 12th 2003, At 11:00AM [on – line], Available: http://www.eqao.com/pdf_e/00/00P040e.pdf

(2)   Mullis, I.V.S., Martin, M.O., (2000): OP.Cit.

(3)   Akiba,M.(2001) : «School Violence in Middle School Years in Japan and The United States: The Effects of Academic   = = Competition on Student Violence», D.A.I , Vol 62-05A, No AAI3014582 , P. 1788 .

الدول المشاركة في مشروع التيمز (TIMSS) وقد أظهرت النتائج أن أكثر من 55% من الدول قدمت مناهج علوم متصلة, و45% من الدول قدمت مناهج علوم منفصلة, وأكدت أن 28 دولة بُنيت مناهجها علي معرفة الحقائق الأساسية في العلوم, و31 دولة بُنيت مناهجها علي فهم العلوم من خلال تنمية القدرات العقلية للتلاميذ.

كما توصلت الدراسة إلى أنه إذا كانت جنوب إفريقيا تريد النجاح والتميز في عالم سريع التغير فإن عليها أن تنمي وتحمي وتطور قدراتها لإنتاج وتأهيل كوادر بشرية جيده, وأنه من أجل تحسين التعليم في ضوء ما أسفرت عنه نتائج مشروع التيمز (TIMSS) فإن ذلك يتطلب تعاون داخلي بين القطاع الخاص والقطاع الحكومي وذلك لتفجير الطاقات البشرية وتوفير الإمكانات المادية والبشرية التي من شأنها تسليح التلاميذ بالمعرفة الكافية التي تُحسن من إنجازهم في العلوم والرياضيات بل وتزيد من كفاءة النظام التعليمي ككل.

وفي دراسة (هوجز, 2000)[1] لتحديد العلاقة بين الإنجاز وعدد الموضوعات ووقت التدريس لكل موضوع ودرجة تركيز المنهج في مادة البيولوجي لطلاب السنة النهائية في المدرسة الثانوية للدول المشاركة في مشروع التيمز (TIMSS),

وقد اشتملت عينة الدراسة علي (55675) طالب وطالبة من 22 بلد مشاركة في مشروع التيمز 1995 (TIMSS 95), وأظهرت النتائج أنه:

---

(1)   Hodges,E.L.(2000) : «Influence of Number of Topics, Topic Duration, and Curricular Focus on Biology Achievement of Population 3 TIMSS Countries», D.A.I, Vol 61- 12A, No AAI9998483 , P. 4722.

- لا توجد علاقة ذات دلالة إحصائية بين الإنجاز في البيولوجي وعدد الموضوعات.

- وجود علاقة ذات دلالة إحصائية بين الإنجاز في البيولوجي ووقت التدريس للموضوعات التي يتم تدريسها وذلك عند مستوى دلالة 5.

- لا توجد علاقة ذات دلالة إحصائية بين الإنجاز في البيولوجي ودرجة تركيز المنهج.

وقد قام (موكشين,2002)[1] بدراسة لبيان العوامل التي تؤثر علي إنجاز طلاب المرحلة الإعدادية في ماليزيا, وقد توصلت هذه الدراسة إلى أن العلوم والتكنولوجيا لهما تأثير هام في تنمية الاقتصاد العالمي, وأن المدرسة والبيئة الاجتماعية التي يعيش فيها الطالب لهما تأثير علي إنجاز الطلاب في مشروع التيمز (TIMSS) وأنه من الضروري العمل علي تعويض الطلاب ذوي المستوى الاقتصادي الضعيف ببعض الموارد والمصادر المادية.

وقد اتفقت نتائج دراسة (موكشين) مع دراسة (ينج, 2003)[2] والتي أظهرت أن العامل الثقافي والاقتصادي والاجتماعي لهم تأثير إيجابي علي إنجاز الطلاب في مادتي العلوم والرياضيات, وأن الاختلافات في الإنجاز بين الدول المشاركة في مشروع التيمز (TIMSS) تعكس الحالة الاقتصادية والاجتماعية والثقافية لتلك الدول.

(1)   Mokshein,S.E.(2002) : «Factors Significantly Related to Science   Achievement of Malaysian Middle School Students: An Analysis of TIMSS 1999 Data», D.A.I, Vol 63-12A , No AAI3073388, P. 4267.

(2)   Yang,Y.A.(2003) :» Measuring Socioeconomic Status and its Effects at Individual and Collective Levels: A Cross-Country Comparison», D.A.I , Vol 65-02C, No AAIC815369, P. 298.

كما أشارت دراسة (ستيملير،2001)[1]، والتي كانت تهدف إلى البحث عن مدى تأثير المدرسة علي الإنجاز في مشروع التيمز (TIMSS) علي مستوى الصف الرابع وذلك في 14 دولة, وقد توصلت تلك الدراسة إلى أن المدرسة بما توفره من إمكانات مادية مثل (الكمبيوتر – أدوات المعمل – مواد المكاتب – الوسائل التعليمية – الميزانية – المباني التعليمية) وإمكانات بشرية تتمثل في المعلمين المؤهلين تأهيلاً جيداً فإنها تؤثر علي إنجاز الطلاب في مادتي العلوم والرياضيات.

وقد اتفقت نتائج دراسة (ستيملير) مع دراسة (سميث, 2001)[2] والتي تناولت تأثير سياسات المدرسة علي إنجاز طلاب الصف الثامن للدول المشاركة في مشروع التيمز (TIMSS) في مادة العلوم, وقد توصلت إلى أن السياسات العامة لكل دولة والممارسات التعليمية المتمثلة في (وقت التدريس الكلي في المدرسة – البيئة المدرسية المنظمة للعمل – الموارد والمصادر المساندة لتعلم العلوم – التعاون بين المعلمين) تؤثر على إنجاز الطلاب في العلوم.

وقد أجرى (هيلتون, 2003)[3] دراسة لبيان تأثير التكنولوجيا علي إنجاز الطلاب في العلوم بالمدرسة الثانوية, وقد أظهرت النتائج أن التكنولوجيا أداة هامة في تحسين إنجاز وأداء الطلاب في مشروع التيمز (TIMSS).

(1)   Stemler,S.E.(2001) : «Examining School Effectiveness at The Fourth Grade: A Hierarchical Analysis of The Third International Mathematics and Science Study (TIMSS)» , D.A.I , Vol 62-03A , No AAI3008613 , P. 919.

(2)   Smyth,C.A.M.(2001) : «The Effects of School Policies and Practices on Eighth-Grade Science Achievement: A Multilevel Analysis of TIMSS» ,   D.A.I, Vol 61-11A, No AAI9994476 , P. 4250

(3)   Hilton,J.K. (2003) : «The Effect of Technology on Student Science Achievement», D.A.I, Vol 64-12A , No AAI3115610 , P. 4412.

كما أشارت دراسة (وين ميتشان, 2002)[1] لبيان تأثير الحاسب الآلي علي الإنجاز في العلوم في كلاً من الولايات المتحدة وتايوان, والتي اشتملت عينة الدراسة علي 5270 طالب وطالبة من 137 مدرسة في تايوان, 6236 طالب وطالبة من 152 مدرسة في U.S, وأظهرت النتائج أن إنجاز الطلاب في مشروع التيمز (TIMSS) ممن يتوافر لديهم حاسب آلي في المنزل أفضل ممن لا يمتلكونه أو ممن يعتمدون على الحاسب الآلي فقط في المدرسة في كلاً من تايوان والولايات المتحدة, وكذلك أظهرت النتائج أن إنجاز طلاب تايوان في مشروع التيمز (TIMSS) ممن يستخدمون الحاسب الآلي في التعليم أفضل من إنجاز طلاب الولايات المتحدة بشكل عام.

وقد أجري (روثمان, 2000)[2] دراسة أخرى لبيان تأثير الحاسوب والكتاب المدرسي علي إنجاز طلاب الصف الرابع في العلوم والرياضيات وفي تنمية عمليات التفكير العلمي, وقد اشتملت عينة الدراسة علي 209 طالب وطالبة من ثلاث مدارس حكومية أمريكية قُسمت هذه العينة إلى ثلاثة أقسام هي:

- طلاب يعتمدون في التعليم علي الكتاب المدرسي والحاسب الآلي معاً.

- طلاب يعتمدون في التعليم علي الكتاب المدرسي فقط.

- طلاب يعتمدون في التعليم علي الحاسب الآلي فقط.

(1)   Wen,M.L.(2002):» Computer Availability and Students> Science Achievement in Taiwan and The United States (Taiwan)», D.A.I, Vol 63-05A , No AAI3052231 , P. 1774 .

(2)   Rothman,A.H.(2000) : «The Impact of Computer-Based Versus (Traditional) Textbook Science Instruction on Selected Student Learning Outcomes», D.A.I, Vol 6103-A, No AAI9966006, P. 938.

وقد تم تطبيق اختبار قبلي لكل مجموعة ثم تطبيق اختبار بعدي بعد الانتهاء من التدريس بكل طريقة, وقد أظهرت النتائج أن الطلاب الذين يعتمدون في التعليم علي الحاسب الآلي فقط كان إنجازهم أفضل من باقي المجموعات وتلاهم الطلاب الذين يعتمدون علي الكتاب المدرسي والحاسب الآلي معاً, وأخيراً الطلاب الذين يعتمدون علي الكتاب المدرسي فقط, وقد أوصى الباحث بأن يتم استخدام التكنولوجيا وخاصة الحاسبات في التعليم من أجل تحسين إنجاز الولايات المتحدة في مشروع التيمز (TIMSS) عما كانت عليه في عام 1995.

وقد أجرى (كالفيرت, 2002) [1] دراسة لبيان أثر جنس الطالب (ذكر – أنثى) علي الإنجاز في العلوم والرياضيات في الصف الثامن في كلاً من الولايات المتحدة وإسبانيا في مشروع التيمز (TIMSS), وقد أظهرت نتائج الدراسة أن الإناث أفضل من البنين في مجال علم الحياة, بينما الذكور أفضل من الإناث في مجالات علم الأرض, علم الفيزياء وعلم الكيمياء, وأوضحت الدراسة أن هذه الاختلافات متماثلة بين كلاً من طلاب U.S وإسبانيا.

وفي دراسة (ريجل, 2000) [2] لبيان علاقة الجنس (ذكر – أنثى) علي الإنجاز في العلوم والرياضيات عبر الأجيال المتعاقبة في الدول المشاركة في مشروع التيمز (TIMSS) أظهرت النتائج أن الدول التي للنساء فيها تمثيل كبير في الحكومة كان الفارق صغير في الإنجاز بين الجنسين من الطلاب, وأنه كلما كانت المرأة تشارك في سوق العمل بنفس قوة الرجل كلما كان الفارق صغيراً أيضاً في الإنجاز بين الجنسين من الطلاب.

---

(1)   Calvert,T.(2002) : «Exploring Differential Item Functioning (DIF) with The Rasch Model: AComparison of Gender Differences on Eighth Grade Science Items in The United States and Spain», D.A.I, Vol 63- 04A, No AAI3050083 , P. 1293.

(2)   iegle,C.C.(2000) :» International Gender Inequity in Math and Science Education:The Importance of Gender Stratification Across Generations», D.A.I, Vol 6103-A, No AAI9965148 , P.1170.

كما يُشير الباحث إلى أنه لا يمكن فهم الاختلافات في الإنجاز بين الجنسين من الطلاب في العلوم والرياضيات أو أي مادة أخرى بمعزل عن المجتمع وما يجرى فيه من ممارسات ضد أو مع مشاركة المرأة بشكل عام في كل نواحي الحياة, فمساواة المرأة بالرجل في الحقوق والواجبات عبر الأجيال المتعاقبة يمتد أثرها على إنجاز الطلاب في المواد الدراسية المختلفة.

وقد استفاد الباحث الحالي من تلك الدراسات لبيان الأهمية الكبيرة لمشروع التيمز (TIMSS) وما توليه الدول من آمال في أن يسهم تلك المشروع في تنمية بلادهم وتنمية عقول أبنائهم ولبيان العوامل المختلفة وخاصة محتوى المناهج التي تؤثر في إنجاز الطلاب في مشروع التيمز (TIMSS) وفي مادة العلوم بصفة خاصة, وبيان تجارب الدول الأخرى المشاركة في مشروع التيمز (TIMSS) وما فعلته من تغيرات في مناهجها وسياساتها التعليمية حتى يمكن أن نستفيد من تلك التجارب.

ثانياً: دراسات تتصل باستخدام المفاهيم في تصميم المناهج:

هناك اهتمام كبير بجعل المفاهيم أساس لبناء وتصميم المناهج الدراسية, وهذا الاهتمام بدأ منذ بداية القرن العشرين وحتى الآن فقد أجرى (رشدي لبيب,1969) [1] دراسة كانت تهدف إلى:

- تحديد المستوى المرغوب فيه بالنسبة لتدريس الكيمياء في المرحلة الثانوية.

- تقويم المناهج الحالية في ضوء هذا المستوى.

وقد حدد الباحث الأسس التي يتم في ضوئها اختيار أوجه التعلم المرغوب فيها عن طريق تحليل ومناقشة بعض الكتابات التربوية بوجه عام وتعليم الكيمياء بوجه خاص, لمعرفة أساسيات المعرفة في تلك المادة, ومناقشة

---

(1) رشدي لبيب (1969): «مستوى تدريس الكيمياء», رسالة دكتوراه غير منشورة, كلية التربية, جامعة عين شمس, ص13.

أهداف تدريس المادة, و أهداف المرحلة وخصائص النمو لهذه المرحلة, ومتطلبات المجتمع, وقد توصلا إلى أنه يجب مراجعة المنهج باستمرار حتى يكون مسايراً للاتجاهات الحديثة والتركيز على المفاهيم الرئيسية والتعميمات الكبرى لهذا العلم, وعدم التركيز على الحفظ والتذكر بل الاتجاه نحو التطبيق والتفسير في مواقف جديدة وتغيير طرق وأساليب التدريس التي يتم بها تدريس هذه المادة.

واتفقت دراسة (نادية عبد العظيم, 1972)[1] مع دراسة رشدي لبيب, في الهدف والمشكلات والإجراءات، وفي النهاية أعطت قائمة بالمفاهيم المناسبة في مادة الجيولوجيا لطلاب المرحلة الثانوية كما أوصت بتحسين مناهج مادة الجيولوجيا.

كما اتفقت دراسة (عادل أبو النجا, 1974)[2]، و دراسة (زينب المتولي, 1987)[3] مع دراسة رشدي لبيب ودراسة نادية عبد العظيم, حيث كان هدف كلا الدراستين تحديد المبادئ والمفاهيم البيولوجية للمدرسة الثانوية وفي النهاية وبنفس الخطوات أعطت قائمة المبادئ والمفاهيم البيولوجية التي يجب أن تدرس على مستوى المرحلة الثانوية في ضوء فلسفة وأهداف وخصائص نمو التلاميذ.

كذلك أجرى (زياد خميس,1983)[4] دراسة عن إمكانية تدريس مفهوم

(1) نادية عبد العظيم (1972): «تحديد المفاهيم المناسبة في مادة الجيولوجيا لطلاب المرحلة الثانوية وتقويم المناهج الحالية لمادة الجيولوجيا في ضوئها», رسالة ماجستير غير منشوره, كلية التربية, جامعة عين شمس.

(2) عادل أبو النجا (1974): «المبادئ والمفاهيم البيولوجية في المرحلة الثانوية العامة», رسالة ماجستير غير منشوره , كلية التربية, جامعة طنطا.

(3) زينب المتولي جاد (1987): «المفاهيم الرئيسة للبيولوجي ومستوياتها في المرحلة الثانوية», رسالة دكتوراه غير منشورة, كلية التربية, جامعة المنصورة.

(4) زياد خميس (1983): « بحث تجريبي حول إمكانية تدريس الطاقة كمفهوم علمي لتلاميذ الصف الخامس الابتدائي », رسالة دكتوراه غير منشوره, كلية التربية, جامعة الأزهر.

الطاقة كمفهوم علمي على تلاميذ الصف الخامس الابتدائي عام 1983م، وقد اقتصر الباحث على الحصص المقررة لتدريس الوحدة المقترحة وتطبيق الاختبارات في 28 حصة، وكانت مشكلة البحث هي: "إلى أي مدى يمكن لتلاميذ المدارس الابتدائية تحت الظروف التعليمية الراهنة أن يستوعبوا المفاهيم العلمية الرئيسة".

وكانت أدوات البحث هي: إعداد مرجع وحدة الطاقة، إعداد وحدة الطاقة، إعداد الاختبارات التحصيلية القبلية والبعدية، إعداد اختبارات الاتجاهات العلمية المرتبطة بموضوع الوحدة، إعداد اختبار الميول و اختبار المهارات المرتبطة بموضوع الوحدة، وتوصلت الدراسة إلى أن هناك فروقاً ذات دلالة إحصائية بين المجموعة التجريبية والضابطة في كل الاختبارات التي أعدها الباحث وذلك لصالح المجموعة التجريبية وهذا إثبات على أنه يمكن تدريس المفاهيم الرئيسة في أي مرحلة من المراحل العمرية حتى على مستوى المرحلة الابتدائية.

كذلك أجرى (يسرى عفيفي، 1983)[1] دراسة عن المفهومات الأساسية في الفيزياء في المرحلة الثانوية وكان هدف الدراسة هو معرفة المفاهيم الأساسية في الفيزياء والتي ينبغي تدريسها في المرحلة الثانوية، وقد تحددت مشكلة الدراسة في الإجابة عن الأسئلة الآتية:

- ما المفاهيم الأساسية في الفيزياء والتي ينبغي أن تشملها المناهج في المرحلة الثانوية بمصر؟

- كيف يمكن تقديم هذه المفاهيم في الصفوف الثلاثة؟

- كيف يمكن استخدام المفاهيم الأساسية في بناء وحدة في الفيزياء للمرحلة الثانوية؟

(1) يسرى عفيفي محمد (1983): « المفهومات الأساسية في الفيزياء في المرحلة الثانوية »، رسالة دكتوراه غير منشوره، كلية التربية، جامعة عين شمس.

وقد توصل الباحث إلى مخطط مفهومي عن المفاهيم الفيزيائية, يصلح للمرحلة الثانوية بصفوفهم الثلاثة وقام بإعداد وحدة واختبار تحصيلي ودليل للمعلم في أحد المفاهيم وبعد تجربته أشارت النتائج إلى أن الكثير من الطلاب استوعبوا عدد من المفاهيم المجردة بمستوياتها مما يدل على فاعلية المنهج من خلال الإمكانات المادية المتاحة.

واتفقت مع دراسة يسرى عفيفي دراسة أخرى أجريت عام [1] 1984 في نفس الخطوات إلا أنها اختلفت في المادة فكانت في مادة الكيمياء وقد صيغت فروض هذه الدراسة في ثلاثة فروض هي:

1- محتوى الكتب الحالية في الكيمياء المقررة على الثلاثة صفوف من المرحلة الثانوية في مصر لا تشتمل على كثير من المفاهيم والمبادئ الأساسية في الكيمياء والتي ينبغي أن تُدرس في المدرسة الثانوية العامة.

2- توجد فروق دالة إحصائياً بين نتائج الاختبار القبلي والبعدي في تحصيل الأهداف المعرفية ككل لأفراد عينة البحث.

3- توجد فروق دالة إحصائيا بين نتائج الاختبار القبلي والبعدي في تحصيل الأهداف المعرفية عند كل مستوى من المستويات الثلاث (التعرف - الفهم - التطبيق) لأفراد العينة.

وقد توصلت الدراسة إلى وضع مخطط مفهومي لمناهج الكيمياء في المرحلة الثانوية وقد اشتمل المخطط على عدد كبير من المفاهيم, وقد توصل إلى 20 مفهوماً عام توضح فيه علم الكيمياء, وكشفت عن دور المفاهيم والمبادئ في تعلم الكيمياء وفهم الظواهر, كما توصى بإعادة صياغة الكتب المدرسية بحيث تبرز المفاهيم.

---

(1) عبد الرحمن محمد عوض (1984): «المفاهيم والمبادئ الأساسية في الكيمياء لطلاب المرحلة الثانوية العامة», رسالة دكتوراه غير منشوره, كلية التربية, جامعة الأزهر.

كذلك توصى باستثمار الوسائل التعليمية وأساليب التدريس المتنوعة التي تتناسب مع المراحل المختلفة, وتعدد أساليب التقويم وضرورة مراجعة الأوراق الامتحانية بحيث تشمل قياس المستويات المختلفة لتعلم المفاهيم والمبادئ بدلاً من التركيز على الحفظ والاستظهار, إعداد وحدات تشتمل على المفاهيم العامة والمبادئ الكيميائية وإعداد وتجريب بعض وسائل تكنولوجيا التعليم التي تستهدف فهم الطالب للمفاهيم والمبادئ الكيميائية المجردة.

وقد استفاد الباحث الحالي من تلك الدراسات في عملية التحليل وكذلك في كيفية تحديد قائمة المفاهيم التي توصل إليها في البحث الحالي وفي تصميم الوحدة المقترحة, ومن الفوائد ذات الأهمية الكبرى التي استفادت منها البحث الحالي من الدراسات السابقة هو أهمية دراسة المفاهيم والتركيز عليها وعلى كيفية تحليل المفاهيم الكبرى لتحديد المفاهيم الفرعية والمساعدة المندرجة منها والتي تتشابه مع بعض مفاهيم مشروع التيمز (TIMSS) في علوم الحياة, الأرض, البيئة, الكيمياء و الفيزياء.

ثالثاً: دراسات تتصل بنمو المفاهيم ومستواها:

هذا المجال يحتوى على العديد من الدراسات في مواد دراسية مختلفة بل وفي مراحل تعليمية متنوعة. ومن هذه الدراسات دراسة أجريت عام 1974 [1]، وكانت مشكلة الدراسة تتحدد في التساؤل الرئيس التالي: "إلى أي مدى تنمو المفاهيم العلمية لدى الطلاب المصريين خلال مراحل تعليمهم المختلفة؟"

وتفرع من هذا التساؤل مجموعة من التساؤلات الفرعية وهي:

- ما مدى صحة المفاهيم العلمية عند الطلاب المصريين في مراحلهم التعليمية؟

---

(1)   رشدي لبيب (1974): نمو المفاهيم العلمية, القاهرة, الأنجلو المصرية.

- إلى أي مدى تنمو مفاهيم الطلاب العلمية عند انتقاله من مرحلة تعليمية إلى أخرى؟

- ما هي الأخطاء الشائعة في مفاهيم الطلاب العلمية؟

وقد اختار الباحث عدداً من المفاهيم العلمية التي يظهر فيها أكثر من مستوى للإدراك ثم عرضها على عدد من المحكمين للتأكد من صحتها, ثم قام بصياغة اختبار للمفاهيم التي حُددت وطبقت على عينة من الطلاب في مراحل تعليمية مختلفة منها الصف الأول والثالث الثانوي وطلبة السنة الرابعة بكلية التربية.

وقد توصلت الدراسة إلى أن إجابات طلاب الصف الأول بالنسبة للمفاهيم موضوع البحث منخفضة وترتفع في الصف الثالث الثانوي, وتكوين المفاهيم العلمية لا يتم بمجرد تقديم المفاهيم، ولكن يحتاج إلى خبرات متعددة, وعلى ذلك فإن نسبة من الطلبة في المرحلة الثانوية وطلبة كلية التربية يتخرجون وليس لديهم فهم سليم لهذه المصطلحات الأساسية.

وقد توصل أيضاً إلى أن تدريس الكيمياء مازال يحتاج إلى إعادة نظر سواء في مقرراته أو طرق تدريسه أو أساليبه.

كذلك فإن نسبة عالية من الطلاب لم يستطيعوا إدراك أهمية هذه المفاهيم وأنه لا يوجد فرق بين إجابات طلبة الصف الثالث الثانوي وطلبة كلية التربية وهذا يعنى أن كلية التربية لا تفيد في تصحيح مفاهيم الطلاب العلمية وأن نسبة عالية من الطلاب وصلت إلى أعلى مستويات معظم المفاهيم عند وصولهم إلى الصف الثالث الثانوي.

وهذا دليل على أن مقررات المرحلة الثانوية, تتضمن حقائق ومعلومات تكفي لإنماء هذه المفاهيم إلى أعلى مستوياتها، وأن هناك عدد من الطلاب لا تنمو مفاهيمهم إلى ما بعد مستوياتها الأولى وهذا دليل على أن محتوى المقرر ليس هو الذي يعمل على نمو المفهوم.

لكن من الضروري البحث في أساليب التدريس والوسائل الكفيلة بنمو المفاهيم العلمية وهذا دليل على أن المفاهيم تُعلم عن طريق التلقين دون أن توفر المواقف التعليمية التي تسمح لاستخدام المفاهيم في مستوياتها الأعلى.

كما أشارت إلى أن هناك أخطاء عديدة في مفاهيم الطلاب العلمية على مختلف مستوياتها ويتبين ذلك من النقص في التعريف, الخلط بين المفاهيم المتقاربة في الألفاظ, الخلط بين المفاهيم المتقابلة والتسرع في التعميم وهذا يعنى إلى أننا يجب أن نفرق بين التعميم والمفهوم حيث أن المفهوم نوع من التعميم.

وتتفق نتائج هذه الدراسة مع نتائج دراسة أخرى أجريت عام[1] 1977 كان هدفها هو تحديد مستوى اكتساب طلبة الصف الخامس والثامن والحادي عشر لثلاثة مفاهيم بيولوجية مختارة, وكانت أسئلة البحث تتحدد في الاتي:

- هل هناك اختلاف في مستوى ما يكتسبه طلبة الصفوف الثلاثة للمفاهيم البيولوجية الثلاثة؟

- هل هناك تفاعل ذات مغزى على مستوى الصف عند ملاحظة التغير الذي يحدث في كل من المفاهيم الثلاثة؟

- ما نسبة ما يكتسبه طلبة كل صف من المفاهيم البيولوجية الثلاثة؟

وكانت المفاهيم المختارة هي: الكائنات الحية وتفاعلها مع بعضها ومع بيئاتها, الخلايا والوظائف التي تقوم بها, العوامل البيئية الأساسية كالتربة, الماء, الهواء, النبات, الطاقة والحيوان وتوزيعها بما في ذلك الإنسان, وكانت

---

(1) Thomas,G.J.(1977):» The Level of Concept Attainment of three Biology Concepts in the Fifth, Eight and Eleventh Grade», D.A.I, June , Vol 37 No 12, P. 7502.

عينة البحث 101 تلميذ منهم 38 من الصف الخامس, 35 من الصف الثامن, 28 من الصف الحادي عشر وقُسمت كل مجموعة إلى تجريبية وضابطة وأعطى نفس الاختبار المبدئي أول العام الدراسي درست المجموعة الضابطة والتجريبية نفس المفاهيم بشروط تختلف كل منها عن الأخرى وفي النهاية أعطى الاختبار النهائي. وأشارت النتائج إلى أن الصف الحادي عشر وهو الصف الوحيد الذي اكتسب 80 % من المفاهيم الثلاثة, كذلك هو الصف الذي اكتسب وتفوق تصنيف المستويات الشكلية للاختبار.

كما أشارت إلى أن المفاهيم الثلاثة السابقة يجب أن تقدم للطلبة من الصف الثامن لتكون أكثر وظيفية وفائدة.

وهذه الدراسة تناقض دراسات برونر والدراسات التي تقول أنه يمكن تدريس أي مفهوم في أي مرحلة تعليمية وهذا باختلاف العمق في مستوى المفهوم نفسه[1].

ومن الدراسات التي أجريت في هذا المجال دراسة عام [2] 1981 كان هدفها معرفة قدرة أطفال المدرسة الابتدائية على تعميم مفهومي الحشرات والحيوان, كما تحددت مشكلة البحث في السؤالين التاليين:

- ما تأثير العمر ونسبة الذكاء والتفكير العقلي على قدرة الأطفال لمفهومي الحشرات والحيوان؟
- أي من المفهومين أكثر تعميما داخل محددات هذه الدراسة؟

وكانت عينة البحث 144 طفلاً ابتداء من الصف الثاني إلى السادس اختيروا عشوائياً من بين تلاميذ المدرسة الابتدائية, كما كانت أدوات البحث

(1) زياد خميس (1983): مرجع سابق.

(2) Abdullah, K.B.(1981): The Ability of Children to Generalize Selected Concepts, Journal of Research in Science Teaching Vol 18, No 6, pp. 547: 555

عبارة عن اختبارين لكل مفهوم وكل اختبار يتكون من ثلاث فئات من الصور كل فئة تخدم عدد من المفاهيم, تبدأ متدرجة من السهل إلى الصعب. وأشارت نتائج الدراسة إلى قدرة تعميم الأطفال الكبار للمفاهيم أكثر من الأطفال الصغار وتزيد بازدياد السن, كذلك فإن الأطفال الصغار يحتاجوا إلى المفاهيم المحسوسة ذات الأمثلة المتنوعة. وأن الأطفال أكثر قدرة على تعميم مفهوم الحشرات أكثر من مفهوم الحيوان، وهذا دليل على أن قدرة الأطفال وفهمهم للمفاهيم العامة أكثر من المفاهيم الخاصة.

كما أكدت نتائج تلك الدراسة إلى أن المدرسين الذين يدرسوا لأطفال هذه السن يجب أن يكونوا واعين ومدركين للمستوى الحسي الإدراكي للمحتوى الذي يدرس لكي يكون أكثر ملاءمة ومناسباً لتعليمهم ويوضع في مكانه.

كما اتفقت مع الدراسة السابقة دراسة أخرى أجريت عام (1) 1981 في الهدف فكانت تهدف إلى تنمية مفاهيم الحرارة - درجة الحرارة للأطفال من سن العاشرة إلى الثالثة عشرة.

وكانت عينة الدراسة فصلين في السن من 9 - 10, فصل من 11 - 12 و ثلاثة فصول من 12 - 13 سنة أخذوا من مدارس متوسطة مختلفة, وقد اتفقت في نتائجها مع نتائج الدراسة السابقة في أن الأطفال الأكبر سناً أحسن أداءً من الأطفال الأصغر سناً وأكثر تعمقاً للمادة.

كما أوصت الدراسة المدرسين الذين يدرسون لهذه المرحلة أيضاً أن يكونوا واعين لاختيار المحتوى الذي يلائم هذه السن ويركز على البيئة المحيطة بالتلميذ وليست المفاهيم البعيدة المستقبلية لأن الأطفال في هذه السن يكون تعليمهم حسياً فيحتاجون إلى المفاهيم المحسوسة.

---

(1) Shayer, M. I.(1981):The Development of The Concepts Heat and Temperature in 10 - 13 year olds, Journal of Research in Science Teaching, Vol 18, No 5 , pp. 419: 434.

كما اتفقت دراسة أخرى مع الدراستين السابقتين أجريت عام [1] 1984 فكان هدفها تدريس مفاهيم الطاقة في ثلاثة مستويات هي: الوصف, المقارنة والكم, وكانت مشكلة الدراسة هي:

- ما هي مفاهيم الطاقة التي يجب أن تشملها مفاهيم المرحلة الابتدائية الجديدة في نيجيريا؟

- لأي صف سوف تقدم هذه المفاهيم؟

وكانت تركز على مستوى المفهوم الذي يكتسب من مفهوم الطاقة الذي يعرض على تلميذ هذا السن, وكانت عينة الدراسة 450 تلميذ اختيروا عشوائياً من الصف الثاني إلى السادس من كل صف 90 تلميذاً وقسم كل صف ثلاث مجموعات تختلف كل مجموعة عن الأخرى في أساليب تدريس المفهوم بمستوياته المختلفة.

وكانت إجراءات الدراسة: تصميم اختبار عدد مفرداته 25 مفردة كلها من نوع المقابلة صممت لتقيس المستويات الثلاثة لمفهوم الطاقة, وبدأ بالسهل وانتهى بالصعب, كما قدمت الدروس في حقائب تعليمية لمجموعتين دون المجموعة الضابطة مع استخلاص نفس الوقت في تدريس المفاهيم وكانت 40 دقيقة وقام مدرسون مختلفون بتدريس هذه الدروس في الفصول الخمسة ولذا درست الدروس نفسها بأساليب مختلفة

وقد توصلت الدراسة إلى أن هناك اختلافاً ذا دلالة إحصائية بين المجموعات في الأعمار المختلفة, أي أن أداء الأطفال الأكبر سنا أحسن من مستوى أداء الأطفال الأصغر سناً, اختلاف نتيجة الاختبار البعدي عن القبلي وكانت الاختلافات ذات دلالة إحصائية مما يوضح أن المفاهيم موضوع البحث

(1) Urevbu, A. O.(1984): Teaching Concepts of Energy to Nigerian Children in The 7 - 11 year old Age Range, Journal of Research in Science Teaching, Vol 12, No 3 , pp 255 -267.

تـم تعليمها إلى حـد مـا, كـما اختلفـت نتيجـة الاختبار القبـلي عـن البعـدي في المجموعـات الضابطـة والتجريبيـة, كذلك كان هنـاك اختلافاً في مسـتوى الأداء في المسـتويات الثلاثة.

وهناك دراسة أخرى في هذا المجال عن نمو المفاهيم العلمية في مجال الفيزياء[1], وكان هدف الدراسة هو إلقاء الضوء على واقع تعلم المفاهيم الفيزيائية في المرحلة الثانوية وذلك من خلال قياس مدى تعلم التلاميذ هذه المفاهيم ومدى نموها خلال المستويات المعرفية المختلفة وتحديد المفاهيم التي يصعب على التلاميذ تعلمها في هذه المرحلة, وكانت المشكلة تتحدد في الإجابة عن الأسئلة التالية:

- ما المفاهيم الفيزيائية في كتاب الفيزياء وحدة الكهربية للصف الثاني علمي من المرحلة الثانوية العامة؟

- ما مدى تعلم التلاميذ لهذه المفاهيم على المستويات المعرفية الثلاث (تذكر - فهم - تطبيق)؟

- وما المفاهيم التي يصعب على التلاميذ تعلمها في المستويات المعرفية السابقة؟

وللإجابة عن الأسئلة السابقة حدد المفاهيم الفيزيائية المتضمنة في كتاب الفيزياء للصف الثاني الثانوي، وذلك من خلال مراجعة البحوث والدراسات في هذا المجال وتحديد التعريف الإجرائي للمفهوم واستخدامه في تحليل كتاب الفيزياء لاستخلاص المفاهيم المتضمنة به ثم إعدادها في قائمة وعرضها على مجموعة من المحكمين لإبداء الرأي فيها.

وبعـد ذلـك وضـع القائمـة النهائيـة للمفاهيـم. وعـلى أسـاس القائمـة

---

(1)   جمال الدين محمد(1984): « نمو المفاهيم العلمية في مجال الفيزياء لدى تلاميذ الصف الثاني الثانوي في المرحلة الثانوية», رسالة ماجستير غير منشورة، كلية التربية، جامعة الأزهر.

الموضوعة قاس مدى تعلم التلاميذ لهذه المفاهيم الواردة في القائمة واستلزم ذلك إعداد اختبار موضوعي من نوع الاختيار من متعدد في المستويات الثلاثة, والتأكد من صدقه وثباته ثم تطبيقه في صورته النهائية على عينات عشوائية من تلاميذ الصف الثاني بنين وبنات وفي النهاية حدد المفاهيم على عينات عشوائية من تلاميذ الصف الثاني بنين وبنات وفي النهاية حدد المفاهيم التي يصعب على التلاميذ تعلمها على المستويات المعرفية السابقة.

وقام (حمدي البنا, 1982)[1] بدراسة عام 1982 كانت تهدف إلى معرفة ما إذا كان تطبيق أفكار بياجية في وضع المحتوى الدراسي وطريقة تقديمه تؤدى إلى اكتساب المفاهيم العلمية بصورة أفضل أم لا.

وقد اختار بعض المفاهيم في وحدة الضوء بالصف الخامس الابتدائي ثم وضعها من حيث محتواها وطريقة تقديمها للتلاميذ كمعالجة مقترحة في ضوء نظرية بياجية للنمو العقلي وطبق الباحث تجربته على مجموعتين من تلاميذ الصف الخامس الابتدائي إحداهما ضابطة والأخرى تجريبية, فالضابطة درست الوحدة كما هي في الكتاب المقرر من قبل وزارة التربية والتعليم والتجريبية درست الوحدة المقترحة وقد أظهرت النتائج أن:

1- تطبيق أفكار بياجية في تدريس المفاهيم سواء في محتواها أو طريقة تقديمها للتلاميذ يؤدى لاكتسابها بصورة أفضل من الطرق المألوفة.

2- مستويات المفاهيم الموجودة بالكتاب المدرسي أعلى من مستويات النمو العقلي للتلاميذ في الصف الخامس الابتدائي.

كما أجرى كل من (بال وساير، 1972)[2] والتي كانت تهدف إلى معرفة

---

(1)   حمدي عبد العظيم البنا (1982): «علاقة المفاهيم العلمية بالنمو العقلي عند بياجيه وأثرها في تدريس العلوم لتلاميذ الصف الخامس الإبتدائي», رسالة ماجستير غير منشورة, كلية التربية, جامعة المنصورة.

(2)   Ball,D.W. & Sayre, S.A(1972): Relationships Between Student Piagetian Cognitive Development and Achievement in Science, D.A.I, Vol. 33 No. 3, pp. 1069 – 1070.

وكشف العلاقة بين التحصيل الدراسي في العلوم لطلاب المرحلة الإعدادية والثانوية, وقدرتهم على تأدية الخطوات الإجرائية المجردة, وكانت عينة الدراسة تتكون من 419 طالب من ثماني مدارس بشمال كلورادو منهم 214 طالب من الصفوف (7- 9) 205, طالب من الصفوف (10-12) وذلك لتحديد النمو المعرفي عند الطلاب وقاما بتطبيق اختبارين إحداهما لبياجيه والآخر اختبار تحصيلي في العلوم وأشارت نتائج الدراسة إلى:

1- أنه توجد علاقة ذات دلالة إحصائية بين النجاح المدرسي لطلاب الصف الثامن والعاشر في البيولوجيا والحادي عشر في الكيمياء وأدائهم في اختبار بياجية.

2- أنه لا توجد علاقة بين التحصيل الدراسي ومستوى العمليات المجردة لطلاب الفيزياء.

3- حصول الطلاب في كلاً من المدرسة الإعدادية والثانوية ذوى المستوى المجرد على درجات عالية في الاختبار التحصيلي عن طلاب المستوى غير المجرد.

كما أجريت دراسة عام 1982 قام بها (بيلا وخاليلي, 1982)[1] كان هدفها دراسة النمو المعرفي لدى طلاب الصف الحادي عشر العلمي في الأردن وبحث العلاقة بين النمو المعرفي وفهم الفيزياء المحسوسة.

وكانت عينة الدراسة تتكون من 389 طالبا بالقسم العلمي من المدرسة الثانوية منهم (209 طالب, 180 طالبة) بمقاطعة إربد (Irbid) بالأردن طبق عليهم مقياس لونجوت لقياس النمو المعرفي لديهم, وفي النهاية أشارت

---

(1)   Billeh, V.Y. & Khalili, K. (1982): Cognitive Development and Comprehension of Physics Concept, Eur Journal and Science Education, Vol 4, No 1,, pp. 95 – 104.

النتائج أن 17 % من الطلاب في مرحلة العمليات المجردة, 52 % في مرحلة العمليات المحسوسة, وباقي الطلاب في المرحلة الانتقالية.

وقد استفاد الباحث الحالي من تلك الدراسات في فهم طبيعة النمو العقلي للتلاميذ في المراحل العمرية المختلفة وبالتالي توزيع قائمة المفاهيم الرئيسة والفرعية علي الصفوف الستة (الرابع – الخامس – السادس) بالمرحلة الابتدائية و(الأول – الثاني – الثالث) بالمرحلة الإعدادية بما يتناسب والنمو العقلي للتلاميذ في هاتين المرحلتين من جانب ومراعاة متطلبات مشروع التيمز(TIMSS) من جانب أخر.

تعليق عام علي الدراسات السابقة ومدي استفادة البحث الحالي منها:

يتضح من خلال العرض السابق للدراسات السابقة ما يلي:

1- أوضحت ضرورة تقويم محتوى مناهج العلوم بالمرحلتين الابتدائية والإعدادية في ضوء المتطلبات المعرفية لمشروع التيمز (TIMSS).

2- أشارت معظم الدراسات السابقة إلى أهمية المفاهيم والتركيز عليها في بناء وتصميم وتدريس مناهجنا بما يلائم الانفجار المعرفي والظروف البيئية التي نعيش فيها.

3- أشارت الدراسات السابقة خاصة في مجال نمو المفاهيم وتكوينها أنه يمكن تنمية وتعلم أي مفهوم في أي مرحلة تعليمية حتى فيما قبل المدرسة (الحضانة) وهذا باختلاف مستوى المفهوم نفسه حيث يمكن تقديم نفس المفهوم في مراحل تعليمية مختلفة ولكن مستوي المفهوم يختلف.

4- كما أشارت الدراسات التي تمت في ضوء نمو المفاهيم ومستوياتها أن الطفل المصري لا يختلف اختلافاً كبيراً عن الطفل غير

155

المصري في عملية وصوله إلى اكتساب المفاهيم وإن تأخر في بعض منها يكون هذا التأخير نسبي.

5- أشارت الدراسات التي تمت في ضوء مشروع التيمز (TIMSS) إلى العوامل المختلفة التي تؤثر في إنجاز الطلاب في مادة العلوم.

وقد استفاد الباحث الحالي من ذلك في التعرف علي كيفية تحليل محتوى الكتب الدراسية وفي تصميم قائمة المفاهيم الرئيسة والفرعية اللازم تضمينها بمحتوي مناهج العلوم في ضوء المتطلبات المعرفية لمشروع التيمز (TIMSS), وتوزيع هذه القائمة علي الصفوف الستة (الرابع – الخامس – السادس) بالمرحلة الابتدائية و(الأول – الثاني – الثالث) بالمرحلة الإعدادية.

الفصل الرابع

إجراءات البحث

مقدمة:

لمَّا كان هذا الفصل يتناول إجراءات البحث لذا فإنه يهدف إلى الآتي:

1 - إعداد قائمة بالمفاهيم العلمية الرئيسة والفرعية التي يجب أن يتضمنها محتوى مناهج العلوم بالمرحلتين الابتدائية والإعدادية في ضوء المتطلبات المعرفية لمشروع التيمز (TIMSS).

2 - إعداد شبكة مفاهيم يتضح فيها الربط والتكامل أفقياً ورأسياً بين المفاهيم الرئيسة والفرعية في المجالات المعرفية (علم الحياة - علم الأرض - علم الكيمياء - علم الفيزياء - علم البيئة) في ضوء المتطلبات المعرفية لمشروع التيمز (TIMSS).

3 - تحليل محتوى كتب العلوم بالمرحلتين الابتدائية والإعدادية في ضوء قائمة المفاهيم المقترحة.

4 - إعداد قائمة مفاهيم لكل صف دراسي من الصفوف الستة بالمرحلتين الابتدائية والإعدادية.

5 - بناء المحتوى العلمي لأحد المفاهيم الرئيسة المتضمنة في قائمة المفاهيم العامة المقترحة.

وفيما يلي عرض لخطوات تحقيق هذه الأهداف:

أولاً: إعداد قائمة بالمفاهيم العلمية الرئيسة والفرعية التي يجب أن يتضمنها محتوى مناهج العلوم بالمرحلتين الابتدائية والإعدادية في ضوء المتطلبات المعرفية لمشروع التيمز (TIMSS): للإجابة عن السؤال الأول من أسئلة مشكلة البحث وهو: "ما المفاهيم العلمية الرئيسة والفرعية التي يجب أن يتضمنها محتوى مناهج العلوم بالمرحلتين الابتدائية والإعدادية اللازمة لتطبيق مشروع التيمز (TIMSS) في مجالات علوم (الحياة – الأرض – البيئة – الفيزياء – الكيمياء)؟"

وللوصول إلى ذلك يسير الباحث في عدة خطوات متتابعة وهي:

(I) مدخل تنظيم مفاهيم العلوم المقترحة:

لمَّا كان لكل منهج مدخل لمعالجة محتواه الذى يحدد إطاره العام ومحاوره فإن تنظيم مفاهيم العلوم المقترحة يتطلب تبنى أحد مداخل تنظيم المحتوى, ومن خلال دراسة مداخل تنظيم المحتوى المختلفة اتضح أن هناك مداخل عدة هي:

أ - المدخل المنطقي.

ب- مدخل حل المشكلات.

ج- مدخل المفاهيم الكبرى.

د - المدخل الوظيفي (مدخل العمليات).

هـ - المدخل البيئي.

وبعد دراسة مداخل تنظيم المحتوى اتضح أن المدخل الملائم لتنظيم موضوعات العلوم المقترحة للمرحلتين الابتدائية والإعدادية هو مدخل

المفاهيم الكبرى وذلك للأسباب التالية:[1]

1 - يسمح مدخل المفاهيم الكبرى بالتنظيم والربط بين مجموعات الحقائق والظواهر في كليات بحيث يمكن إدراك العلاقة بينها وذلك لأن المفاهيم أكثر ثباتاً وأقل عرضة للتغير من المعلومات القائمة على مجموعة من الحقائق.

2 - من خلال تكوين المفاهيم تنمو عملية التفكير لدى المتعلم ويصبح أكثر قدرة على حل المشكلات التي تواجهه.

3 - يساعد مدخل تكوين المفاهيم الكبرى على انتقال أثر التعلم لأن المفهوم بطبيعته أكثر شمولاً من الحقيقة سواء من حيث معناه أم عناصره, وعلى ذلك فمدخل المفاهيم يُسهم في تربية عامة للتلميذ.

4 - يُسهم مدخل المفاهيم في حل مشكلة اختيار ما يقدم للتلاميذ من خبرات في عصر الانفجار المعرفي وذلك عن طريق اختيار المفاهيم الملائمة للتلاميذ في مرحلة معينة وفق أهداف موضوعية. وإزاء

---

(1)   استعان الباحث بالمصادر التالية:

أ- أحمد خيري كاظم, سعد يس(4791): تدريس العلوم, القاهرة, دار النهضة العربية, ص.ص08- 18.

ب- أحمد شلبي (1891): «وضع برنامج لتنمية مفاهيم التربية البيئية في مناهج المواد الاجتماعية», رسالة دكتوراه غير منشورة, كلية التربية, جامعة عين شمس , ص 57. ج- رشدي لبيب (3891): معلم العلوم - مسئولياته - أساليب عمله - إعداده - نموه العلمي والمهني, القاهرة,الأنجلو المصرية, ص.ص67-18.

د- فتحي الديب (8791): الاتجاه المعاصر في تدريس العلوم, الكويت, دار القلم, ص.ص45-55.

هـ- مكتب اليونسكو الإقليمي للتربية في الدول النامية(3891): دليل اليونسكو لمعلمي البيولوجيا في الدول العربية, القاهرة, مطبعة التقدم, ص.ص58-98.

و- يسري عفيفي (3891): مرجع سابق, ص 46.

هـذا يقـول برونـر[1]: «نحـن أمـام جيـل جديـد يفـرض علينـا نظـماً تعليميـة جديـدة, وهــذه النظـم التعليميـة الجديـدة يمكـن تحقيقهـا مـن خـلال بنـاء المعرفـة وتنظيمهـا حسـب علاقاتهـا في مفاهيـم كـبرى», ويشـير (محـرز عبـده يوسـف, 1988) [2]إلى: " أن الحقائـق والمعـارف قـد ازدادت بحيـث أصبـح مـن غـير الممكـن احتـواء المنهـج الـدراسي عليهـا جميعـاً, ومـن ثـم يجـب تعلـم المفاهيـم التـي تمثـل الخصائـص المشـتركة بـين العديـد مـن المعـارف وتنظيـم كل مجموعـة مـن المفاهيـم حـول مفهـوم أكـبر وتُتخـذ هـذه المفاهيـم الكـبرى محـاور أساسـية للمنهـج".

5- تعَّد المعرفة العلمية مهمة للتلميذ, فهي تعينه علي فهم نفسه وبيئته وتوظيف تلك المعرفة لمساعدته علي التكيف مع بيئته وفي تكييف تلك البيئة لصالحه, وبذلك نصل إلى مرحلة هامة يجب أن يصل إليها التلاميذ وهي التفسير والتنبؤ والتحكم وهي الوظيفة الأساسية للعلم والتي: «تكسبه القدرة علي التصنيف والربط بين الأشياء وبعضها بصورة وظيفية»[3].

6- تؤدي دراسة المفاهيم الكبرى إلى زيادة اهتمام التلاميذ بمادة العلوم كما تزيد عادة من دوافعهم لتعلمها وتحفيز البعض منهم إلى التعمق في دراستها.

---

(1) Brunner J-S.,(1960):The Process of Education, Cambridge Mass, Harvard University Press,, p.38

(2) محرز عبده يوسف الغنام(1988): «الترابط الوظيفي بين مقرارات العلوم والمجالات المهنية في مرحلة التعليم الأساسي», رسالة دكتوراه غير منشورة, كلية التربية, جامعة المنصورة, ص36-37.

(3) Hoover,K.H.,(1977): Secondary Middle School Teaching, Hand Book for Begining Teachers and Teacher Self Renewal, Allyn and Bacon, Inc, Boston, London, p.5.

7- مدخل المفاهيم وسيلة اقتصادية للتعلم حيث يقلل الجهد المطلوب لأعمال أخرى, والاتجاه الثاني للاقتصاد في عملية التعلم يظهر في قدرة الإنسان علي تذكر واستخدام ما تعلمه.

8- بناء مناهج العلوم علي أساس المفاهيم الكبرى يجعل عملية التطوير هدف واضح الأغراض ومحدد الاتجاه.

9- المفاهيم الكبرى تعتبر من الوسائل الهامة لربط المواد العلمية بعضها بالبعض الأخر.

هذا وقد استفاد الباحث من هذا المدخل بوضع المفاهيم في تسلسل هرمي تمثل القاعدة الحقائق المتعلقة بالمفاهيم يتبعها مفاهيم فرعية أو مساعدة ثم مفاهيم رئيسة ثم مفاهيم أساسية وفي قمة الهرم المفاهيم الكبرى (العامة) والمخطط التالي يوضح ذلك:

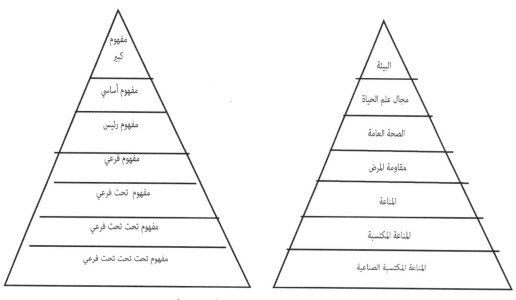

(مدخل المفاهيم الكبرى)   (التسلسل الهرمي لأمثله لأحد المفاهيم الكبرى)

هذا ويمكن إعطاء تعريف إجرائي لكل مفهوم التزم به الباحث:

1- المفهوم Concept:

يشير (محمد السيد علي, 2000) [1] بأن المفهوم هو: "مجموعة من الأشياء أو الرموز أو الحوادث الخاصة التي تم تجميعها معاً علي أساس من الخصائص أو الصفات المشتركة والتي يمكن الإشارة إليها برمز أو اسم معين".

ويشير (جود, 1973) [2] إلي أن المفهوم: "هو فكرة أو تمثيل للعنصر المشترك الذي يمكن بواسطته التمييز بين المجموعات والصفات". وتشير (ناديه سمعان, 1983) [3] إلي أن المفهوم هو: "تصور ذهني ينتج من تجميع عدد من الأفكار والمعاني العلمية وهو ما يتميز فيه الصفات التالية:

-يمكن تعريفه.

-أنه تجريد للخصائص المشتركة بين عدة ظواهر أو مواقف أو أشياء.

-أنه عام وشامل في تطبيقه أي ينطبق علي مجموعة من الأشياء التي تتضمنها فئة ما. ويرى (أرنوف و ووتينج, 1983) [4] أن المفاهيم عبارة عن: «رموز تلخص أو تعمم خصائص مميزة لعديد من الأحداث أو الأفكار التي تختلف فيما بينها في جوانب هامة «ويرى (نوفاك, 1968) [5] أن المفاهيم هي «تعميمات واسعة تتعلق

(1)   محمد السيد علي (2000): مصطلحات في المناهج, مرجع سابق, ص41.

(2)   Good, Carter V.,(1973): OP.Cit, p.125

(3)   نادية سمعان لطف الله (1983): «دراسة تجريبية لوحدة في العلوم المتكاملة للمرحلة المتوسطة», رسالة ماجستير غير منشورة, كلية التربية, جامعة عين شمس, ص10-11

(4)   أرنـوف, ويتنج(1983): مقدمة في علم النفس, ترجمة عادل عز الدين وآخرون, القاهرة, دار ماكجروهيل للنشر, ص205.

(5)   Novak, G.D(1968):Amodel for the International and Analysis of Concept Formtion in William D. Romey, Inquiry Techniques for Teaching Science, London, Prentice Hall Inc., p.137.

ببعض جوانب العالم الطبيعي والبيولوجي وهى مركبة من حقائق وخبرات انفعالية», ويرى (وليم, 1968) [1] أن المفهوم هو: «تعميم يربط الخاص بالعام».

والتعريف الإجرائي للمفهوم والذي يستخدمه الباحث عند تحليل المحتوى:

"أن المفهوم هو استنتاج عقلي يقوم على أساس العنصر المشترك بين مجموعة من الأشياء أو الأحداث أو الخصائص العامة المميزة لظاهرة ما ويمكن صياغته في صورة اسم أو رمز".

وللمفاهيم أنواع متعددة منها الزماني, المكاني والمعاصر ويمكن تعريف كلاً من هذه المفاهيم كما يلي: [2]

- المفاهيم الزمنية Temporal Concept:

هي المفاهيم التي ترتبط بتوقيت محدد لظاهرة ما أو شيء ما مثل (يوم – شهر – سنة).

---

(1)   William, D.R.(1968): Inquiry Techniques for Teaching Science, London, Prentice Hall Inc., p.12.

(2)   استعان الباحث بالمراجع التالية:

أ- إمام مختار حميد(0991): استخدام الخرائط الزمنية في تنمية مفهوم الزمن لدي تلاميذ الصف الأول الإعدادي, الجمعية المصرية للمناهج وطرق التدريس, العدد الثامن, يوليو, ص.ص711-341.

ب- جودت أحمد سعادة وآخرون(0991): أساليب تعلم الدراسات الاجتماعية) ط2), عمان, دار العلم للملايين, ص231.

ج- عطية حسين هجرس (0002): تدريس الدراسات الاجتماعية, طنطا, دار دلتا للطباعة, ص85.

د- محمد السيد علي (2000): مصطلحات في المناهج, مرجع سابق, ص.ص41-42.

- المفاهيم المكانية Spatial Concept:

هي المفاهيم التي ترتبط بمكان ما مثل (نهر, بحر, محيط, دائرة عرض, بحيرة).

- المفاهيم المعاصرة Contemporary Concept :

هي المفاهيم التي ترتبط بالحياة المعاصرة وما تفرضه تلك الحياة من متغيرات جديدة مثل: (الاستنساخ - التلوث السمعي - بنوك الأمشاج).

كما أن هذه المفاهيم منها المحسوس ومنها المجرد والذي يمكن تعريفها كما يلي:[1]

- المفهوم المحسوس (الواقعي) Concrete Concept:

هو ذلك المفهوم الذي ينمو من خلال الخبرة المباشرة بالأشياء أو الأحداث والذي يمكن إدراكه عن طريق الملاحظة أو استخدام الحواس وغالباً ما يكون وصفياً, مثل (نبات - حيوان).

- المفهوم المجرد (الشكلي) Formal Concept:

هو المفهوم الذي يشتق معناه من خلال وضعه داخل نظام افتراضي استدلالي و الذي لا يعطى من خلال الحواس ولكن من خلال التخيل أو من خلال علاقته المنطقية داخل النظام أو استخدام بعض العمليات المجردة وغالباً ما يكون كمياً, مثل (الصوت - الضوء - الكهرباء).

---

(1)   استعان الباحث بالمراجع التالية:

أ- محمد نجيب مصطفى (5891): «العلاقة بين النمو المعرفي عند بياجية وتحصيل المفاهيم البيولوجية لطلاب المرحلة الثانوية العامة», رسالة دكتوراه غير منشورة, كلية التربية, جامعة الأزهر , ص41.

b- Flavell, S.H.,(1963): The Developmental Psychology of Jean, New York, Piaget,D.Van Vostvand, p.346.

ج- محمد السيد علي (2000): مصطلحات في المناهج, مرجع سابق,ص34.

2 - مفهوم كبير (عام) Major Concept:

هو ذلك المفهوم الذي يربط بين مجموعة من المفاهيم الأساسية يمكن على أساسه بناء مقرر أو مجموعة مقررات من مواد لها صلة ببعضها البعض[1] ومثال على هذا مفهوم البيئة والتي يمكن أن يبنى عليهم محتوى مناهج العلوم بالمرحلتين الابتدائية والإعدادية.

3- المفهوم الأساسي Basic Concept:

هو ذلك المفهوم الذي يربط بين مجموعة من المفاهيم الرئيسة تتميز بدرجة عالية من العمومية, مثل مجال علم الحياة, مجال علم الأرض, مجال علم البيئة, مجال علم الكيمياء, ومجال علم الفيزياء.

4 - المفهوم الرئيس Chief Concept:

هو ذلك المفهوم الذي يربط بين مجموعة من المفاهيم الفرعية والتي تتميز بدرجة عالية من العمومية والثبات[2] مثل: (مفهوم الصحة العامة، التطور، المادة، الطاقة، التغير الكيميائي).

5 - المفهوم الفرعي Sub Concept:

هو ذلك المفهوم الذي يربط بين مجموعة من المفاهيم المساعدة مثل (مفهوم الروابط الكيميائية).

6 - المفهوم المساعد أو التحت فرعي Sub-Sub Concept:

هو المفهوم الذي يربط بين مجموعة من المفاهيم التحت تحت فرعية مثل (مفهوم الرابطة التساهمية والرابطة الأيونية)، ويمكن تقسيم المفاهيم إلى أقل من ذلك, وكلما زادت المفاهيم التي يربطها مفهوم معين اعتبرت مفاهيم رئيسة وكلما قلت واقتربت من الحقائق اعتبرت مفاهيم فرعية.

---

(1) زينب المتولي جاد (1987): مرجع سابق, ص102.

(2) فتحي الديب (1978): الاتجاه المعاصر في تدريس العلوم, مرجع سابق, ص114.

(II) أسلوب تحليل المحتوى:

تختلف أهداف تحليل المحتوى باختلاف طبيعة الدراسة إلا أن الهدف الرئيسي من تحليل المحتوى والذى يمكن أن تشترك فيه معظم الدراسات "هو تطوير المادة العلمية التي يتناولها التحليل بوجه عام, وفي مجال المناهج الدراسية على وجه الخصوص وذلك من أجل استكشاف أوجه القوة والضعف فيها وتقديم أساس لمراجعتها وتعديلها وتحسينها"[1].

ويعرف (بيرلسون,1952)[2] أسلوب تحليل المحتوى بأنه: "الأسلوب الذي يتم عن طريقه الوصف الموضوعي والمنظم و الكمي للمضمون الظاهري لمادة من مواد الاتصال".

ويعرفه (جانينس)[3] بأنه : "الأسلوب الذى يهدف إلى تبويب خصائص المضمون في فئات وفقاً لقواعد يحددها المحلل باعتباره باحثاً علمياً".

ومن هذين التعريفين يمكن التوصل إلى الصفات الآتية لهذا الأسلوب:

- أنه يهتم بوصف محتوى المادة.

- يهتم بدراسة المضمون الظاهري للمادة.

- أنـه يـراعـى المـوضـوعيـة التـامـة في تحليل مضمون المـادة كمـا يراعى

---

(1)   رشدي أحمد طعيمة (1987): تحليل المحتوى في العلوم الإنسانية, القاهرة, دار الفكر العربي, ص22.

(2)   Berelson Bernare (1952): Content Analysis in Communication Research, Glenco,111, Free Press, p.18.

(3)   نقلاً عن:

أ- وليم عبيد (8791): تحليل محتوى رياضيات المرحلة الإعدادية, عمان, تقرير مقدم إلى المنظمة العربية للتربية والثقافة والعلوم وحلقة قياس وتقويم, إبريل, ص1.

ب- سمير محمد حسين (3891): تحليل المضمون (ط1), القاهرة, عالم الكتب, ص81.

تحليل المادة بطريقة منظمة فيصنف المحتوى في ضوء فئات التحليل التي يقوم الباحث بتحديدها مسبقاً حتى يمكن الوصول إلى تعميمات علمية وسليمة[1].

وقد اتبع الباحث هذا الأسلوب لتحديد المفاهيم العلمية الرئيسة والفرعية لكل مجال من المجالات المعرفية الخمس المتضمنة في مشروع التيمز (TIMSS).

وهى مجال (علم الحياة - علم البيئة - علم الأرض - علم الكيمياء - علم الفيزياء) وذلك لما لأسلوب تحليل المحتوى من أهمية كبرى.

فهو يجزئ المقرر أو الوحدة الدراسية أو المصدر المراد تحليله إلى حقائق ومفاهيم وتعميمات مما يساعد على تيسير وسهولة استخلاص المفاهيم.

(III) مصادر التحليل:

وهى العينات التي يجرى عليها التحليل وهى:

1 - ما تنشره منظمة (IEA) على شبكة الإنترنت عن مشروع (TIMSS) ونتائج تطبيقه في السنوات الثلاث:

(TIMSS 2007)[4],(TIMSS 2003)[3],(TIMSS) ،(1995[2], TIMSS)[5].

---

(1) رمضان عبد الحميد الطنطاوي (1988): «منهج مقترح للعلوم الفيزيائية للمرحلة الثانوية العامة علي ضوء مفهوم التكامل في بناء المنهج»، رسالة دكتوراه غير منشورة, كلية التربية بدمياط, جامعة المنصورة, ص132.

(2) Martin, M.O.(1996): OP.Cit .

(3) Mullis, I.V.S., Martin, M.O.,(2000): OP.Cit.

(4) Mullis, I.V.S. et al (2003): OP.Cit

(5) Mullis, I.V.S. et al (2005): OP.Cit .

2- من خلال (الاستبيانات) [1]التي تنشرها منظمة (IEA) على شبكة الإنترنت.

3- مــن خــلال اخـتـبــارات [2]مـــشروع الـتـيـمـز (TIMSS) الـتـي تنشرها

---

(1)   استعان الباحث بالمراجع التالية:

(a) TIMSS International Study Center (1994): Code Books–Populations 1 and 2, Third International Mathematics and Science Study (TIMSS).Chestnut Hill, MA: Boston College.Retrieved on July 12th 2005, At 11:50PM [on – line], Available: http:// www.Csteep. bc. edu / timss(b) Eugenio, J. G.& Teresa, A. S. (1996): Science Achievement in the Middle School Years: IEA's Third International Mathematics and Science Study, Center for the Study of Testing , Chestnut Hill, MA:Boston College. Retrieved on April 19th 2005, At 11:50PM [on – line], Available: http:// www.Csteep. bc. edu / timss(c) TIMSS International Study Center (1996): Primary and Middle School Years 1995 Assessment User Guide for the TIMSS International, Database Supplement 4,Variables Derived from the Student and Teacher Questionnaires Populations 1 and 2, Chestnut Hill, MA: Boston College. Retrieved on May 12th 2005, At 1:50PM [on – line], Available: http:// www.Csteep. bc. edu / timss.(d) TIMSS International Study Center (1996): Primary and Middle School Years 1995 Assessment User Guide for the TIMSS International, Database Supplement 3, Documentation of National Adaptations of International Background Questionnaire Items Populations 1 and 2, Chestnut Hill, MA: Boston College. Retrieved on April 12th 2005, At 11:50PM [on – line], Available: http:// www.Csteep. bc. edu / timss.

(2)   استعان الباحث بالمراجع التالية:

(a) Beaton, A. E. & Gonzalez, E. J.(1997): TIMSS Test-Curriculum Matching Analysis,TIMSSTechnicalr eport,volumeII:Implementation and Analysis,Chestnut Hill, MA: Boston College. Retrieved on April 12th 2005, At 11:50PM [on – line], Available:
http:// www.Csteep. bc. edu / timss. (b) Martin, M.O., Hoyle, C.,(1996):Observing the TIMSS Testing, SessionsThirdInternational Mathematics and Science Study: Quality Assurance in Data, Center for the Study of Testing, Evaluation, Chestnut Hill, MA: Boston College. Retrieved on April 16th 2005, At 11:50PM [on – line], Available: http:// www.Csteep. bc. edu / timss.(c) Adams, R. J. & Gonzalez, E. J (1996): The TIMSS test design, TIMSS technical report,Volume I:Design and development. Chestnut Hill, MA: Boston College. Retrieved on April 12th 2005, At 11:50PM [on – line], Available: http:// www.Csteep. bc. edu / timss.

168

منظمة (IEA) على شبكة الإنترنت.

(V) فئة التحليل:

ويقصد بها جوانب المادة التي تخضع للتحليل وهى المفاهيم العلمية بتعريفها الإجرائي السابق.

(VI) موضوعية التحليل:

موضوعية التحليل تتضمن بندين أساسيين هما (ثبات التحليل وصدقه).

أ - ثبات التحليل:

ويقصد به إعطاء نفس النتائج بإتباع نفس القواعد والإجراءات, وهناك العديد من الطرق لحساب ثبات التحليل منها:[1]

أ - إعادة التحليل من قبل الباحث على فترتين متباعدتين أو أكثر.

ب - إشراك محلل واحد فقط مع الباحث في التحليل.

جـ - إشراك أكثر من محلل مع الباحث.

هذا وقد اختار الباحث الطريقة الأولى لحساب ثبات التحليل, حيث أجرى الباحث ثلاث عمليات لتحليل محتوى المصادر الثلاثة السابق ذكرها

(1)   رشدي أحمد طعيمة (1987): تحليل المحتوي في العلوم الإنسانية, مرجع سابق, ص177.

في فـترات زمنيـة متتاليـة بـين كل فـترة والتـي يليهـا شـهر لاسـتخلاص المفاهيـم الرئيسـة منهـا, فوجـد أن:

جدول(1) يبين عدد المفاهيم الرئيسة الناتجة من عمليات التحليل:

التحليل	عدد المفاهيم الرئيسة
الأول	25
الثاني	28
الثالث	30

ثم قام الباحث بإيجاد نسبة الاتفاق بين كل تحليلين متتاليين مستخدماً المعادلة التالية[1]:

ر =

$$\frac{2\text{م}}{\text{ن}_1 + \text{ن}_2}$$

حيث: ر = معامل الثبات.

م = عدد البنود (المفاهيم) التي اتفق عليها الباحث وزميله.

ن1 = عدد البنود (المفاهيم) التي رآها الباحث (في التحليل الأول).

ن2 = عدد البنود (المفاهيم) التي رآها زميل الباحث (أو رآها الباحث في تحليله الثاني).

فكانت نسبة الاتفاق بين التحليل الأول والثاني هي:

ر = $\frac{2 \times 25}{25 + 28}$ 3,94 %

(1) Holisti,O. (1969): Content Analysis for Humanities, New York, Addison- Wesly, p.140.

وكانت نسبة الاتفاق بين التحليل الثاني والثالث هي:

$$ر = \frac{28 \times 2}{30 + 28} \quad 5,9 \%$$

وما سبق يتضح أن نسبة الاتفاق بين التحليلين الأخيرين (96.5%) وهى نسبة عالية وتدل على ثبات التحليل.

ب- صدق التحليل:

وللتأكد من صدق التحليل قام الباحث بإعطاء المصادر الثلاث لاشتقاق المفاهيم إلى أحد الزملاء[1] ليقوم بتحليلها متبعاً التعريف الإجرائي للمفهوم ثم تم حساب مدى الاتفاق في عملية التحليل التي قام بها الباحث مع عملية التحليل التي قام بها الزميل باستخدام معادلة (Holsti) السابقة, ويتضح ذلك من الجدول التالي:

جدول (2) يبين نسبة الاتفاق بين تحليل الباحث و تحليل الزميل:

المفاهيم الناتجة من تحليل الباحث	المفاهيم الناتجة من تحليل الزميل	نسبة الاتفاق
30	26	92.9%

يتضح من الجدول السابق أن هناك نسبة اتفاق عالية بين تحليل الباحث وتحليل الزميل. كما قام الباحث بعرض هذا التحليل علي مجموعة من المحكمين[2] لإبداء الرأي فيه فوافقت عليه وبهذا تم حساب صدق التحليل.

(1) أ/ محمد عبده إمبابي: مدرس إعدادي علوم - إدارة المنزلة التعليمية - محافظة الدقهلية.

(2) ملحق (1).

ولإعداد قائمة المفاهيم الأولية تم ذلك في عدة خطوات:

1- حصر المفاهيم الفرعية والبسيطة التي يتضمنها كل مفهوم رئيس وتنظيمها من خلال تحليل كل مفهوم رئيسي في شبكة مفاهيم خاصة به وقد استعان الباحث في هذا التحليل بمجموعة من المصادر العربية والأجنبية.

2- تفريغ المفاهيم السابقة في قائمة واحدة بعد استبعاد المفاهيم المكررة.

3- بلغ عدد المفاهيم الرئيسة في القائمة الأولية 30 مفهوم, منها 15 مفهوم رئيس في مجال علم الحياة, 4 مفاهيم رئيسة في مجال علم البيئة, 4 مفاهيم رئيسة في مجال علم الأرض, 4 مفاهيم رئيسة في مجال علم الكيمياء و3 مفاهيم رئيسة في مجال الفيزياء, بالإضافة إلي أن كل مفهوم رئيس يضم تحته مجموعة من المفاهيم الفرعية و المساعدة.

وبعد أن تم تحديد المفاهيم الرئيسة تم تحديد المفاهيم الفرعية والمساعدة المندرجة تحتها, ثم تم عرض قائمة المفاهيم الأولية علي مجموعة من المحكمين [1] للتأكد من:

1-مدى انتماء المفاهيم الفرعية والمساعدة لكل مفهوم رئيس.

2-مدى ملائمة هذه المفاهيم للتلاميذ في المرحلتين الابتدائية والإعدادية.

وقد اتفقت آراء المحكمين علي أن كل المفاهيم الرئيسة الموجودة بالقائمة يجب أن يشملها محتوى مناهج العلوم بالمرحلتين الابتدائية والإعدادية, وكانت هناك بعض الآراء عن بعض المفاهيم الواردة بقائمة المفاهيم الأولية نذكرها في الآتي:

---

(1)   ملحق (2).

(I) بالنسبة لمدى انتماء المفاهيم الفرعية والمساعدة لكل مفهوم رئيس:

1- رأى المحكمين أن بعض المفاهيم الفرعية والمساعدة توضع تحت مفاهيم رئيسة أخرى, مثل مفهوم الروابط الكيميائية يوضع تحت مفهوم التفاعلات الكيميائية, وبهذا استبعد الباحث هذا المفهوم من قائمة المفاهيم الأولية وأصبح عدد المفاهيم الرئيسة 29 مفهوم.

2- رأى بعض المحكمين أن المفهوم يجب أن يتم تناوله بصورة متكاملة حتى ولو كان تحت أكثر من مجال من المجالات الخمس لمحتوى مناهج العلوم وأوصوا بأن يتم تناول تلك المفاهيم تحت المجال الأكثر شيوعاً بدراستها, مثل بعض المفاهيم المرتبطة بمجال علم الكيمياء تم تضمينها في مجال علم الفيزياء, كمفهوم) العنصر والمركب) تم تضمينه تحت مفهوم تقسيم المادة المندرج من المفهوم الرئيس (المادة).

3- رأى بعض المحكمين حذف بعض المفاهيم الفرعية والمساعدة لتكرارها مثل: بعض الأمراض الفيروسية والبكترية و الفطرية حيث وردت في أماكن مختلفة فاتفقت الآراء علي وضعها في الأماكن المناسبة لها وعدم تكرارها.

4- رأى بعض المحكمين إضافة بعض المفاهيم الفرعية والمساعدة للمفاهيم الرئيسة مثل:

- صحة وسلامة الجهاز الهضمي تحت مفهوم التغذية في الكائنات الحية.

- قياس المادة تحت مفهوم المادة.

- الاستنساخ تحت مفهوم التكاثر.

5- رأى بعض المحكمين تعديل صيغة بعض المفاهيم الرئيسة مثل:

- التنسيق الهرموني بدلاً من النمو.

- التلوث البيئي بدلاً من التغيرات البيئية.

(II) بالنسبة لمدى ملائمة هذه المفاهيم للتلاميذ في المرحلتين الابتدائية والإعدادية:

1- رأى المحكمين أن بعض المفاهيم الرئيسة أعلى من مستوى التلاميذ، ويرجع ذلك إلى أن هذه المفاهيم جديدة ولم يتم تدريسها من قبل في المرحلتين الابتدائية والإعدادية، مثل مفهوم التطور في الكائنات الحية والتكيف البيئي. وأشاروا بأنه يجب أن يتم تناولها من خلال مجموعة من المفاهيم الفرعية والبسيطة تتناسب مع المستوى العقلي للتلاميذ في هاتين المرحلتين، إلا أنهم في النهاية اتفقوا علي أن جميع المفاهيم الرئيسة مناسبة للتلاميذ في هاتين المرحلتين.

2- حذف بعض المفاهيم الفرعية والبسيطة لعدم مناسبتها للتلاميذ في هاتين المرحلتين، مثل:

- القنابل الهيدروجينية.

- آلية عمل الثلاجة الكهربائية.

- الاتزان الكيميائي.

- قوانين نيوتن.

وفي النهاية عُدلت قائمة المفاهيم الأولية في ضوء الآراء والتعديلات السابقة, وأُخذت كلها في الاعتبار وخرجت الصورة النهائية لقائمة المفاهيم[1] والتي تم عرضها مرة أخرى علي المحكمين[2] لإقرار صلاحيتها.

وبهذا يكون قد تمت الإجابة عن التساؤل الأول من أسئلة مشكلة البحث وهو: "ما المفاهيم العلمية الرئيسة والفرعية التي يجب أن يتضمنها محتوى مناهج العلوم بالمرحلتين الابتدائية والإعدادية اللازمة لتطبيق مشروع التيمز (TIMSS) في مجالات علوم (الحياة - الأرض - البيئة - الكيمياء - الفيزياء)؟

ثانياً: إعداد شبكة المفاهيم العامة التي تربط بين المفاهيم الرئيسة والفرعية للمجالات المعرفية الخمسة المتضمنة بمشروع التيمز (TIMSS):

للإجابة عن السؤال الثاني من أسئلة مشكلة البحث وهو: " كيف يمكن الربط والتكامل أفقيا وراسياً بين المفاهيم الرئيسة والفرعية في المجالات المعرفية (علم الحياة - علم الأرض - علم البيئة - علم الكيمياء - علم الفيزياء) في ضوء مشروع التيمز (TIMSS)؟ "

وللوصول إلى ذلك يسير الباحث في عدة خطوات متتابعة كما يلي:

فبعد الوصول إلي القائمة النهائية للمفاهيم العلمية الرئيسة والفرعية في المجالات الخمسة لمحتوى مناهج العلوم والتي ينبغي أن تُدرس في المرحلتين الابتدائية والإعدادية بصفوفها الستة من الصف الرابع الابتدائي وحتى الصف الثالث الإعدادي, فإننا بصدد إعداد شبكة مفاهيم عامة يتضح فيها الربط والتكامل أفقياً ورأسياً بين جميع المفاهيم ذات العلاقة والتي تحتويها قائمة المفاهيم السابق إعدادها, وذلك لإعداد منهج متكامل في هاتين المرحلتين.

---

(1) ملحق (3).

(2) ملحق (2).

فتكامل محتوى المنهج يقصد به: "تقديم المعرفة في نمط وظيفي علي صورة مفاهيم متدرجة ومترابطة تغطي الموضوعات بدون أن يكون هناك تجزئة وتقسيم للمعرفة إلي ميادين منفصلة, أو هي الأساليب أو المداخل التي تُعرض فيها المفاهيم وأساسيات العلوم بهدف إظهار وحدة التفكير وتجنب التمييز والفصل غير المنطقي بين مجالات العلوم المختلفة"[1]، ويُعَّرف (هيسنج, 2000)[2] المنهج المتكامل بأنه: "تكامل للعديد من الموضوعات موضع الدراسة داخل إطار موحد".

ومن المؤكد أن مراعاة التكامل بين فروع مادة العلوم المختلفة يعود بالعديد من الفوائد من أبرزها ما يلي:[3]

---

(1) رشدي لبيب وآخرون(1984): المنهج منظومة لمحتوي التعليم, القاهرة, دار الثقافة, ص82.

(2) Hsing,T. H.(2000) : Utilizing The Science as Core Course of An Integrated Curriculum Development:ACollaborative Action Research, National Taitung Teachers College, Taiwan , p5.Retrieved on April 12th 2003, At 6:00AM [on - line], Available: http: // www. Ericfacility. net / eric digests / ed 440850. html

(3) استعان الباحث بالمصادر التالية:

أ- عدلي كامل فرج (5791):» دراسة عن تطوير تدريس العلوم المتكاملة بالمرحلة المتوسطة», في مشروع ريادي لتطوير العلوم المتكاملة في المرحلة المتوسطة, المنظمة العربية للتربية والثقافة والعلوم, الإسكندرية, ص66.

ب- رؤوف عبد الرازق العاني (5791): « تكامل العلوم في المرحلة المتوسطة ضرورة ملحة «, في مشروع ريادي لتطوير العلوم المتكاملة في المرحلة المتوسطة, اجتماع لجنة الخبراء المنظمة العربية للتربية والثقافة والعلوم, الإسكندرية, ص.ص 33-53.

ج- فتحي الديب (8791): مرجع سابق, ص.ص74-25.

د- محمد السيد علي (0002): علم المناهج الأسس والتنظيمات في ضوء الموديولات, مرجع سابق, ص732.

e- Victor,M.S (1972):»Unification of Curriculum « in The Encyclopedia of Education, The Macmillan Company and the Free Press, Vol.8, p.p.2030-.

1- أن تدريس مادة العلوم المتكاملة يُسهم في تربية عامة تركز علي الوحدة الأساسية للعلوم ويؤدي إلي فهم مكانة العلم في المجتمع ويبرز دور العلوم والتكنولوجيا في الحياة اليومية.

2- العلوم المتكاملة أكثر واقعية وارتباطاً بالحياة لأن المشكلات التي يوجهها الإنسان في حياته غالباً ما يتطلب حلها تضافر أكثر من تخصص علمي, ونادراً ما توجد مشكلات حياتية يمكن أن يسهم في حلها علم واحد.

3- تشجع العلوم المتكاملة علي التفكير المتشعب أو المفتوح (Divergent Thinking) وهو دعامة التفكير الإبداعي بينما العلوم المنفصلة تؤكد في فلسفتها علي حل واحد للمشكلة والذي يسمي بالتفكير المقيد أو المحدود (Convergent Thinking).

4- تبدو العلوم المتكاملة مرغوبة في المرحلتين الابتدائية والإعدادية حيث أوضحت نتائج البحوث التربوية والنفسية أن التفكير المجرد ينمو لدى التلاميذ ابتداء من سن الحادية عشرة أو الثانية عشرة, ولذلك فإن اكتساب التلاميذ للمفاهيم بصورة منفصلة بهدف أن يدرك التلاميذ ما بينها من علاقات متبادلة يبدو أمراً لا يتفق مع النمو النفسي.

5- المنهج المتكامل يجعل المعلمين قادرين علي الربط بين المواد المختلفة من أجل تناول جوانب الموضوع الواحد في نفس الوقت, وبالتالي فهو مناسب للطلاب وذلك لربط ما تعلموه داخل المدرسة بخبراتهم في الحياة اليومية.

6- يحول التكامل في العلوم دون تكرار الموضوعات في المقررات الدراسية حيث تقدم العلوم في وحدات تجمع بين مختلف نواحي المعرفة العلمية مما يساعد علي توفير الوقت والجهد علي التلميذ بالمقارنة مع ما يبذله عند تعلم كل فرع معزولاً عن الآخر.

7- ترتبط العلوم المتكاملة بالبيئة التي يعيش فيها التلميذ وتعالج مشكلاتها وتجعل التلميذ أكثر تكيفاً مع مجتمعه وأكثر مساهمة ودافعية في حل مشكلاته.

8- يمكن للعلوم المتكاملة أن تعطى نظرة أكثر اكتمالاً وشمولاً لطبيعة العلم, ويبرز وحدة العلوم ويُكسب التلاميذ المفاهيم الأساسية بصورة وظيفية.

هذا وعملية تكامل المنهج وحدها لا تكفي وتحتاج إلى الترابط والتقارب بين الموضوعات, فمن أجل حل الطالب لمشكلة ما فإنه يلزمه أن يكون ملم بخبرات تعليمية حتى يستطيع البحث في كل أبعاد المشكلة.

وأنه بدون إحداث ترابط بين موضوعات مواد الدراسة فإن الطالب سيعانى وسيجد صعوبة في فهم هذه الموضوعات الغير مترابطة, فالترابط وإحداث علاقات بين الموضوعات من الأمور الهامة التي يجب ألا نهملها وأن نؤكد عليها.

فنحن بحاجة إلى منهج يظهر فيه الربط بين موضوعات مادة العلوم مع بعضها البعض وبين مادة العلوم والمواد الأخرى وذلك لإظهار العلاقة بينهما وبين احتياجات المجتمع.

وعلى ضوء مدخل المفاهيم الكبرى وبعد الأخذ في الاعتبار مبدأ التكامل والترابط بين أفرع مادة العلوم المختلفة وعند إتباع هذا المنهج أو هذا المحور من المفروض أن لا تدرس موضوعات العلوم منفصلة عن بعضها البعض, فحيث أن الكائنات الحية بتنوعها وتغيرها والعمليات الحيوية التي تقوم بها والطاقة التي تعمل على تحريكها كل ذلك لا ينفصل عن البيئة التي يوجد بها الكائن الحي.

فالبيئة كما يعرفها (مصطفي عبد العزيز, 1976)[1] هي: "الإطار الذي يعيش فيه الإنسان وهو يتمثل بما فيه من تربة وماء وهواء وبما تحتويه كل منها من مكونات جماديه أو كائنات تنبض بالحياة وبما تزدان به صفحة السماء من الشمس التي تمدنا بالطاقة اللازمة للأحياء وبما يتلألأ فيها من كواكب ونجوم تهدينا سواء السبيل أثناء الليل وإبان الظلمات وبما يسود هذا الإطار من شتى المظاهر من طقس ومناخ ورياح وأمطار".

وبذا لا يمكن دراسة أي مفهوم من المفاهيم بعيداً عن مفهوم البيئة والذي يمكن أن يبنى عليه محتوى منهج العلوم بالمرحلتين الابتدائية والإعدادية, فعند التعرض لمفهوم البيئة نجد أنها تضم في ثناياها كل المفاهيم الرئيسة المتضمنة بالمجالات المعرفية الخمسة لمحتوى مناهج العلوم (علم الحياة - علم الأرض - علم الكيمياء - علم الفيزياء - علم البيئة) اللازمة لتطبيق مشروع التيمز (TIMSS).

وقد تم إعداد شبكة مفاهيم لكل مجال من مجالات محتوى العلوم على حدى, وكذلك إعداد شبكة مفاهيم تشتمل على جميع المفاهيم الرئيسة والفرعية للمجالات الخمس وتنظيمها تحت مفهوم البيئـة والذي يعتبر المفهوم الكبير التي يمكن أن يبنى عليه محتوى مناهج العلوم بالمرحلتين الابتدائية والإعدادية.

وقد تم عرض هذه الشبكات على مجموعة من المحكمين والمتخصصين في مجال المناهج وطرق تدريس العلوم والتي عُرضت عليهم قائمة المفاهيم المقترحة من قبل.

وقد أبدى المحكمون ملاحظاتهم وقد أُخذت في الاعتبار ومن هذه الملاحظات:

---

(1) مصطفي عبد العزيز (1976): التعليم البيئي لمراحل التعليم العام, القاهرة, المنظمة العربية للتربية والثقافة والعلوم, ص3.

1 عمل روابط بين المفاهيم وبعضها البعض.

2- الاكتفاء بأن تشتمل شبكات المفاهيم على المفاهيم الرئيسة والفرعية فقط.

وقد تم أخذ هذه الملاحظات في الاعتبار وإجراء التعديلات على كل شبكة وخرجت الصورة النهائية والتي تم عرضها مرة أخرى على المحكمين لإقرار صلاحيتها.

وبهذا يكون قد تم الإجابة عن التساؤل الثاني من أسئلة البحث وهو: "كيف يمكن الربط والتكامل أفقياً ورأسياً بين المفاهيم الرئيسة والفرعية في المجالات المعرفية (علم الحياة, علم الأرض, علم البيئة, علم الكيمياء, علم الفيزياء) في ضوء مشروع التيمز (TIMSS)؟"

وفيما يلي عرض للشبكات المفاهيمية الخمس لمجالات (علم الحياة, علم الأرض, علم البيئة, علم الكيمياء وعلم الفيزياء), و شبكة المفاهيم العامة التي تتضمن المفاهيم العلمية الرئيسة والفرعية المقترحة في ضوء مفهوم البيئة:

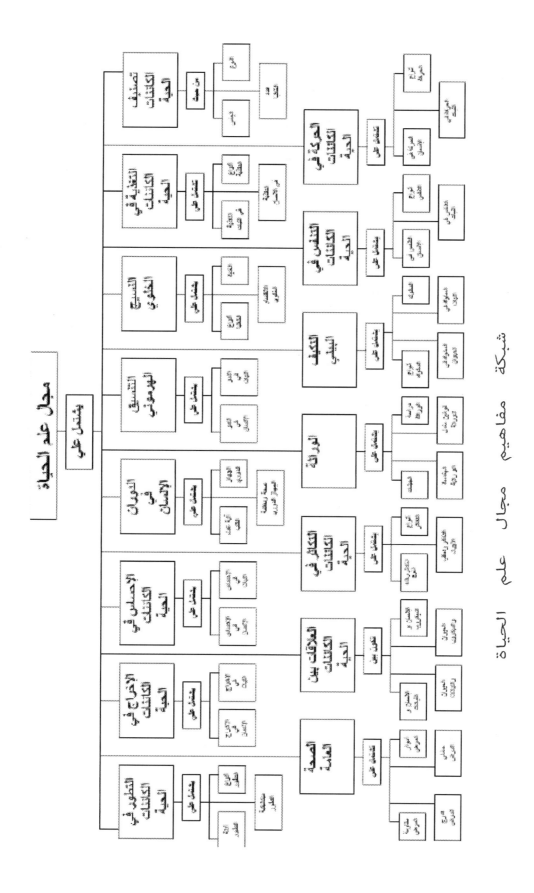

شبكة مفاهيم مجال علم الحياة عند الحياة

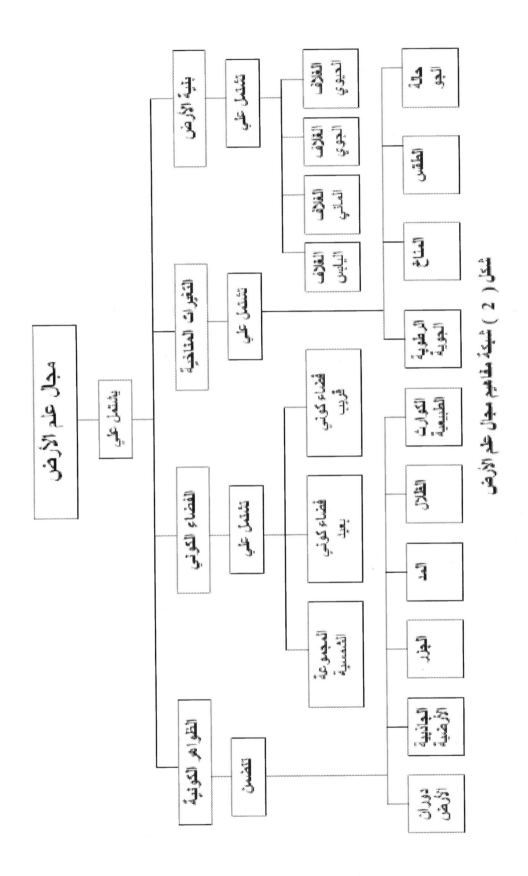

شكل (2) شبكة مفاهيم مجال علم الأرض

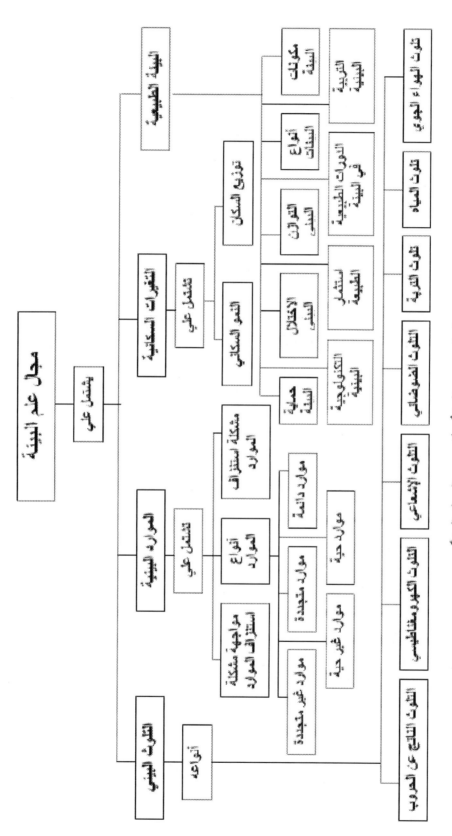

شكل (3) شبكة مفاهيم مجال علم البيئة

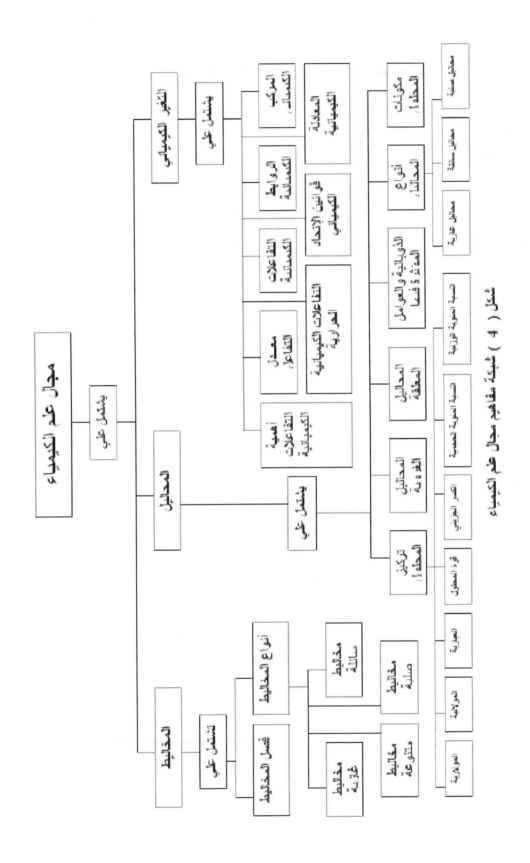

شكل (4) شبكة مفاهيم مجال علم الكيمياء

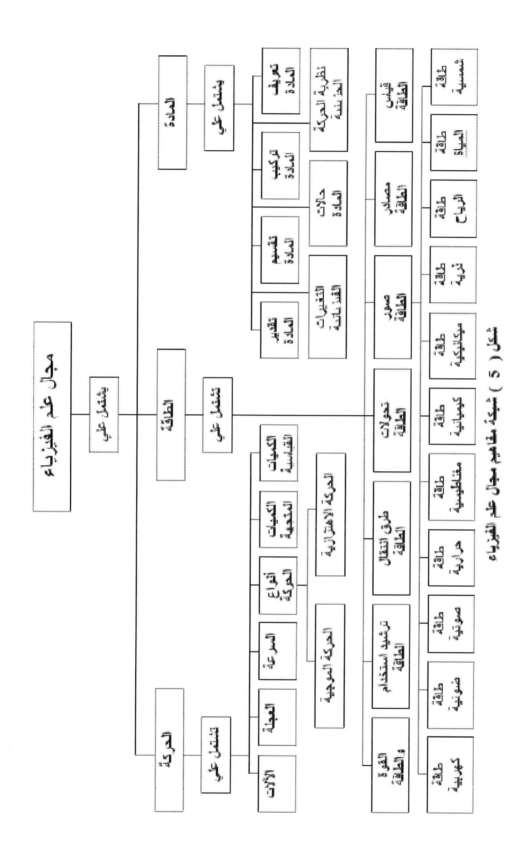

شكل (5) شبكة مفاهيم مجال علم الفيزياء

ثالثاً: تحليل محتوى كتب العلوم بالمرحلتين الابتدائية والإعدادية في ضوء قائمة المفاهيم العامة المقترحة:

للإجابة عن السؤال الثالث من أسئلة مشكلة البحث وهو: "ما مدى تضمين محتوى مناهج العلوم بالمرحلتين الابتدائية والإعدادية لقائمة المفاهيم المقترحة في ضوء مشروع التيمز (TIMSS)؟"

وللوصول إلى ذلك يسير الباحث في عدة خطوات متتابعة وهي:

(I) أسلوب تحليل المحتوى:

اتبع الباحث نفس أسلوب التحليل المتبع سابقاً.

(II) مصادر التحليل:

تشتمل على الاثني عشر كتاباً المقررة على التلاميذ بالمرحلتين الابتدائية والإعدادية من الصف الرابع الابتدائي وحتى الصف الثالث الإعدادي.

(V) فئة التحليل:

كانت فئة التحليل التي استخدمت عند تحليل الكتب الاثني عشر السابقة هي المفهوم بتعريفه الإجرائي السابق.

(VI) موضوعية التحليل:

تضم موضوعية التحليل الثبات والصدق.

أ - ثبات التحليل:

قـام الباحث بتحليل الاثنـي عـشر كتابـاً (مصـادر التحليل) متبعـاً التعـرف الإجرائي للمفهوم، ثـم تـم وضـع المفاهيم التي تحتويها تلـك الكتـب في قائمـة

مفاهيـم خاصـة بهـا[1]، وذلـك لتحديـد الوضـع الحـالي لمحتـوى تلـك الكتـب. ثـم قـام الباحـث بتحليـل الاثنـي عـشر كتابـاً مـرة أخـرى متبعـاً التعريـف الإجرائـي للمفهـوم للتعـرف عـلى مـدى تضمينهـا للمفاهيـم الـواردة بقائمـة المفاهيـم المقترحـة والتـي وضعـت في ضـوء المتطلبـات المعرفيـة لمـشروع التيمـز (TIMSS).

وقد روعيت عدة اعتبارات أثناء التحليل وهي:

1- تم إحضار أخر طبعة (2006/2005م) من طبعات كتب العلوم (كتاب الطالب) بالصفوف السـت (الرابـع – الخامـس – السـادس) بالمرحلـة الابتدائيـة والصفوف(الأول – الثاني – الثالث) بالمرحلة الإعدادية.

2- تم دراسة قائمة المفاهيم الخاصة بالتحليل وقراءتها بتفحص عدة مرات.

3- بعد أن يستوعب المحلل المفاهيم الموجودة في قائمة المفاهيم يقوم بقراءة الكتب بتفحـص وتأمـل وبكل مـا جاء فيها مـن عناوين وأشكال وصور ورسوم وأسئلة وأنشطة.

4- تمّ مطابقة كل مفهوم مع محتوى كتب العلوم لتحديد مدى توافر المفهوم من عدمه.

5- يضع المحلل علامة (√) في المكان المناسب داخل قائمة المفاهيم فإذا كان المفهوم موجوداً في كتاب الصف الرابع الابتدائي توضع علامة (√) أمامه في الخانة الخاصة بالصف الرابع وإن لم يكن موجود توضع علامة (.) وهكذا.

وقد أجرى الباحث ثلاث عمليات لتحليل محتوى الاثني عشر كتاباً (مصادر التحليل) السابق ذكرها في فترات زمنية متتالية بين كل فترة والتي يليها شهر، وقد حصل الباحث على النتائج نفسها مما يشير إلي ثبات التحليل.

---

(1)   ملحق (4).

ب- صدق التحليل:

للتأكد من صدق التحليل قام الباحث بإعطاء الاثني عشر كتاباً (مصادر التحليل) إلى أحد الزملاء[1] ليقوم بتحليلها متبعاً التعريف الإجرائي للمفهوم والاعتبارات السابق ذكرها أثناء عملية التحليل، ثم تم حساب مدى الاتفاق في عملية التحليل التي قام بها الباحث مع عملية التحليل التي قام بها الزميل وذلك باستخدام معادلة (Holsti) السابق ذكرها، ويتضح ذلك من الجدول التالي:

جدول (3) يبين نسبة الاتفاق بين تحليل الباحث وتحليل الزميل لمحتوى كتب العلوم المقررة حالياً:

المفاهيم المتضمنة في محتوى كتب العلوم الحالية من تحليل الباحث	المفاهيم المتضمنة في محتوى كتب العلوم الحالية من تحليل الزميل	نسبة الاتفاق
1795	1694	97.1

يتضح من الجدول السابق أن هناك نسبة اتفاق عالية بين تحليل الباحث وتحليل الزميل، كما قام الباحث بعرض نتائج التحليل[2] علي مجموعة من المحكمين[3] لإبداء الرأي فيه فوافقت عليه وبهذا تم حساب صدق التحليل، وبهذا الجزء يكون قد تم الإجابة عن السؤال الثالث من أسئلة البحث وهو: "ما مدى تضمين محتوى مناهج العلوم بالمرحلتين الابتدائية والإعدادية لقائمة المفاهيم المقترحة في ضوء مشروع التيمز (TIMSS)؟"

(1) محمد عبده إمبابي: مدرس أول إعدادي علوم - إدارة المنزلة التعليمية - محافظة الدقهلية.

(2) ملحق (5).

(3) ملحق (2).

رابعاً: إعداد قائمة مفاهيم لكل صف دراسي من الصفوف الستة (الرابع - الخامس - السادس) بالمرحلة الابتدائية والصفوف (الأول - الثاني - الثالث) بالمرحلة الإعدادية:

للإجابة عن السؤال الرابع من أسئلة مشكلة البحث وهو: " ما التصور المقترح لتوزيع قائمة المفاهيم العامة على الصفوف الستة بالمرحلتين الابتدائية والإعدادية؟".

وللوصول إلى ذلك يسير الباحث في عدة خطوات متتابعة كما يلي:

فبعد تحليل محتوى كتب العلوم بالمرحلتين الابتدائية والإعدادية في ضوء قائمة المفاهيم العلمية الرئيسة والفرعية العامة المقترحة، يقوم الباحث بتوزيع هذه المفاهيم على الصفوف الستة من الصف الرابع الابتدائي وحتى الصف الثالث الإعدادي، مع مراعاة تدرج المفهوم وملائمة مستواه مع النمو العقلي للتلاميذ بكل صف دراسي.

فالمستوى يُعَّرف بأنه " مقياس تقاس به الأشياء ويعبر عن هذا المستوى إما عددياً كمتوسط إحصائي أو نموذج معين"[1].

أما مستوى المفهوم فيمكن التعبير عنه بأنه تدرج تدريس المفهوم من البسيط إلى المعقد ومن السهل إلى الصعب ومن المحسوس إلى المجرد.

وحيث أن مستوى المفهوم محكوم بالنضج العقلي للتلميذ "فهناك مستويات من النضج لا يمكن أن يستوعب فيها التلاميذ بعض المفاهيم الأكثر تعقيداً"[2].

ويشير (سيد خير الله، 1978) في هذا الصدد بأنه [3]: " لابد أن يكون

(1) رشدي لبيب (1969): مستوي تدريس الكيمياء، مرجع سابق، ص13.

(2) يعقوب نشوان (1984): الجديد في تعليم العلوم، عمان، دار الفرقان، ص72.

(3) سيد خير الله (1978): سلوك الإنسان، أسسه النظرية والتجريبية(ط2)، القاهرة، = =دار الأنجلو، ص226.

مستوى صعوبة المادة مناسب لمستوى ذكاء الفرد، أي أن المادة المتعلمة يجب أن لا تكون على درجة كبيرة من السهولة تثير لدى الطلاب الاستهتار وعدم الجدية في تحصيل ما يتعلمونه ومن جهة أخرى إذا كانت المادة المتعلمة على درجة كبيرة من الصعوبة تؤدى إلى فشل التلميذ في الوصول إلى المطلوب منه".

ويضيف (سعد يس و أحمد خيري،1974)[1] بأن: "الأفراد يختلفون فيما بينهم من حيث النضج واكتسابهم للخبرة، وبهذا فإن الكلمة الواحدة لا تعنى لجميع الأفراد معاني واحدة ولكن يختلف باختلاف التلاميذ التي ستعطى لهم وباختلاف المرحلة، وأيضاً فإن المفهوم ليس ثابتاً منذ بداية تعلمه وإنما ينمو بنمو الخبرة ونضج التلاميذ". أي أن المفهوم لا يثبت عند مستوى معين من الفهم والإدراك وإنما ينمو ويتسع بنمو الأفراد وازدياد خبراتهم.

ولذا: "يحمل المفهوم الواحد معاني مختلفة بالنسبة للأفراد المختلفين، كما أنه تتشابة المعاني لدى الأفراد بقدر تشابه الخبرات لديهم"[2].

وكما يقول (تانر، 1975) [3]أنه: "يمكن تدريس أي موضوع من المواد الدراسية لأطفال المدرسة الابتدائية بحيث يلائم مستواهم ونموهم العقلي ويدَّرس نفس المفهوم للكبار في المدرسة الثانوية أو الجامعية ولكن بعمق يتلاءم أيضاً مع نموهم العقلي وهذا ما يسمى بالمنهج الحلزوني Spiral Curriculum"، والذي اتبعه الباحث في توزيع المفاهيم على الصفوف الستة بالمرحلتين الابتدائية والإعدادية.

---

(1) سعد يس، أحمد خيري كاظم (1974): تدريس العلوم، القاهرة، دار النهضة العربية ، ص72.

(2) يعقوب أحمد الشراح (1986): التربية البيئية (ط1)، الكويت، مؤسسة الكويت ، ص44.

(3) Tanner،D. & Tunner،L.،(1975): Curriculum Development Theory into Pratice، Macmillan Publishing، CO، Inc، New York، p.59

وبمراعاة ما سبق تم توزيع المفاهيم العلمية الرئيسة والفرعية بقائمة المفاهيم المقترحة على الصفوف الستة من الصف الرابع الابتدائي وحتى الصف الثالث الإعدادي وتم عرض هذا التوزيع على مجموعة من المحكمين[1] بهدف التَّعرف على:

1 – مدى ملائمة توزيع المفاهيم المقترح لتلاميذ كل صف دراسي.

2 – مدى مناسبة عدد الحصص المقترح لتدريس كل مفهوم.

وقد تلخصت آراء المحكمين فيما يلي:

(I) بالنسبة لمدى ملائمة توزيع المفاهيم المقترح لتلاميذ كل صف دراسي:

اتفقت الآراء على ملاءمتها للتلاميذ مع التأكيد علي أن يتم تدريسها بشكل مبسط دون تعمق مع نقل بعض المفاهيم من صف لصف أخر مثل:

- مفهوم المخاليط (أنواعها – طرق فصلها) من الصف السادس الابتدائي إلى الصف الثالث الإعدادي.

- مفهوم مقاومة المرض من الصف الثاني الإعدادي إلى الصف الثالث الإعدادي.

- مفهوم الكوارث الطبيعية من الصف الثاني الإعدادي إلى الصف الثالث الإعدادي.

- قوانين الغازات من الصف الثالث الإعدادي إلى الصف الثاني الإعدادي.

- الجهاز الهضمي من الصف الخامس الابتدائي إلى الصف الرابع الابتدائي.

- الجهاز التنفسي من الصف الرابع الابتدائي إلى الصف الخامس الابتدائي.

_____

(1)   ملحق (2).

(II) بالنسبة لمدى مناسبة عدد الحصص المقترح لتدريس كل مفهوم رئيس بكل صف دراسي:

رأت الآراء تعديل بعض الحصص المقترحة لتدريس بعض المفاهيم مثل:

- مفهوم الطاقة بالصف الرابع الابتدائي (12) حصة بدلاً من (10) حصص.

- مفهوم المادة بالصف الرابع الابتدائي (6) حصص بدلاً من (8) حصص.

- مفهوم التطور بالصف السادس الابتدائي (3) حصص بدلاً من حصتين.

- مفهوم الوراثة بالصف الأول الإعدادي (5) حصص بدلاً من (3) حصص.

- مفهوم الحركة بالصف الأول الإعدادي (5) حصص بدلاً من (7) حصص.

- مفهوم التنسيق الهرموني بالصف الثالث الإعدادي (8) حصص بدلاً من (10) حصص.

- مفهوم التغير الكيميائي بالصف الثالث الإعدادي (20) حصة بدلاً من (18) حصص.

وبذلك يكون عدد الحصص المقترحة لتدريس مادة العلوم بالمرحلتين الابتدائية والإعدادية ملائم لتدريس كل مفهوم ويتفق مع عدد الحصص التي حددتها الوزارة لتدريس مادة العلوم بكل صف من الصفوف الدراسية الستة بالمرحلتين الابتدائية والإعدادية وهذا كما بالجدول التالي:

جدول(4) لبيان توزيع الحصص على الصفوف الدراسية كما حددتها الوزارة:

الصف	عدد الحصص
الرابع الابتدائي	96 حصة
السادس الابتدائي	96 حصة
الأول الإعدادي	96 حصة
الثاني الإعدادي	128 حصة
الثالث الإعدادي	128 حصة
المجموع	672 حصة

وبعد أخذ أراء المحكمين في الاعتبار تم توزيع مفاهيم العلوم وتوزيع عدد الحصص على كل صف دراسي ليخرج التوزيع بصورته النهائية[1]، وبهذا يكون قد تم الإجابة عن السؤال الرابع من أسئلة مشكلة البحث وهو: "ما التصور المقترح لتوزيع قائمة المفاهيم العامة على الصفوف الستة بالمرحلتين الابتدائية والإعدادية؟".

خامساً: بناء المحتوى العلمي لأحد المفاهيم الرئيسة المتضمنة في قائمة المفاهيم العامة المقترحة:

للإجابة عن السؤال الخامس من مشكلة البحث وهو: "ما التصور المقترح لمحتوى أحد المفاهيم الرئيسة المتضمنة في قائمة المفاهيم العامة للصفوف الستة بالمرحلتين الابتدائية والإعدادية في ضوء المتطلبات المعرفية اللازمة لتطبيقات مشروع التيمز(TIMSS)؟".

(1) ملحق (6).

وللوصول إلى ذلك يسير الباحث في عدة خطوات متتابعة وهي:

يتم اختيار أحد المفاهيم الرئيسة الموجودة في قائمة المفاهيم العامة ويبنى عليه المحتوى العلمي له في وحدة متكاملة، وقد اختار الباحث (مفهوم المحاليل) لبناء محتوى الوحدة.

(I) مبررات اختبار مفهوم المحاليل:

1- أنه عند المقارنة بين مفاهيم العلوم بقائمة المفاهيم المقترحة ومفاهيم العلوم بخطة الوزارة للعام الدراسي (2005/ 2006م) اتضح ما يلي:

- خطة الوزارة لا تتضمن سوى تعريف المحلول ومكوناته وهذا يمثل جزء صغير من مفهوم المحاليل.

- خطة الوزارة لا تتضمن تصنيف المحاليل.

- خطة الوزارة لا تتضمن أنواع المحاليل.

- خطة الوزارة لا تتضمن طرق التعبير عن تركيز المحلول.

وعلى ذلك فإن مفهوم المحاليل يُعَّد مثالاً للمفاهيم التي لا تتضمنها خطة الوزارة بصورة متكاملة.

2- يُعَّد مفهوم المحاليل من المفاهيم الرئيسة التي تتضمنها شبكة المفاهيم العامة والتي يمكن من خلاله ربط الجانب النظري بالجانب العلمي وبالمواقف الحياتية التي يعيشها التلاميذ.

3- كذلك عن طريقه يمكن التعرف علي بعض أنواع المحاليل التي تحيط بالطالب في البيئة التي يعيش فيها مما يؤدى إلى إكساب الطالب أهم سمة من سمات مشروع التيمز (TIMSS) وهى القدرة على التفكير التأملي والابتكاري والناقد.

(II) خطوات بناء الوحدة:

استفاد الباحث من الدراسات السابقة عند إعداد وبناء الوحدة وكذا من قراءته لبعض المصادر والمراجع الأجنبية والعربية[1]، ومع أنها تختلف في بعض النقاط إلا أنها تتفق في معظمها وقد اشتملت خطوات بناء الوحدة على:

1- تحديد الأهداف المناسبة للوحدة.

2- اختيار المحتوى العلمي الذي يحقق الأهداف، وتشتمل عملية الاختيار على ثلاثة مراحل:

أ- تحديد المفاهيم الفرعية

ب- تحديد المفاهيم البسيطة

ج - تحديد المحتوى التفصيلي لكل مفهوم

3- تنظيم المحتوى.

4- اختيار وتنظيم خبرات التعليم وأنشطته.

وفيما يلي عرض مبسط لكل خطوة من تلك الخطوات:

---

(1)   استعان الباحث بالمصادر التالية:

أ- محمد عزت عبد الموجود (1978): أساسيات المناهج وتنظيماتة، القاهرة، دار الثقافة للطباعة والنشر، ص.ص284-270.

ب- الدمرداش سرحان (1977): المناهج المعاصرة، الكويت، مكتبة الفلاح ، ص.ص94-19.

ج- رشدي لبيب (1983): معلم العلوم ، مرجع سابق ، ص.ص56-54.

د- زينب المتولي جاد (1987): مرجع سابق، ص.ص138-132.

هـ- محرز عبده يوسف الغنام (1988): مرجع سابق، ص.ص156-154.

(f) Pierce.W. D.&Lorber.M.A.(1977) :Objectives&Methods for Secondary Teaching، Prentice Hall،Inc، New Jersey ، pp.217227-.

1- أهداف الوحدة:

وهى أول خطوة من خطوات بناء الوحدة وفيها توضع الأهداف المناسبة التي يمكن أن تحقق من خلال تدريس الوحدة وبعد ذلك تحقق جزء من أهداف المادة حيث تجتمع أهداف المقرر كله لتحقيق أهداف المادة وفي النهاية مع المواد الأخرى تحقق أهداف المرحلتين الابتدائية والإعدادية، بحيث يمكن ترجمة هذه الأهداف إلى أهداف سلوكية لكل درس من دروس الوحدة، وأهداف هذه الوحدة هي:

أ- إكساب التلاميذ المعلومات (الحقائق – الأفكار – المفاهيم) التي تتضمنها وحدة المحاليل بطريقة وظيفية.

ب- تنمية بعض المهارات البسيطة عند الطالب سواء لإجراء بعض التجارب أو لتفسير بعض الملاحظات أو الاشتراك في عمل وتصميم بعض الوسائل التعليمية.

ج- تنمية اهتمام الطلبة بالقراءة العلمية السليمة عن مفهوم المحاليل وذلك عن طريق توفير المراجع التي يسهل الحصول عليها من مكتبة المدرسة وكذلك بعض المواقع على شبكة الانترنت.

د- تنمية حب التعاون لدى الطلبة وأنهم لا يقدرون على العيش منفردين.

هـ- تقدير الطلبة لدور العلم وبيان دور العلماء في اكتشاف مفهوم المحاليل.

2- اختيار المحتوى:

بعد تحديد أهداف الوحدة المناسبة يجب اختيار المحتوى الملائم والذى يحقق هذه الأهداف، وهذا الاختيار للمحتوى يتصل بالمفهوم الرئيس، والأفكار الأخرى والحقائق والتفاصيل التي تخدم الموضوع، وقد تم تنفيذ هذه الخطوة على ثلاث مراحل هي:

أ- اختيار المفهوم الرئيس التي تقوم علية الوحدة :

قد تم اختيار مفهوم المحاليل لبناء محتوى الوحدة نظراً للمبررات السابق ذكرها.

ب- اختيار المفاهيم الفرعية التي تقوم عليها الوحدة:

من الضروري تحديد المفاهيم الفرعية التي ينبغي تعلمها وتدور حول المفهوم الرئيس وعادة ما تترجم هذه المفاهيم الفرعية في شكل معارف ومعلومات، والمفاهيم الفرعية في هذه الوحدة هي:

- تعريف المحلول ومكوناته.

- أنواع المحاليل.

- المحاليل المعلقة.

- المحاليل الغروانية (الغروية).

- الذوبانية والعوامل المؤثرة فيها.

- تركيز المحلول.

جـ - اختيار المحتوى التفصيلي لكل مفهوم فرعي:

بعد اختيار المفاهيم الفرعية التي تدور حولها الوحدة وموضوعاتها أو مفاهيمها يجب البدء في اختيار المحتوى التفصيلي لكل مفهوم من المفاهيم الفرعية ويمكن توضيح ذلك فيما يلي:

المفهوم الأول: (المحلول ومكوناته):

ويشمل:

◄ المذيب.

◄ المذاب.

المفهوم الثاني: (أنواع المحاليل):

ويشمل:

◄ محاليل غازية

* محلول غاز في غاز

* محلول سائل في غاز

* محلول صلب في غاز

◄ محاليل سائلة

* محلول غاز في سائل

¤ العوامل المؤثرة في ذوبان الغاز في السائل

☒ طبيعة كلاً من الغاز والسائل

■ درجة الحرارة

■ الضغط (قانون هنري)

* محلول سائل في سائل

¤ محاليل عديمة الامتزاج

¤ محاليل محدودة الامتزاج

¤ محاليل تامة الامتزاج

* محلول صلب في سائل

¤ محلول غير مشبع

¤ محلول مشبع

¤ محلول فوق مشبع

◄ محاليل صلبة

* محلول غاز في صلب

* محلول سائل في صلب

* محلول صلب في صلب

¤ المحاليل الصلبة الإحلالية

¤ المحاليل الصلبة الخلالية

** المفهوم الثالث: المحاليل المعلقة:

ويشمل:

◄ تعريف المعلق

◄ أمثلة عليه

** المفهوم الرابع: المحاليل الغروانية (الغروية):

ويشمل:

◄ تعريف المحلول الغروي

◄ أمثلة عليه

** المفهوم الخامس: الذوبانية والعوامل المؤثرة فيها:

ويشمل:

◄درجة الحرارة

◄ الضغط

◄طبيعة المذاب والمذيب

◄ تفاعل المذيب والمذاب

◄ مساحة السطح والتحريك

** المفهوم السادس: تركيز المحلول:

ويشمل:

◄ المحول المركز

◄ المحلول المخفف

◄ طرق التعبير عن تركيز المحلول

* النسبة المئوية الوزنية * العيارية

* النسبة المئوية الحجمية * المولالية

* الكسر الجزيئي (المولي) * المولارية

* قوة المحلول.

3- تنظيم المحتوى:

ليس معني اختيار موضوع الوحدة والمفهوم الرئيس والمفاهيم الفرعية التي تبنى عليها والمحتوى التفصيلي لكل مفهوم فرعي أنه قابل لعملية التدريس، ولكن المحتوى يحتاج إلي تنظيم وهذا التنظيم إما أن يبدأ من المعلوم إلي غير المعلوم أو من المحسوس إلي غير المحسوس أو من السهل إلي المعقد.

ومن الممكن أن تستخدم كلتا الطريقتين في درس واحد أي نبدأ بالمحسوس وننتهي بالمجرد أو نبدأ بالمجرد وننتهي بالمحسوس، وهذا يتمثل عندما نعطي مدلول المفهوم مباشرة، وعندما نعطي أمثلة ومنها نصل إلي تعريف المفهوم (المدلول).

وقد نُظمت أفكار هذه الوحدة ومحتواها التفصيلي بحيث تبدأ أساساً من المحسوس عند التلاميذ كتعريف المحلول ثم أنواع المحاليل ثم المحاليل المعلقة ثم المحاليل الغروانية (الغروية) ثم الذوبانية والعوامل المؤثرة فيها وأخيراً تركيز المحلول.

4- اختيار و تنظيم خبرات التعلم و أنشطته:

بعد وضع الخطوط العريضة لبناء الوحدة وتنظيمها يصبح من السهل البدء في تحليل خبرات التعلم وأنشطته التعليمية المختلفة، وقد اختار الباحث خبرات التعلم وأنشطته التي تحقق الأهداف الموضوعة من مصادر مختلفة وللتأكد من مدى مناسبتها للطلبة في هاتين المرحلتين الابتدائية والإعدادية، تم عرض الوحدة في صورتها الأولى علي مجموعة من الطلبة بالمرحلتين الابتدائية والإعدادية بلغ عددهم (240 طالب وطالبة) لأخذ رأيهم حول مدى مناسبة هذه الوحدة لهم.

كذلك تم إعطاء هذه الصورة الأولية للوحدة لعدد من المدرسين (50 مدرس) لإبداء رأيهم في مدى ملائمة هذه الوحدة لتلاميذ الصف الرابع وحتي الصف الثالث الإعدادي وقد أُخذ برأيهم في الاعتبار.

(II) صدق محتوى الوحدة:

بعد الانتهاء من بناء الوحدة، تم عرضها علي مجموعة من المحكمين[1] المتخصصين في مجال المناهج وطرق تدريس العلوم لتقرير مدى مناسبتها للتطبيق وإجراء التعديلات المطلوبة وكانت ملاحظتهم تنحصر فيما يلي:

1- إضافة بعض الأمثلة التي تزيد من وضوح بعض المفاهيم و الأفكار.

(1) ملحق (2).

2   تعديل صياغة بعض العبارات لتصبح أكثر تحديداً وقد تم إجراء التعديلات المطلوبة وإعداد الوحدة في صورتها النهائية[1].

وبهذا يكون قد تمت الإجابة عن السؤال الخامس من أسئلة مشكلة البحث وهو:

"ما التصور المقترح لمحتوى أحد المفاهيم الرئيسة المتضمنة في قائمة المفاهيم العامة للصفوف الستة بالمرحلتين الابتدائية والإعدادية في ضوء المتطلبات المعرفية اللازمة لتطبيقات مشروع التيمز (TIMSS)؟ "

---

(1)   ملحق (7).

الفصل الخامس

نتائج البحث – مناقشتها وتفسيرها

يتناول هذا الفصل نتائج تحليل محتوي كتب العلوم الاثني عشر المقررة علي (الصف الرابع الابتدائي- الصف الخامس الابتدائي - الصف السادس الابتدائي - الصف الأول الإعدادي - الصف الثاني الإعدادي - الصف الثالث الإعدادي)، وذلك للتعرف علي:

1- مدي تضمين محتوى كتب العلوم للمفاهيم الرئيسة بقائمة المفاهيم المقترحة.

2- مدى استمرارية المفاهيم الرئيسة في كل صف دراسي من الصفوف الستة بالمرحلتين الابتدائية والإعدادية.

3- مدي تضمين محتوى كتب العلوم للمفاهيم الفرعية والبسيطة المندرجة تحت كل مفهوم رئيس.

هذا وسيتم تناول كل مجال من المجالات المعرفية الخمسة علي حدى لبيان مدى توافر العناصر السابقة فيها. وفيما يلي عرض تفصيلي لما قام به الباحث للوقوف علي هذه النتائج وتفسيرها:

أولاً: نتائج تحليل محتوى كتب العلوم بالمرحلتين الابتدائية والإعدادية في ضوء المفاهيم الرئيسة والفرعية لمجال علم الحياة المتضمنة بقائمة المفاهيم المقترحة:

قام الباحث بتحليل محتوى كتب العلوم الاثني عشر المقررة علي (الصف الرابع- الصف الخامس- الصف السادس) بالمرحلة الابتدائية و(الصف الأول - الصف الثاني - الصف الثالث) بالمرحلة الإعدادية في

ضـوء المفاهيـم الرئيسـة والفرعيـة لمجـال علـم الحيـاة المتضمنـة بقائمـة المفاهيـم المقترحـة وأظهـرت نتائج التحليل[1] أنـه:

(I) بالنسبة لمدى تضمين محتوى كتب العلوم للمفاهيم الرئيسة لمجال علم الحياة بقائمة المفاهيم المقترحة:

كانت نتائج التحليل كما هو مبين بالجدول التالي:

جدول (5) المفاهيم العلمية الرئيسة المتضمنة في محتوى كتب العلوم لمجال علم الحياة:

المفاهيم العلمية الرئيسة بقائمة المفاهيم المقترحة لمجال علم الحياة	مدى تضمين محتوى كتب العلوم للمفاهيم الرئيسة لمجال علم الحياة					
	الصف الرابع الابتدائي	الصف الخامس الابتدائي	الصف السادس الابتدائي	الصف الأول الإعدادي	الصف الثاني الإعدادي	الصف الثالث الإعدادي
تصنيف الكائنات الحية	√	-	-	-	√	√
النسيج الخلوي	-	-	√	-	√	√
التطور في الكائنات الحية	-	-	-	-	-	-
التغذية في الكائنات الحية	√	√	√	-	√	-
الإخراج في الكائنات الحية	√	-	√	-	-	-
الحركة في الكائنات الحية	√	-	-	√	-	-

---

(1)   ملحق (5).

205

-	-	-	√	-	√	التنفس في الكائنات الحية
-	-	-	√	-	√	الدوران في الإنسان
-	-	-	-	-	-	التنسيق الهرموني
-	√	-	-	-	-	الإحساس في الكائنات الحية
√	-	-	-	-	-	التكاثر في الكائنات الحية
√	-	-	-	-	-	الوراثة
-	-	-	-	-	-	التكيف البيئي
-	√	-	-	-	√	العلاقات بين الكائنات الحية
√	√	√	√	√	-	الصحة العامة

يتضح من الجدول السابق أن:

- عدد المفاهيم الرئيسة التي يتضمنها محتوى كتب العلوم بالمرحلتين الابتدائية والإعدادية هي (12) مفهوماً رئيسا أي ما يعادل (80%) من عدد المفاهيم التي تضمنتها قائمة المفاهيم المقترحة لمجال علم الحياة، وتوجد ثلاثة مفاهيم رئيسة لم يتم تضمينها في محتوى كتب العلوم وهذه المفاهيم هي:

أ- التطور في الكائنات الحية.

ب- التكيف البيئي.

ج- التنسيق الهرموني.

- تركزت معظم المفاهيم الرئيسة في الصف الرابع الابتدائي حيث بلغ (7) مفاهيم رئيسة وكذلك في الصفين السادس الابتدائي والثاني الإعدادي

حيـث بلـغ (6) مفاهيـم رئيسـة، وكان أقلهـا تركيـزاً في الصفيـن الخامس الابتـدائي والأول الإعدادي حيـث بلـغ في كلاً منهـا (2) مفهـوم رئيـس فقـط.

(II) بالنسبة لمدى استمرارية المفاهيم الرئيسة المتضمنة بمجال علم الحياة في كل صف دراسي من الصفوف الستة بالمرحلتين الابتدائية والإعدادية:

يتضح من جدول (5) السابق أن:

1- مفهوم (الصحة العامة) توافرت فيها الاستمرارية حيث بدأت دراسته من الصف الخامس الابتدائي وحتى الصف الثالث الإعدادي.

2- بعض المفاهيم لم يتم تدريسها إلا مرة واحدة وهذه المفاهيم هي:

أ- مفهوم (الإحساس في الكائنات الحية) والتي لم يظهر إلا في الصف الثاني الإعدادي.

ب- مفهوم (التكاثر في الكائنات الحية) والتي لم يظهر إلا في الصف الثالث الإعدادي.

ج- مفهوم (الوراثة) والتي لم يظهر إلا في الصف الثالث الإعدادي.

1- بقية المفاهيم الرئيسة لم تتوافر فيها الاستمرارية مثل:

أ- (تصنيف الكائنات الحية) الذي بدأت دراسته في الصف الرابع الابتدائي ولم يظهر في الصف الخامس الابتدائي والسادس الابتدائي والأول الإعدادي ثم بدأ ظهوره مرة أخرى في الصفين الثاني والثالث الإعدادي.

ب- (النسيج الخلوي) الذي بدأت دراسته في الصف السادس الابتدائي ولم يظهر في الصف الأول الإعدادي ثم بدأ ظهوره مرة أخرى في الصفين الثاني والثالث الإعدادي.

(III) بالنسبة لمدى تضمين محتوى كتب العلوم للمفاهيم الفرعية والبسيطة

المتضمنة بمجال علم الحياة المندرجة تحت كل مفهوم رئيس:

يتضح ذلك من خلال الجدول التالي:

جدول (6) يبين النسبة بين عدد المفاهيم البسيطة والفرعية المتضمنة في محتوى

كتب العلوم الحالي وعدد المفاهيم الفرعية والبسيطة لمجال علم الحياة بقائمة المفاهيم

المقترحة:

النسبة %	عدد المفاهيم الفرعية والبسيطة المتضمنة في محتوى كتب العلوم الحالية	عدد المفاهيم الفرعية والبسيطة المتضمنة في قائمة المفاهيم المقترحة	المفهوم الرئيس
88%,7	87	98	تصنيف الكائنات الحية
100%	33	33	النسيج الخلوي
صفر %	-	33	التطور في الكائنات الحية
84%,2	48	57	التغذية في الكائنات الحية
77%	10	13	الإخراج في الكائنات الحية
62%,8	22	35	الحركة في الكائنات الحية
81%,3	13	16	التنفس في الكائنات الحية
82%,6	19	23	الدوران في الإنسان
صفر %	-	19	التنسيق الهرموني

87%,8	65	74	الإحساس في الكائنات الحية
83%,6	46	55	التكاثر في الكائنات الحية
35%	10	29	الوراثة
صفر %	-	30	التكيف البيئي
77%,3	41	53	العلاقات بين الكائنات الحية
68%	17	25	الصحة العامة
70%	411	593	

يتضح من الجدول السابق أن عدد المفاهيم الفرعية والبسيطة الموجودة في قائمة المفاهيم المقترحة (593) لمجال علم الحياة، وقد ظهر منها في محتوى كتب العلوم (411) مفهوماً فرعياً وبسيطاً فقط أي ما يعادل (70%) من عدد المفاهيم الفرعية والبسيطة الواجب تضمينها في محتوى مناهج العلوم بالمرحلتين الابتدائية والإعدادية، وقد تفاوتت نسبة تضمين كل مفهوم رئيس للمفاهيم الفرعية والبسيطة حيث:

تم تضمين بعض المفاهيم الرئيسة للمفاهيم الفرعية والبسيطة بقائمة المفاهيم المقترحة بنسب أكثر من(80%) وهذه المفاهيم هي:

أ- النسيج الخلوي بنسبة (100%).

ب- تصنيف الكائنات الحية بنسبة (88%,7).

ج- الإحساس في الكائنات الحية بنسبة (87%,8).

د- التغذية في الكائنات الحية بنسبة (84%,2).

- تم تضمين بعض المفاهيم الرئيسة للمفاهيم الفرعية والبسيطة بقائمة المفاهيم المقترحة بنسب منخفضة وهي مفهوم الوراثة بنسبة (35%).

وفي ضوء العرض السابق لنتائج تحليل محتوى كتب العلوم بالمرحلتين الابتدائية والإعدادية في ضوء المفاهيم الرئيسة والفرعية لمجال علم الحياة المتضمنة بقائمة المفاهيم المقترحة يتضح ما يلي:

1- يوجد قصور في تضمين محتوى مناهج العلوم بالمرحلتين الابتدائية والإعدادية لبعض المفاهيم الرئيسة لمجال علم الحياة بقائمة المفاهيم المقترحة، حيث تشير دراسة مكتب الجودة التعليمية والمحاسبة (EQAO،2000)) إلي أن مناهج العلوم يجب أن تشتمل علي جميع المفاهيم الرئيسة لمجال علم الحياة وذلك لتحقيق المتطلبات المعرفية اللازمة لتطبيق مشروع التيمز (TIMSS).

2- يوجد قصور في توافر معيار الاستمرارية في تدريس بعض المفاهيم الرئيسة حيث تم تدريس بعض المفاهيم في أحد الصفوف ثم لم يتم تدريسها في الصفوف التالية والبعض الآخر من المفاهيم الرئيسة تم تدريسه في أحد الصفوف ثم لم يدَّرس في الصف التالي ثم دُرس مرة أخرى في الصفوف التالية وهذا لا يتفق مع معيار استمرارية المفاهيم كأحد المعايير اللازمة لتطبيق مشروع التيمز (TIMSS) وهذا ما تؤكده دراسة (أندرو،1996) ودراسة (شميدت، 2004) والذي توصلتا إلي أن مفاهيم العلوم يجب أن يتم تدريسها بشكل تراعى فيه الاستمرارية في الصفوف الأولي للتعليم مهما كانت حداثتها أو صعوبتها ولكن بعمق أقل ثم تكرر بالتدرج في العمق.

3- هناك تفاوت في تضمين محتوى كتب العلوم للمفاهيم الفرعية والبسيطة المتضمنة في قائمة المفاهيم الخاصة بمجال علم الحياة فهناك مفاهيم تم تضمينها للمفاهيم الفرعية والبسيطة مما يؤكد على تحقيقه للمتطلبات المعرفية اللازمة لتطبيق مشروع التيمز (TIMSS)، ومفاهيم أخرى لم يتم تضمينها لبعض

المفاهيم الفرعية والبسيطة، وبالتالي يجب أن يتم تضمين محتوى مناهج العلوم بالمرحلتين الابتدائية والإعدادية للمفاهيم الفرعية والبسيطة اللازمة لإكساب التلاميذ لهذا المفهوم بشكل متكامل يتناسب والنمو العقلي والمعرفي للتلاميذ في هاتين المرحلتين وهذا ما تؤكده دراسة (مجلس البحوث القومي الأمريكي،1999)   والتي تؤكد على أنه مهما كان عدد الموضوعات التي تدرس فهي قليلة، ودراسة (أندرو، 1996) والتي تؤكد على أن الموضوعات التي لا يتم تناولها بشكل متكامل و يتم تدريسها بشكل مجزأ لا يتوافق مع متطلبات مشروع التيمز (TIMSS)، وكذلك دراسة(William،Curtis، 1996) ودراسة (McCann، Wendy،1998) والتي تؤكدا على أن المناهج يجب أن تكون غير متعمقة لكن شاملة لأكثر من مفهوم في موضوعات عديدة متنوعة.

4- تضمن محتوى كتب العلوم الحالي علي بعض المفاهيم الرئيسة التي تفتقر إلي الربط بينها وبين المفاهيم الفرعية المندرجة فيها من جانب وبين المفاهيم الفرعية ببعضها البعض من جانب أخر، ومثال ذلك نجد أن مفهوم التكاثر في الكائنات الحية يتم تدريسه في مقرر الصف الثالث الإعدادي دون توضيح للعلاقة بينه وبين مفهوم الانقسام الخلوي وكذلك بينه وبين مفهوم الجينات والصفات الوراثية هذا من جهة ومن جهة أخرى لم توضح العلاقة بين المفاهيم الفرعية وبعضها البعض مثل مفاهيم الانقسام الميوزي والميتوزي التي تم إضافتها مؤخراً في محتوى كتب العلوم المقررة علي الصف الثالث الإعدادي.

5- توجد مفاهيم فرعية تم إضافتها للمناهج بشكل لا يتلاءم مع المفاهيم الموجودة في الوحدة المضافة إليها، فكانت تؤدي إلى عدم الانسيابية في تناول الوحدة مثل مفاهيم الجينات السائدة

والجينات المتنحية التي تم إضافتها حديثاً في وحدة التكاثر في الكائنات الحية المقررة علي الصف الثالث الإعدادي، دون أن يتم تناولها بشكل يوضح العلاقة بينها وبين مفهوم التكاثر. وبالتالي كان من الضروري ألا يقتصر التناول على هذين المفهومين دون بقية الأنواع الأخرى للجينات حتى يمكن إعطاء صورة واضحة للعلاقة بين تلك الجينات وعملية التكاثر وربطهما معاً بمفهوم الوراثة.

6- لا يوجد توازن في توزيع المفاهيم الرئيسة والفرعية في محتوى كتب العلوم للصفوف الستة حيث تركزت المفاهيم في بعض الصفوف وأهملت في البعض الأخر، وبالتالي يجب مراعاة التوازن في توزيع المفاهيم علي الصفوف الستة بالمرحلتين الابتدائية والإعدادية.

و يرى الباحث أنه علي الرغم من أن وزارة التربية والتعليم بذلت محاولات عديدة لتضمين محتوى مناهج العلوم بالمرحلتين الابتدائية والإعدادية للمفاهيم الرئيسة والفرعية المتضمنة بمجال علم الحياة في ضوء المتطلبات المعرفية اللازمة لتطبيق مشروع التيمز (TIMSS) إلا أن ذلك يحتاج إلي دراسة علمية منظمة يمكن أن تستفيد فيها بنتائج الدراسة الحالية فيما يتعلق بالمتطلبات المعرفية لمشروع التيمز (TIMSS) لمجال علم الحياة.

ثانياً: نتائج تحليل محتوى كتب العلوم بالمرحلتين الابتدائية والإعدادية في ضوء المفاهيم الرئيسة والفرعية لمجال علم الأرض المتضمنة بقائمة المفاهيم المقترحة:

قام الباحث بتحليل محتوى كتب العلوم الاثني عشر المقررة علي (الصف الرابع- الصف الخامس- الصف السادس) بالمرحلة الابتدائية و(الصف الأول - الصف الثاني - الصف الثالث) بالمرحلة الإعدادية في ضوء المفاهيم الرئيسة والفرعية لمجال علم الأرض المتضمنة بقائمة المفاهيم المقترحة وأظهرت نتائج التحليل[1] أنه:

---

(1)   ملحق (5).

I) بالنسبة لمدى تضمين محتوى كتب العلوم للمفاهيم الرئيسة لمجال علم الأرض بقائمة المفاهيم المقترحة:

كانت نتائج التحليل كما هو مبين بالجدول التالي:

جدول (7) المفاهيم العلمية الرئيسة المتضمنة في محتوى كتب العلوم لمجال علم الأرض:

المفاهيم العلمية الرئيسة بقائمة المفاهيم المقترحة لمجال علم الأرض	مدي تضمين محتوى كتب العلوم للمفاهيم الرئيسة لمجال علم الأرض					
	الصف الرابع الابتدائي	الصف الخامس الابتدائي	الصف السادس الابتدائي	الصف الأول الإعدادي	الصف الثاني الإعدادي	الصف الثالث الإعدادي
بنية الأرض	√	-	-	√	-	√
التغيرات المناخية	-	-	-	√	-	√
الفضاء الكوني	√	-	-	√	√	-
الظواهر الكونية	-	-	-	-	√	-

يتضح من الجدول السابق أن:

- عدد المفاهيم الرئيسة التي يتضمنها محتوى كتب العلوم بالمرحلتين الابتدائية والإعدادية هي (4) مفهوماً رئيس لمجال علم الأرض، وقد ظهرت جميعها في محتوى كتب العلوم أي ما يعادل (100%) من عدد المفاهيم التي تضمنتها قائمة المفاهيم المقترحة لمجال علم الأرض.

- تركزت معظم المفاهيم في الصف الأول الإعدادي حيث بلغ (3) مفاهيم رئيسة، وكان أقلها تركيزاً في الصفوف الرابع الابتدائي والثاني والثالث الإعدادي حيث بلغ في كلاً منها (2) مفهوم رئيس.

- لم يتم تضمين محتوى كتب العلوم بالصفين الخامس والسادس الابتدائي لأي مفهوم من المفاهيم الرئيسة المقترحة.

(II) بالنسبة لمدى استمرارية المفاهيم الرئيسة المتضمنة بمجال علم الأرض في كل صف دراسي من الصفوف الستة بالمرحلتين الابتدائية والإعدادية:

يتضح من جدول (7) السابق أن:

جميع المفاهيم الرئيسة لم تتوافر فيها الاستمرارية حيث أن:

1- مفهوم (بنية الأرض) بدأت دراسته في الصف الرابع الابتدائي ولم يظهر في الصفين الخامس والسادس الابتدائي ثم بدأ ظهوره مرة أخرى في الصف الأول الإعدادي ولم يظهر مرة أخرى في الصف الثاني الإعدادي ثم ظهر مرة أخرى في الصف الثالث الإعدادي.

2- مفهوم (التغيرات المناخية) بدأت دراسته في الصف الأول الإعدادي ولم يظهر في الصف الثاني الإعدادي ثم ظهر مرة أخرى في الصف الثالث الإعدادي.

3- مفهوم (الفضاء الكوني) بدأت دراسته في الصف الرابع الابتدائي ولم يظهر في الصفين الخامس والسادس الابتدائي ثم بدأ ظهوره مرة أخرى في الصفين الأول والثاني الإعدادي ولم يظهر مرة أخرى في الصف الثالث الإعدادي.

4- مفهوم (الظواهر الكونية) لم يظهر سوى مرة واحدة وكان ذلك في الصف الثاني الإعدادي.

(III) بالنسبة لمدى تضمين محتوى كتب العلوم للمفاهيم الفرعية والبسيطة المتضمنة بمجال علم الأرض المندرجة تحت كل مفهوم رئيس:

يتضح ذلك من خلال الجدول التالي:

جدول (8) يبين النسبة عدد المفاهيم البسيطة والفرعية المتضمنة في محتوى كتب العلوم الحالي وعدد المفاهيم الفرعية والبسيطة لمجال علم الأرض بقائمة المفاهيم المقترحة:

النسبة %	عدد المفاهيم الفرعية والبسيطة المتضمنة في محتوى كتب العلوم الحالية	عدد المفاهيم الفرعيةوالبسيطة المتضمنة في قائمة المفاهيم المقترحة	المفهوم الرئيس	م
72%	102	141	بنية الأرض	1
80%	24	30	التغيرات المناخية	2
90%	45	50	الفضاء الكوني	3
49%	20	41	الظواهر الكونية	4
74%	191	262	المجموع الكلي	

يتضح من الجدول السابق أن عدد المفاهيم الفرعية والبسيطة الموجودة في قائمة المفاهيم المقترحة (262) لمجال علم الأرض، وقد ظهر منها في محتوى كتب العلوم (191) مفهوماً فرعياً وبسيطاً فقط أي ما يعادل (74%) من عدد المفاهيم الفرعية والبسيطة الواجب تضمينها في محتوى مناهج العلوم بالمرحلتين الابتدائية والإعدادية، وقد تفاوتت نسبة تضمين كل مفهوم رئيس للمفاهيم الفرعية والبسيطة حيث:

1-تم تضمين بعض المفاهيم الرئيسة للمفاهيم الفرعية والبسيطة بقائمة المفاهيم المقترحة بنسب أكثر من(80%) وهذه المفاهيم هي:

أ- الفضاء الكوني بنسبة (90%)

ب- التغيرات المناخية بنسبة (80%).

215

1- تم تضمين بعض المفاهيم الرئيسة للمفاهيم الفرعية والبسيطة بقائمة المفاهيم المقترحة بنسب منخفضة حيث بلغت عدد المفاهيم المتضمنة في مفهوم الظواهر الكونية (20) من أصل (41) بنسبة (49%).

وفي ضوء العرض السابق لنتائج تحليل محتوى كتب العلوم بالمرحلتين الابتدائية والإعدادية في ضوء المفاهيم الرئيسة والفرعية لمجال علم الأرض المتضمنة بقائمة المفاهيم المقترحة يتضح ما يلي:

1- تم تضمين محتوى كتب العلوم الحالي لجميع المفاهيم الرئيسة مما يؤكد على تحقيقه لبعض المتطلبات المعرفية اللازمة لتطبيق مشروع التيمز (TIMSS).

2- بعض الصفوف الدراسية (الصفين الخامس والسادس الابتدائي) لم يتم بها تدريس أي مفهوم من المفاهيم الرئيسة لمجال علم الأرض المتضمنة بقائمة المفاهيم المقترحة وهذا يتعارض مع المتطلبات اللازمة لتطبيق مشروع التيمز (TIMSS) في أنه يجب أن يتم تناول مجال علم الأرض في جميع الصفوف الدراسية، وهذا ما تؤكده دراسة مكتب الجودة التعليمية والمحاسبة(EQAO،2000)) والتي توصلت إلي أن مناهج العلوم يجب أن تشتمل علي المجالات الخمسة (علم الحياة - علم الأرض - علم البيئة - علم الكيمياء - علم الفيزياء) اللازم تضمينها بمحتوى مناهج العلوم في كل صف دراسي طبقاً لمتطلبات مشروع التيمز (TIMSS).

3- يوجد قصور في توافر معيار الاستمرارية في تدريس جميع المفاهيم الرئيسة حيث تم تدريس بعض المفاهيم في أحد الصفوف ولم يتم تدريسها في الصفوف التالية والبعض الآخر من المفاهيم الرئيسة تم تدريسه في أحد الصفوف ولم يدَّرس في الصف التالي ثم دُرس مرة أخرى في الصفوف التالية وهذا لا يتفق مع

معيار استمرارية المفاهيم كأحد المعايير اللازمة لتطبيق مشروع التيمز (TIMSS) وهذا ما تؤكده دراسة (أندرو،1996) ودراسة (شميدت، 2004) والذي توصلتا إلي أن مفاهيم العلوم يجب أن يتم تدريسها بشكل تراعى فيه الاستمرارية في الصفوف الأولي للتعليم مهما كانت حداثتها أو صعوبتها ولكن بعمق أقل ثم تكرر بالتدرج في العمق.

4- هناك تفاوت في تضمين محتوى كتب العلوم للمفاهيم الفرعية والبسيطة المتضمنة في قائمة المفاهيم الخاصة بمجال علم الأرض فهناك مفاهيم تم تضمينها للمفاهيم الفرعية والبسيطة مما يؤكد على تحقيقها للمتطلبات المعرفية اللازمة لتطبيق مشروع التيمز (TIMSS)، ومفاهيم أخرى لم يتم تضمينها لبعض المفاهيم الفرعية والبسيطة، وبالتالي يجب أن يتم تضمين محتوى مناهج العلوم بالمرحلتين الابتدائية والإعدادية للمفاهيم الفرعية والبسيطة اللازمة لإكساب التلاميذ لهذا المفهوم بشكل متكامل يتناسب وطبيعة التلاميذ بالمرحلتين الابتدائية والإعدادية، وهذا ما تؤكده دراسة (مجلس البحوث القومي الأمريكي،1999) والتي تؤكد على أنه مهما كان عدد الموضوعات التي تدرس فهي قليلة ودراسة (أندرو، 1996) والتي تؤكد على أن الموضوعات التي لا يتم تناولها بشكل متكامل و يتم تدريسها بشكل مجزأ لا يتوافق مع متطلبات مشروع التيمز (TIMSS)، وكذلك دراسة (William،Curtis، 1996) ودراسة (McCann، Wendy،1998) واللتان تؤكدان على أن المناهج يجب أن تكون غير متعمقة لكنها شاملة لأكثر من مفهوم في موضوعات عديدة متنوعة.

5- تضمن محتوى كتب العلوم الحالي علي بعض المفاهيم التي تفتقر إلي الربط بينها وبين المفاهيم الفرعية المندرجة فيها من جانب

وبين المفاهيم الفرعية ببعضها البعض من جانب أخر، ومثال ذلك نجد أن مفهوم (المناخ) الذي يتم تدريسه في مقرر الصف الثالث الإعدادي لم يتم توضيح للعلاقة بينه وبين المفهوم الذي بنيت عليه الوحدة الموجود فيها بعنوان (ظواهر فيزيائية في حياة الإنسان) التي تم إضافتها مؤخراً في محتوى كتب العلوم المقررة علي الصف الثالث الإعدادي.

6- لا يوجد توازن في توزيع المفاهيم الرئيسة والفرعية في محتوى كتب العلوم للصفوف الستة حيث تركزت في بعض الصفوف وأُهملت في البعض الأخر، وبالتالي يجب مراعاة التوازن في توزيع المفاهيم علي الصفوف الستة بالمرحلتين الابتدائية والإعدادية.

و يرى الباحث أنه علي الرغم من أن وزارة التربية والتعليم بذلت محاولات عديدة لتضمين محتوى مناهج العلوم بالمرحلتين الابتدائية والإعدادية للمفاهيم الرئيسة والفرعية المتضمنة بمجال علم الأرض في ضوء المتطلبات المعرفية اللازمة لتطبيق مشروع التيمز (TIMSS) إلا أن ذلك يحتاج إلي دراسة علمية منظمة يمكن أن تستفيد فيها بنتائج الدراسة الحالية فيما يتعلق بالمتطلبات المعرفية لمشروع التيمز (TIMSS) لمجال علم الأرض.

ثالثاً: نتائج تحليل محتوى كتب العلوم بالمرحلتين الابتدائية والإعدادية في ضوء المفاهيم الرئيسة والفرعية لمجال علم البيئة المتضمنة بقائمة المفاهيم المقترحة:

قام الباحث بتحليل محتوى كتب العلوم الاثني عشر المقررة علي (الصف الرابع- الصف الخامس- الصف السادس) بالمرحلة الابتدائية و(الصف الأول - الصف الثاني - الصف الثالث) بالمرحلة الإعدادية في ضوء المفاهيم الرئيسة والفرعية لمجال علم البيئة المتضمنة بقائمة المفاهيم المقترحة وأظهرت نتائج التحليل[1] أنه:

---

(1) ملحق (5).

(I) بالنسبة لمدى تضمين محتوى كتب العلوم للمفاهيم الرئيسة لمجال علم البيئة بقائمة المفاهيم المقترحة:

كانت نتائج التحليل كما هو مبين بالجدول التالي:

جدول (9) المفاهيم العلمية الرئيسة المتضمنة في محتوى كتب العلوم

لمجال علم البيئة:

المفاهيم العلمية الرئيسة بقائمة المفاهيم المقترحة لمجال علم البيئة	مدى تضمين محتوى كتب العلوم للمفاهيم الرئيسة لمجال علم البيئة					
	الصف الرابع الابتدائي	الصف الخامس الابتدائي	الصف السادس الابتدائي	الصف الأول الإعدادي	الصف الثاني الإعدادي	الصف الثالث الإعدادي
البيئة الطبيعية	√	-	-	√	-	-
التغيرات السكانية	-				-	-
الموارد البيئية	-	-	-	√	-	-
التلوث البيئي	√	-	√	√	-	√

يتضح من الجدول السابق أن:

- عدد المفاهيم الرئيسة التي يتضمنها محتوى كتب العلوم بالمرحلتين الابتدائية والإعدادية هي (3) مفهوماً رئيسا أي ما يعادل (75%) من عدد المفاهيم التي تضمنتها قائمة المفاهيم المقترحة لمجال علم البيئة، ويوجد مفهوم رئيس واحد لم يتم تضمينه في محتوى كتب العلوم وهو مفهوم (التغيرات السكانية).

- تركزت معظم المفاهيم الرئيسة في الصف الأول الإعدادي حيث بلغ (3) مفاهيم، وكان أقلها تركيزاً في الصف الثالث الإعدادي حيث بلغ مفهوم رئيس واحد.

- لم يتم تضمين محتوى كتب العلوم بالصفين الخامس الابتدائي والثاني الإعدادي لأي مفهوم من المفاهيم الرئيسة المقترحة.

(II) بالنسبة لمدى استمرارية المفاهيم الرئيسة المتضمنة بمجال علم البيئة في كل صف دراسي من الصفوف الستة بالمرحلتين الابتدائية والإعدادية:

يتضح من جدول (9) السابق أن:

جميع المفاهيم الرئيسة لم تتوافر فيها الاستمرارية حيث أن:

1- مفهوم (البيئة الطبيعية) بدأت دراسته في الصف الرابع الابتدائي ولم يظهر في الصفين الخامس والسادس الابتدائي ثم بدأ ظهوره مرة أخرى في الصف الأول الإعدادي ولم يظهر مرة أخرى في الصفين الثاني والثالث الإعدادي.

2- مفهوم (الموارد البيئية) لم يظهر سوى مرة واحدة وكان ذلك في الصف الأول الإعدادي

3- مفهوم (التلوث البيئي) بدأت دراسته في الصف الرابع الابتدائي ولم يظهر في الصف الخامس الابتدائي ثم بدأ ظهوره مرة أخرى في الصفين السادس الابتدائي والأول الإعدادي ولم يظهر مرة أخرى في الصف الثاني الإعدادي ثم ظهر مرة أخرى في الصف الثالث الإعدادي.

(III) بالنسبة لمدى تضمين محتوى كتب العلوم للمفاهيم الفرعية والبسيطة المتضمنة بمجال علم البيئة المندرجة تحت كل مفهوم رئيس:

تضح ذلك من خلال الجدول التالي:

جدول (10) يبين النسبة بين عدد المفاهيم البسيطة والفرعية المتضمنة في محتوى كتب العلوم الحالي وعدد المفاهيم الفرعية والبسيطة لمجال علم البيئة بقائمة المفاهيم المقترحة:

م	المفهوم الرئيس	عدد المفاهيم الفرعية والبسيطة المتضمنة في قائمة المفاهيم المقترحة	عدد المفاهيم الفرعية والبسيطة المتضمنة في محتوى كتب العلوم الحالية	النسبة %
1	البيئة الطبيعية	52	38	73%
2	التغيرات السكانية	29	-	صفر%
3	الموارد البيئية	24	13	54%,5
4	التلوث البيئي	29	29	72%,5
المجموع الكلي		145	80	57%

يتضح من الجدول السابق أن عدد المفاهيم الفرعية والبسيطة الموجودة في قائمة المفاهيم المقترحة (145) لمجال علم البيئة، وقد ظهر منها في محتوى كتب العلوم (80) مفهوماً فرعياً وبسيطاً فقط أي ما يعادل (57%) من عدد المفاهيم الفرعية والبسيطة الواجب تضمينها في محتوى مناهج العلوم بالمرحلتين الابتدائية والإعدادية، وقد تفاوتت نسبة تضمين كل مفهوم رئيس للمفاهيم الفرعية والبسيطة حيث:

1- تم تضمين بعض المفاهيم الرئيسة للمفاهيم الفرعية والبسيطة بقائمة المفاهيم المقترحة بنسب أكثر من(70%) وهذه المفاهيم هي:

أ- البيئة الطبيعية بنسبة (73%).

ب - التلوث البيئي بنسبة (5, 72%).

2- تم تضمين بعض المفاهيم الرئيسة للمفاهيم الفرعية والبسيطة بقائمة المفاهيم المقترحة بنسب منخفضة حيث بلغت عدد المفاهيم المتضمنة في مفهوم الموارد البيئية (13) من أصل (24) بنسبة (5, 54%).

وفي ضوء العرض السابق لنتائج تحليل محتوى كتب العلوم بالمرحلتين الابتدائية والإعدادية في ضوء المفاهيم الرئيسة والفرعية لمجال علم البيئة المتضمنة بقائمة المفاهيم المقترحة يتضح ما يلي:

1- تم تضمين محتوى كتب العلوم الحالي لجميع المفاهيم الرئيسة مما يؤكد على تحقيقه لبعض المتطلبات المعرفية اللازمة لتطبيق مشروع التيمز (TIMSS).

2- بعض الصفوف الدراسية (الصف الخامس الابتدائي والثاني الإعدادي) لم يتم بها تدريس أي مفهوم من المفاهيم الرئيسة لمجال علم البيئة المتضمنة بقائمة المفاهيم المقترحة وهذا يتعارض مع المتطلبات اللازمة لتطبيق مشروع التيمز (TIMSS) في أنه يجب أن يتم تناول مجال علم البيئة في جميع الصفوف الدراسية، وهذا ما تؤكده دراسة مكتب الجودة التعليمية والمحاسبة (EQAO،2000)) والتي توصلت إلي أن مناهج العلوم يجب أن تشتمل علي المجالات الخمسة (علم الحياة - علم الأرض - علم البيئة - علم الكيمياء - علم الفيزياء) اللازم تضمينها بمحتوى مناهج العلوم في كل صف دراسي طبقاً لمتطلبات مشروع التيمز (TIMSS).

3- يوجد قصور في توافر معيار الاستمرارية في تدريس جميع المفاهيم

الرئيسة حيث تم تدريس بعض المفاهيم في أحد الصفوف ثم لم يتم تدريسها في الصفوف التالية والبعض الآخر من المفاهيم الرئيسة تم تدريسه في أحد الصفوف ثم لم يدَّرس في الصف التالي ثم دُرس مرة أخري في الصفوف التالية وهذا لا يتفق مع معيار استمرارية المفاهيم كأحد المعايير اللازمة لتطبيق مشروع التيمز (TIMSS) وهذا ما تؤكده دراسة(أندرو،1996) ودراسة (شميدت، 2004) والتي توصلتا إلي أن مفاهيم العلوم يجب أن يتم تدريسها بشكل تراعى فيه الاستمرارية في الصفوف الأولي للتعليم مهما كانت حداثتها أو صعوبتها ولكن بعمق أقل ثم تكرر بالتدرج في العمق، وكذلك دراسة (William،Curtis، 1996) ودراسة (McCann، Wendy،1998) واللتان تؤكدان على أن المناهج يجب أن تكون غير متعمقة لكن شاملة لأكثر من مفهوم في موضوعات عديدة متنوعة.

4- يلاحظ أن بعض مفاهيم مجال علم البيئة قد يرجع سبب عدم تضمينه بمحتوى مناهج العلوم بالمرحلتين الابتدائية والإعدادية إلي أنه يتم تدريسه في فرع آخر من فروع المعرفة وهو مادة الجغرافيا إلا أن ذلك يتنافى مع متطلبات مشروع التيمز (TIMSS) والتي تؤكد على ضرورة تضمينه بمحتوى مناهج العلوم وذلك لارتباطه بمفاهيم العلوم أكثر من الفروع الأخرى للمعرفة وهذا ما تؤكده دراسة (موليس،2003).

5- هناك تفاوت في تضمين محتوى كتب العلوم للمفاهيم الفرعية والبسيطة المتضمنة في قائمة المفاهيم الخاصة بمجال علم البيئة فهناك مفاهيم تم تضمينها للمفاهيم الفرعية والبسيطة مما يؤكد على تحقيقها للمتطلبات المعرفية اللازمة لتطبيق مشروع التيمز (TIMSS)، ومفاهيم أخرى لم يتم تضمينها لبعض المفاهيم الفرعية والبسيطة، وبالتالي يجب أن يتم تضمين محتوى

مناهج العلوم بالمرحلتين الابتدائة والإعدادية للمفاهيم الفرعية والبسيطة اللازمة لإكساب التلاميذ لهذا المفهوم بشكل متكامل يتناسب وطبيعة التلاميذ بالمرحلتين الابتدائة والإعدادية.

6- لا يوجد توازن في توزيع المفاهيم الرئيسة والفرعية في محتوى كتب العلوم للصفوف الست حيث تركزت في بعض الصفوف وأُهملت في البعض الأخر، وبالتالي يجب مراعاة التوازن في توزيع المفاهيم علي الصفوف الستة بالمرحلتين الابتدائية والإعدادية.

و يرى الباحث أنه علي الرغم من أن وزارة التربية والتعليم بذلت محاولات عديدة لتضمين محتوى مناهج العلوم بالمرحلتين الابتدائية والإعدادية للمفاهيم الرئيسة والفرعية المتضمنة بمجال علم البيئة في ضوء المتطلبات المعرفية اللازمة لتطبيق مشروع التيمز (TIMSS) إلا أن ذلك يحتاج إلي دراسة علمية منظمة يمكن أن تستفيد فيها بنتائج الدراسة الحالية فيما يتعلق بالمتطلبات المعرفية لمشروع التيمز (TIMSS) لمجال علم البيئة.

رابعاً: نتائج تحليل محتوى كتب العلوم بالمرحلتين الابتدائية والإعدادية في ضوء المفاهيم الرئيسة والفرعية لمجال علم الكيمياء المتضمنة بقائمة المفاهيم المقترحة:

قام الباحث بتحليل محتوى كتب العلوم الاثني عشر المقررة علي (الصف الرابع- الصف الخامس- الصف السادس) بالمرحلة الابتدائية و(الصف الأول - الصف الثاني - الصف الثالث) بالمرحلة الإعدادية في ضوء المفاهيم الرئيسة والفرعية لمجال علم الكيمياء المتضمنة بقائمة المفاهيم المقترحة وأظهرت نتائج التحليل [1]أنه:

---

(1) ملحق (5).

(I) بالنسبة لمدى تضمين محتوى كتب العلوم للمفاهيم الرئيسة لمجال علم الكيمياء بقائمة المفاهيم المقترحة:

كانت نتائج التحليل كما هو مبين بالجدول التالي:

جدول (11) المفاهيم العلمية الرئيسة المتضمنة في محتوى كتب العلوم لمجال علم الكيمياء

المفاهيم العلمية الرئيسة بقائمة المفاهيم المقترحة لمجال علم الكيمياء	مدي تضمين محتوى كتب العلوم للمفاهيم الرئيسة لمجال علم الكيمياء					
	الصف الرابع الابتدائي	**الصف الخامس الابتدائي**	**الصف السادس الابتدائي**	**الصف الأول الإعدادي**	**الصف الثاني الإعدادي**	**الصف الثالث الإعدادي**
التغير الكيميائي	-	√	√	-	√	√
المحاليل	-	-	√	-	-	√
المخاليط	-	-	√	-	-	√

يتضح من الجدول السابق أن:

- عدد المفاهيم الرئيسة التي يتضمنها محتوى كتب العلوم بالمرحلتين الابتدائية والإعدادية هي (3) مفهوماً رئيس لمجال علم الكيمياء، وقد ظهرت جميعها في محتوى كتب العلوم أي ما يعادل (100%) من عدد المفاهيم التي تضمنتها قائمة المفاهيم المقترحة لمجال علم الكيمياء.
- تركزت جميع المفاهيم في الصفين السادس الابتدائي والثالث الإعدادي حيث بلغ في كلٍّ منه

(3) مفاهيم رئيسة، وكان أقلها تركيزاً في الصفين الخامس الابتدائي والثاني الإعدادي حيث بلغ في كلٍّ منها مفهوم رئيس واحد.

- لم يتم تضمين محتوى كتب العلوم بالصفين الرابع الابتدائي والأول الإعدادي لأي مفهوم من المفاهيم الرئيسة المقترحة.

(II) بالنسبة لمدى استمرارية المفاهيم الرئيسة المتضمنة بمجال علم الكيمياء في كل صف دراسي من الصفوف الستة بالمرحلتين الابتدائية والإعدادية:

يتضح من جدول (11) السابق أن:

جميع المفاهيم الرئيسة لم تتوافر فيها الاستمرارية حيث أن:

1- مفهوم (التغير الكيمياء) بدأت دراسته في الصفين الخامس والسادس الابتدائي ولم يظهر في الصف الأول الإعدادي ثم بدأ ظهوره مرة أخرى في الصفين الثاني والثالث الإعدادي.

2- مفهومي (المحاليل) و (المخاليط) بدأت دراستهم في الصف السادس الابتدائي ولم يتم تدريسهم في الصفين الأول والثاني الإعدادي ثم بدأ ظهوره مرة أخرى في الصف الثالث الإعدادي.

(III) بالنسبة لمدى تضمين محتوى كتب العلوم للمفاهيم الفرعية والبسيطة المتضمنة بمجال علم الكيمياء المندرجة تحت كل مفهوم رئيس:

يتضح ذلك من خلال الجدول التالي:

جدول (12) يبين النسبة بين عدد المفاهيم البسيطة والفرعية المتضمنة في محتوى كتب العلوم الحالي وعدد المفاهيم الفرعية والبسيطة لمجال علم الكيمياء بقائمة المفاهيم المقترحة:

م	المفهوم الرئيس	عدد المفاهيم الفرعية والبسيطة المتضمنة في قائمة المفاهيم المقترحة	عدد المفاهيم الفرعية والبسيطة المتضمنة في محتوى كتب العلوم الحالية	النسبة %
1	التغير الكيميائي	109	75	68% ,8
2	المحاليل	42	8	19%
3	المخاليط	21	11	52% ,3
المجموع الكلي		172	94	55%

يتضح من الجدول السابق أن عدد المفاهيم الفرعية والبسيطة الموجودة في قائمة المفاهيم المقترحة (172) لمجال علم الكيمياء، وقد ظهر منها في محتوى كتب العلوم (94) مفهوماً فرعياً وبسيطاً فقط أي ما يعادل (55%) من عدد المفاهيم الفرعية والبسيطة الواجب تضمينها في محتوى مناهج العلوم بالمرحلتين الابتدائية والإعدادية، وقد تفاوتت نسبة تضمين كل مفهوم رئيس للمفاهيم الفرعية والبسيطة حيث:

1- تم تضمين بعض المفاهيم الرئيسة للمفاهيم الفرعية والبسيطة بقائمة المفاهيم المقترحة بنسب أكثر من(65%) وهذه المفاهيم هي:

أ- التغير الكيميائي بنسبة (8, 68%).

ب- المخاليط بنسبة (3, 52%).

2- تم تضمين بعض المفاهيم الرئيسة للمفاهيم الفرعية والبسيطة بقائمة المفاهيم المقترحة بنسب منخفضة حيث بلغت عدد المفاهيم المتضمنة في مفهوم المحاليل (8) من أصل (42) بنسبة (19%).

وفي ضوء العرض السابق لنتائج تحليل محتوى كتب العلوم بالمرحلتين الابتدائية والإعدادية في ضوء المفاهيم الرئيسة والفرعية لمجال علم الكيمياء المتضمنة بقائمة المفاهيم المقترحة يتضح ما يلي:

1- تم تضمين محتوى كتب العلوم الحالي لجميع المفاهيم الرئيسة مما يؤكد على تحقيقه لبعض المتطلبات المعرفية اللازمة لتطبيق مشروع التيمز (TIMSS).

2- بعض الصفوف الدراسية (الصفين الرابع الابتدائي والأول الإعدادي) لم يتم بها تدريس أي مفهوم من المفاهيم الرئيسة لمجال علم الكيمياء المتضمنة بقائمة المفاهيم المقترحة وهذا يتعارض مع المتطلبات اللازمة لتطبيق مشروع التيمز (TIMSS) في أنه يجب أن يتم تناول مجال علم الكيمياء في جميع الصفوف الدراسية، وهذا ما تؤكده دراسة مكتب الجودة التعليمية والمحاسب (EQAO،2000) والتي توصلت إلي أن مناهج العلوم يجب أن تشتمل علي المجالات الخمسة (علم الحياة - علم الأرض - علم البيئة - علم الكيمياء - علم الفيزياء) اللازم تضمينها لمحتوى مناهج العلوم في كل صف دراسي طبقاً لمتطلبات مشروع التيمز (TIMSS).

3- يوجد قصور في توافر معيار الاستمرارية في تدريس بعض المفاهيم الرئيسة حيث تم تدريس بعض المفاهيم في أحد الصفوف ثم لم يتم تدريسها في الصفوف التالية والبعض الآخر من المفاهيم الرئيسة تم تدريسه في أحد الصفوف ثم لم يـدَّرس في الصف التالي ثم دُرس مرة أخرى في الصفوف التالية وهذا لا يتفق مع معيار استمرارية المفاهيم كأحد المعايير اللازمة لتطبيق مشروع التيمز (TIMSS) وهذا ما تؤكده دراسة (أنـدرو،1996) ودراسـة (شميدت، 2004) التي توصلتا إلي أن مفاهيم العلوم يجب أن

يتم تدريسها بشكل تراعى فيه الاستمرارية في الصفوف الأولى للتعليم مهما كانت حداثتها أو صعوبتها ولكن بعمق أقل ثم تكرر بالتدرج في العمق.

4- هناك تفاوت في تضمين محتوى كتب العلوم للمفاهيم الفرعية والبسيطة المتضمنة في قائمة المفاهيم الخاصة بمجال علم الكيمياء فهناك مفاهيم تم تضمينها للمفاهيم الفرعية والبسيطة مما يؤكد على تحقيقها للمتطلبات المعرفية اللازمة لتطبيق مشروع التيمز (TIMSS)، ومفاهيم أخرى لم يتم تضمينها لبعض المفاهيم الفرعية والبسيطة، وبالتالي يجب أن يتم تضمين محتوى مناهج العلوم بالمرحلتين الابتدائية والإعدادية للمفاهيم الفرعية والبسيطة اللازمة لإكساب التلاميذ لهذا المفهوم بشكل متكامل يتناسب وطبيعة التلاميذ بالمرحلتين الابتدائية والإعدادية،وهذا ما تؤكده دراسة (مجلس البحوث القومي الأمريكي،1999)، والتي تؤكد على أنه مهما كان عدد الموضوعات التي تدرس فهي قليلة ودراسة (أندرو، 1996) والتي تؤكد على أن الموضوعات التي لا يتم تناولها بشكل متكامل و يتم تدريسها بشكل مجزأ لا يتوافق مع متطلبات مشروع التيمز (TIMSS)، وكذلك دراسة(William،Curtis،1996) ودراسة (McCann،Wendy،1998) واللتان تؤكدان على أن المناهج يجب أن تكون غير متعمقة لكن شاملة لأكثر من مفهوم في موضوعات عديدة متنوعة.

5- تضمن محتوى كتب العلوم الحالي علي بعض المفاهيم الرئيسة التي تفتقر إلي الربط بينها وبين المفاهيم الفرعية المندرجة فيها من جانب وبين المفاهيم الفرعية ببعضها البعض من جانب أخر، ومثال ذلك نجد أن مفهوم التغيرات الكيميائية يتم تدريسه في مقرر الصف الثالث الإعدادي دون توضيح للعلاقة بينه

وبين مفاهيم التفاعلات الكيميائية الحرارية وكذلك بينه وبين مفهوم قوانين الاتحاد الكيميائي هذا من جهة ومن جهة أخرى لم توضيح العلاقة بين المفاهيم الفرعية وبعضها البعض مثل مفاهيم قانون بقاء الطاقة و القانون الأول للديناميكا الحرارية التي تم إضافتها مؤخراً في محتوى كتب العلوم المقررة علي الصف الثالث الإعدادي.

6- لا يوجد توازن في توزيع المفاهيم الرئيسة والفرعية في محتوى كتب العلوم للصفوف الستة حيث تركزت في بعض الصفوف وأُهملت في البعض الأخر، وبالتالي يجب مراعاة التوازن في توزيع المفاهيم علي الصفوف الستة بالمرحلتين الابتدائية والإعدادية.

و يرى الباحث أنه علي الرغم من أن وزارة التربية والتعليم بذلت محاولات عديدة لتضمين محتوى مناهج العلوم بالمرحلتين الابتدائية والإعدادية للمفاهيم الرئيسة والفرعية المتضمنة بمجال علم الكيمياء في ضوء المتطلبات المعرفية اللازمة لتطبيق مشروع التيمز (TIMSS) إلا أن ذلك يحتاج إلي دراسة علمية منظمة يمكن أن تستفيد فيها بنتائج الدراسة الحالية فيما يتعلق بالمتطلبات المعرفية لمشروع التيمز (TIMSS) لمجال علم الكيمياء.

خامساً: نتائج تحليل محتوى كتب العلوم بالمرحلتين الابتدائية والإعدادية في ضوء المفاهيم الرئيسة والفرعية لمجال علم الفيزياء المتضمنة بقائمة المفاهيم المقترحة:

قام الباحث بتحليل محتوى كتب العلوم الاثني عشر المقررة علي (الصف الرابع- الصف الخامس- الصف السادس) بالمرحلة الابتدائية و(الصف الأول - الصف الثاني - الصف الثالث) بالمرحلة الإعدادية في ضوء المفاهيم الرئيسة والفرعية لمجال علم الفيزياء المتضمنة بقائمة المفاهيم المقترحة وأظهرت نتائج التحليل [1] أنه:

---

(1)   ملحق (5).

(I) بالنسبة لمدى تضمين محتوى كتب العلوم للمفاهيم الرئيسة لمجال علم الفيزياء بقائمة المفاهيم المقترحة:

كانت نتائج التحليل كما هو مبين بالجدول التالي:

جدول (13) المفاهيم العلمية الرئيسة المتضمنة في محتوى كتب العلوم لمجال علم الفيزياء:

	مدى تضمين محتوى كتب العلوم للمفاهيم الرئيسة لمجال علم الفيزياء					المفاهيم العلمية الرئيسة بقائمة المفاهيم المقترحة لمجال علم الفيزياء
الصف الثالث الإعدادي	الصف الثاني الإعدادي	الصف الأول الإعدادي	الصف السادس الابتدائي	الصف الخامس الابتدائي	الصف الرابع الابتدائي	
√	√	√	√	√	√	المادة
√	√	√	√	√	-	الطاقة
√	-	√	-	-	-	الحركة

يتضح من الجدول السابق أن:

- عدد المفاهيم الرئيسة التي يتضمنها محتوى كتب العلوم بالمرحلتين الابتدائية والإعدادية هي (3) مفاهيم رئيسة لمجال علم الفيزياء، وقد ظهرت جميعها في محتوى كتب العلوم أي ما يعادل (100%) من عدد المفاهيم التي تضمنتها قائمة المفاهيم المقترحة لمجال علم الفيزياء.

- تركزت معظم المفاهيم الرئيسة في الصفين الأول والثالث الإعدادي حيث بلغ (3) مفاهيم، وكان أقلها تركيزاً في الصف الرابع الابتدائي حيث بلغ مفهوماً رئيساً واحداً.

(II) بالنسبة لمدى استمرارية المفاهيم الرئيسة المتضمنة بمجال علم الفيزياء في كل صف دراسي من الصفوف الستة بالمرحلتين الابتدائية والإعدادية:

يتضح من جدول (13) السابق أن:

1- توافرت الاستمرارية في بعض المفاهيم وهي:

أ- مفهوم (المادة) الذي بدأت دراسته في الصف الرابع الابتدائي وحتي الصف الثالث الإعدادي.

ب- مفهوم (الطاقة) الذي بدأت دراسته في الصف الخامس الابتدائي وحتي الصف الثالث الإعدادي.

2- بعض المفاهيم الرئيسة لم تتوافر فيها الاستمرارية وهي مفهوم (الحركة) حيث بدأت دراسته في الصف الأول الإعدادي ولم يظهر في الصف الثاني الإعدادي ثم بدأ ظهوره مرة أخرى في الصف الثالث الإعدادي.

(III) بالنسبة لمدى تضمين محتوى كتب العلوم للمفاهيم الفرعية والبسيطة المتضمنة بمجال علم الفيزياء المندرجة تحت كل مفهوم رئيس:

يتضح ذلك من خلال الجدول التالي:

جدول (14) يبين النسبة بين عدد المفاهيم البسيطة والفرعية المتضمنة في محتوى كتب العلوم الحالي وعدد المفاهيم الفرعية والبسيطة لمجال علم الفيزياء بقائمة المفاهيم المقترحة:

النسبة %	عدد المفاهيم الفرعية والبسيطة المتضمنة في محتوى كتب العلوم الحالية	عدد المفاهيم الفرعية والبسيطة المتضمنة في قائمة المفاهيم المقترحة	المفهوم الرئيس	م
62%,2	84	135	المادة	1
83%	345	416	الطاقة	2
71%	44	62	الحركة	3
76%	473	623	المجموع الكلي	

يتضح من الجدول السابق أن عدد المفاهيم الفرعية والبسيطة الموجودة في قائمة المفاهيم المقترحة (623) لمجال علم الفيزياء، وقد ظهر منها في محتوى كتب العلوم (473) مفهوماً فرعياً وبسيطاً فقط أي ما يعادل (76%) من عدد المفاهيم الفرعية والبسيطة الواجب تضمينها في محتوى مناهج العلوم بالمرحلتين الابتدائية والإعدادية، وقد تفاوتت نسبة تضمين كل مفهوم رئيس للمفاهيم الفرعية والبسيطة حيث:

1- تم تضمين بعض المفاهيم الرئيسة للمفاهيم الفرعية والبسيطة بقائمة المفاهيم المقترحة بنسب أكثر من(70%) وهذه المفاهيم هي:

أ- الطاقة بنسبة (83%).

ب- الحركة بنسبة (71%).

2- تم تضمين بعض المفاهيم الرئيسة للمفاهيم الفرعية والبسيطة بقائمة المفاهيم المقترحة بنسب متوسطة حيث بلغت عدد المفاهيم المتضمنة في مفهوم المادة (84) مفهوم من أصل (135) مفهوم بنسبة (62%,2).

وفي ضوء العرض السابق لنتائج تحليل محتوى كتب العلوم بالمرحلتين الابتدائية والإعدادية في ضوء المفاهيم الرئيسة والفرعية لمجال علم الفيزياء المتضمنة بقائمة المفاهيم المقترحة يتضح ما يلي:

1- تم تضمين محتوى كتب العلوم الحالي لجميع المفاهيم الرئيسة مما يؤكد على تحقيقه لبعض المتطلبات اللازمة لتطبيق مشروع التيمز (TIMSS).

2- يوجد قصور في توافر معيار الاستمرارية في تدريس بعض المفاهيم الرئيسة حيث تم تدريس بعض المفاهيم في أحد الصفوف ثم لم يتم تدريسها في الصفوف التالية والبعض الآخر من المفاهيم الرئيسة تم تدريسه في أحد الصفوف ثم لم يدَّرس في الصف التالي ثم دُرس مرة أخرى في الصفوف التالية وهذا لا يتفق مع معيار استمرارية المفاهيم كأحد المعايير اللازمة لتطبيق مشروع التيمز (TIMSS) وهذا ما تؤكده دراسة(أندرو،1996) ودراسة (شميدت، 2004) واللتان توصلتا إلي أن مفاهيم العلوم يجب أن يتم تدريسها بشكل تراعى فيه الاستمرارية في الصفوف الأولي للتعليم مهما كانت حداثتها أو صعوبتها ولكن بعمق أقل ثم تكرر بالتدرج في العمق.

3- هناك تفاوت في تضمين محتوى كتب العلوم للمفاهيم الفرعية والبسيطة المتضمنة في قائمة المفاهيم الخاصة بمجال علم الفيزياء وهذا يؤدي إلى عدم تدريس المفاهيم الرئيسة بشكل متكامل مما يؤدي إلي نقص الخبرات المعرفية المتعلمة من جانب التلاميذ، فهناك مفاهيم لم يتم تضمينها لبعض المفاهيم الفرعية والبسيطة، وبالتالي يجب أن يتم تضمين محتوى مناهج العلوم بالمرحلتين الابتدائية والإعدادية للمفاهيم الفرعية والبسيطة اللازمة لإكساب التلاميذ لهذا المفهوم بشكل متكامل يتناسب

والنمو العقلي والمعرفي للتلاميذ في هاتين المرحلتين، وهذا ما تؤكده دراسة (مجلس البحوث القومي الأمريكي،1999) والتي تؤكد على أنه مهما كان عدد الموضوعات التي تدرس فهي قليلة ودراسة (أندرو، 1996) والتي تؤكد على أن الموضوعات التي لا يتم تناولها بشكل متكامل و يتم تدريسها بشكل مجزأ لا يتوافق مع متطلبات مشروع التيمز (TIMSS)، وكذلك دراسة (William،Curtis،1996)، ودراسة (McCann، Wendy،1998) واللتان تؤكدان على أن المناهج يجب أن تكون غير متعمقة لكن شاملة لأكثر من مفهوم في موضوعات عديدة متنوعة.

4- تضمن محتوى كتب العلوم الحالي علي بعض المفاهيم الرئيسة التي تفتقر إلي الربط بينها وبين المفاهيم الفرعية المندرجة فيها من جانب وبين المفاهيم الفرعية ببعضها البعض من جانب أخر، ويظهر ذلك في الوحدة الثالثة (ظواهر فيزيائية في حياة الإنسان) المقررة على الصف الثالث الإعدادي والتي تشتمل علي مجموعة من المفاهيم المنفصلة الغير مرتبطة مع بعضها البعض، ومثال ذلك مفاهيم قوة الطفو والسرعة والمناخ ونظرية الحركة الجزيئية.

5- توجد مفاهيم فرعية تم إضافتها للمناهج بشكل لا يتلاءم مع المفاهيم الموجودة في الوحدة المضافة إليها، فكانت تؤدي إلى عدم الانسيابية في تناول الوحدة مثل مفاهيم الماء - خواص الماء - الخواص الفيزيائية للماء - كثافة الماء والتي تم إضافتها حديثاً في وحدة التفاعلات الكيميائية المقررة علي الصف الثالث الإعدادي، دون أن يتم تناولها بشكل يوضح العلاقة بينها وبين مفهوم التغير الكيميائي. وبالتالي كان من الضروري أن يتم إعطاء هده المفاهيم بشكل يبرز العلاقة بينها وبين مفهوم

التفاعل الكيميائي من خلال بعض الموضوعات الأخرى كتنقية المياه، عسر الماء، حتى يمكن إعطاء صورة واضحة للعلاقة بين تلك المفاهيم ومفهوم التفاعل الكيميائي.

6- لا يوجد توازن في توزيع المفاهيم الرئيسة والفرعية في محتوى كتب العلوم للصفوف الستة حيث تركزت في بعض الصفوف وأُهملت في البعض الأخر، وبالتالي يجب مراعاة التوازن في توزيع المفاهيم علي الصفوف الستة بالمرحلتين الابتدائية والإعدادية.

و يرى الباحث أنه علي الرغم من أن وزارة التربية والتعليم بذلت محاولات عديدة لتضمين محتوى مناهج العلوم بالمرحلتين الابتدائية والإعدادية للمفاهيم الرئيسة والفرعية المتضمنة بمجال علم الفيزياء في ضوء المتطلبات المعرفية اللازمة لتطبيق مشروع التيمز (TIMSS) إلا أن ذلك يحتاج إلي دراسة علمية منظمة يمكن أن تستفيد فيها بنتائج الدراسة الحالية فيما يتعلق بالمتطلبات المعرفية لمشروع التيمز (TIMSS) لمجال علم الفيزياء.

الفصل السادس

خاتمة البحث

ملخص البحث:

مقدمة

تعّد مناهج العلوم من أهم المناهج التي تحتاج إلي التقويم المستمر حيث أنها أحد المجالات الهامة التي يعتاد فيها الفرد التفكير السليم الذي يستخدمه في الرقي بطريقة معيشته في الحياة وفي حل مشاكله وفي تسير الظواهر العلمية واستغلالها لمنفعته عن طريق التطبيق العلمي والعملي لهذا التفكير والذي يعتبر تعلم العلوم أداة له، الأمر الذي يدعو إلي النظر لكل ما هو جديد مما يدور من حولنا من متغيرات إيجابية تفيد في تطوير التعليم القادر علي إعداد جيل له القدرة علي صنع مستقبل أفضل مبني علي علم، فكر، ابتكار وإبداع.

لذا قامت مصر متمثلة في وزارة التربية والتعليم بالاشتراك في المنظمة العالمية لتقييم الإنجاز التعليمي، لتستفيد بما تقدمه من برامج ومشاريع لتطوير التعليم والتعلم، ومن أهمها مشروع التيمز الذي بدأت المنظمة تطبيقه لأول مرة عام 1995 م ثم عام 1999م، لكن مصر لم تشارك في هاتين المرتين بسبب انضمامها المتأخر لهذه المنظمة. وكانت المرة الثالثة لتطبيق هذا المشروع عام 2003م والتي شاركت مصر فيها علي مستوى الصف الثالث الإعدادي فقط.

أهداف البحث

يهدف البحث الحالي إلى ما يلي:

1ـ إعداد قائمة بالمفاهيم العلمية الرئيسة والفرعية اللازم تضمينها بمحتوى مناهج العلوم بالمرحلتين الابتدائية والإعدادية في ضوء المتطلبات المعرفية اللازمة لتطبيق مشروع التيمز.

2ـ تحليل محتوى مناهج العلوم بالمرحلتين الابتدائية والإعدادية في ضوء قائمة المفاهيم العلمية المقترحة وتحديد جوانب القوة والضعف فيها.

3ـ إعداد قائمة مفاهيم خاصة لكل صف دراسي من الصفوف الستة بالمرحلتين الابتدائية والإعدادية.

4- إعداد المحتوى العلمي لأحد المفاهيم الرئيسة المتضمنة في قائمة المفاهيم العامة للصفوف الستة بالمرحلتين الابتدائية والإعدادية في ضوء المتطلبات المعرفية اللازمة لتطبيقات مشروع التيمز وفي ضوء معايير صياغة المحتوى وتنظيمه.

أهمية البحث

ترجع أهمية البحث الحالي إلى ما يلي:

1- يعد استجابة لحركات إصلاح التعليم من منظور مشروع التيمز.

2- يساعد معلمي وموجهي ومخططي مناهج العلوم في التعرف على مشروع التيمز ومتطلباته.

3- يلقى الضوء على مدى تضمين محتوى مناهج العلوم بالمرحلتين الابتدائية والإعدادية لقائمة المفاهيم العلمية الرئيسة والفرعية اللازمة لتطبيق مشروع التيمز والخاصة بمجالات (علم الحياة، علم الأرض، علم البيئة، علم الفيزياء، علم الكيمياء).

4 يمّد مخططي مناهج العلوم بقائمة المفاهيم العلمية الرئيسة والفرعية لمجالات (علم الحياة، علم الأرض،علم البيئة، علم الفيزياء، علم الكيمياء) اللازم تضمينها بمحتوى مناهج العلوم بالمرحلتين الابتدائية والإعدادية في ضوء مشروع التيمز.

5- يزود مخططي المناهج بتصور مقترح لبناء المحتوى العلمي لأحد المفاهيم الرئيسة المتضمنة في قائمة المفاهيم العامة للصفوف الست بالمرحلتين الابتدائية والإعدادية في ضوء المتطلبات المعرفية اللازمة لتطبيقات مشروع التيمز وفي ضوء معايير صياغة المحتوى وتنظيمه.

مشكلة البحث

أن محتوى كتب العلـوم بالمرحلتين الابتدائية والإعدادية لا يتضمن بعض المفاهيم العلمية الرئيسة والفرعية اللازمة لتطبيق مشروع التيمز(TIMSS) في مجالات (علم الحياة، علم الأرض، علم البيئة، علم الفيزياء، علم الكيمياء).

ومن هنا يمكن تحديد مشكلة البحث في التساؤل الرئيس التالي:

"ما التصور المقترح لشبكة مفاهيم تتضمن المفاهيم العلمية الرئيسة والفرعية التي يجب أن يتضمنها محتوى مناهج العلـوم بالمرحلتين الابتدائية والإعدادية في ضوء المتطلبات المعرفية لمشروع التيمز في مجالات (علـم الحياة، علـم الأرض، علـم البيئة، علم الفيزياء، علـم الكيمياء)؟ "

وتتم دراسة هذه المشكلة من خلال الأسئلة الفرعية التالية:

1- ما المفاهيم العلمية الرئيسة التي يجب أن يتضمنها محتوى مناهج العلـوم بالمرحلتين الابتدائية والإعدادية اللازمة لتطبيق مشروع التيمز في مجالات (علم الحياة، علم الأرض، علم البيئة، علم الفيزياء، علم الكيمياء)؟

2- كيف يمكن الربط والتكامل أفقياً ورأسياً بين المفاهيم العلمية الرئيسة والفرعية في المجالات المعرفية (علم الحياة، علم الأرض، علم البيئة، علم الفيزياء، علم الكيمياء) في ضوء مشروع التيمز؟

3- ما مدى تضمين محتوى مناهج العلوم بالمرحلتين الابتدائية والإعدادية لقائمة المفاهيم المقترحة في ضوء مشروع التيمز؟

4- ما التصور المقترح لتوزيع قائمة المفاهيم العامة علي الصفوف الدراسية الست بالمرحلتين الابتدائية والإعدادية؟

5- ما التصور المقترح لمحتوى أحد المفاهيم الرئيسة المتضمنة في قائمة المفاهيم العامة للصفوف الستة بالمرحلتين الابتدائية والإعدادية في ضوء المتطلبات المعرفية لمشروع التيمز؟

وللإجابة عن الأسئلة السابقة أشتمل الإطار النظري للبحث على ما يلي:

1- أهمية مشروع التيمز

2- فلسفة مشروع التيمز

3- أهداف مشروع التيمز

4- مكونات مشروع التيمز:

- التقييمات.

- دراسات شريط الفيديو.

- الاستبيانات.

- دراسة حالة.

- دراسات معيارية إقليمية.

240

- دراسة المنهج.

5- منهج مشروع التيمز:

- المنهج المقصود.

- المنهج المنفذ.

- المنهج المكتسب.

6- مجالات مشروع التيمز:

أ- مجال محتوى العلوم.

ويشتمل علي خمس مجالات فرعية وهي:

- مجال علم الحياة.

- مجال علم البيئة.

- مجال علم ألأرض.

- مجال علم الكيمياء.

- مجال علم الفيزياء.

ب- مجال العمليات المعرفية للعلوم:

ويشتمل علي ثلاث مجالات فرعية وهي:

- مجال المعرفة الواقعية للعلوم.

- مجال الفهم المنظم علي أساس المفاهيم.

- مجال الاستدلال والتحليل.

ج- مجال الاستقصاء العلمي.

7- مدى صلاحية بيانات مشروع التيمز للمقارنات العالمية.

8- أوجه الاختلاف بين مشروع التيمز في الأعوام (1995- 1999 – 2003 م)

9- الانتقادات الموجهة لمشروع التيمز

10- حركات إصلاح تعليم العلوم حول العالم:

- حركة إصلاح التربية العلمية في ضوء التفاعل بين العلم والتكنولوجيا والمجتمع

- مشروع 2061 «العلم لكل الأمريكيين»

- مشروع «المجال، التتابع والتنسيق» .

- المعايير القومية للتربية العلمية.

- البرنامج العالمي لتقييم الطلاب.

- التقييم القومي للتقدم التعليمي.

إجراءات البحث

أولاً: للإجابة عن السؤال الأول من أسئلة البحث وهو:

"ما المفاهيم العلمية الرئيسة التي يجب أن يتضمنها محتوى مناهج العلوم بالمرحلتين الابتدائية والإعدادية اللازمة لتطبيق مشروع التيمز في مجالات (علم الحياة، الأرض، البيئة، الفيزياء، والكيمياء)؟ "

يتم ذلك عن طريق:

1- إعداد قائمة بالمفاهيم العلمية الرئيسة التي يجب أن يتضمنها محتوى مناهج العلوم بالمرحلتين الابتدائية والإعدادية في ضوء المتطلبات المعرفية لمشروع التيمز في مجالات (علم الحياة،

علـــم الأرض، علـــم البيئـــة، علـــم الفيزيـــاء، علـــم الكيميـــاء) وذلـــك مـــن المصـــادر التاليـــة:

أ-فحص ما تنشره المنظمة العالمية لتقييم الإنجاز التعليمي على شبكة الإنترنت عن نتائج تطبيق مشروع التيمز وما يجب أن يتضمنه من مفاهيم علمية.

ب- من خلال استطلاعات الرأي التي تقوم بها المنظمة العالمية لتقييم الإنجاز التعليمي على المعلمين لتحديد مدى تضمين بعض المفاهيم العلمية اللازمة لتطبيق مشروع التيمز في محتوى مناهج العلوم التي يقومون بتدريسها.

جـ - فحص أسئلة امتحانات مشروع التيمز التي تطبق محلياً وعالمياً للتعرف على المفاهيم العلمية الواردة في هذه الامتحانات.

2- باستخدام تحليل المفهوم يتم تحليل كل مفهوم من المفاهيم العلمية الرئيسة لتحديد المفاهيم الفرعية والمساعدة اللازمة لتدريس هذا المفهوم.

3- عرض هذا التحليل على مجموعة من المحكمين والمتخصصين في مجال المناهج وطرق تدريس العلوم للتأكد من صدق هذا التحليل.

4- إجراء التعديلات في ضوء أراء المحكمين ووضعها في صورتها النهائية.

ثانياً: للإجابة عن السؤال الثاني من أسئلة البحث وهو:

"كيف يمكن الربط والتكامل أفقياً ورأسياً بين المفاهيم العلمية الرئيسة والفرعية في المجالات المعرفية (علم الحياة، علـم الأرض، علـم البيئة، علـم الفيزياء، علـم الكيمياء) في ضوء مشروع التيمز؟"

يتم ذلك عن طريق:

1- الربط والتكامل بين المفاهيم الرئيسة والفرعية ذات العلاقة في المجالات الخمسة (علم الحياة، علم الأرض، علم البيئة، علم الفيزياء، علم الكيمياء) في صورة شبكة مفاهيم يتضح فيه التكامل أفقياً ورأسياً بين هذه المفاهيم.

2- وضع تصور عام لشبكة المفاهيم التي يجب أن يتضمنها محتوى مناهج العلوم بالمرحلتين الابتدائية والإعدادية في ضوء المتطلبات المعرفية اللازمة لتطبيق مشروع التيمز .

3- عرض هذه الشبكة على مجموعة من المحكمين والمتخصصين في مجال المناهج وطرق تدريس العلوم والتربية العلمية.

4- إجراء التعديلات في ضوء أراء المحكمين ووضعها في صورتها النهائية.

ثالثاً: للإجابة عن السؤال الثالث من أسئلة البحث وهو:

"ما مدى تضمين محتوى مناهج العلوم بالمرحلتين الابتدائية والإعدادية لقائمة المفاهيم المقترحة في ضوء مشروع التيمز؟ "

يتم ذلك عن طريق:

1- تحليل محتوى كتب العلوم الحالي من الصف الرابع الابتدائي وحتى الصف الثالث الإعدادي بجمهورية مصر العربية، وعددها (12) كتاباً بواقع كتابين بكل صف دراسي بالمرحلتين الابتدائية والإعدادية في ضوء قائمة المفاهيم المقترحة وتحديد جوانب القوة والضعف في محتوى هذه المناهج.

2- يقوم أحد الزملاء بتحليل محتوى كتب العلوم السابقة في ضوء قائمة المفاهيم المقترحة.

3- يتم حساب نسب الاتفاق بين المحللين الاثنين.

4- يتم جمع البيانات وتحليلها في جداول ومعالجتها إحصائيا.

5- تفسير النتائج ومناقشتها.

رابعاً: للإجابة عن السؤال الرابع من أسئلة البحث وهو:

"ما التصور المقترح لتوزيع قائمة المفاهيم العامة علي الصفوف الدراسية الستة بالمرحلتين الابتدائية والإعدادية؟"

يتم ذلك عن طريق:

1- توزيع قائمة المفاهيم الرئيسة على الصفوف الست بالمرحلتين الابتدائية والإعدادية بحيث يكون هناك قائمة مفاهيم خاصة بكل صف دراسي.

2- عرض هذا التوزيع على مجموعة من المحكمين والمتخصصين في مجال المناهج وطرق تدريس العلوم.

4- إجراء التعديلات في ضوء أراء المحكمين ووضعه في صورته النهائية.

خامساً: للإجابة عن السؤال الخامس من أسئلة البحث وهو:

"ما التصور المقترح لمحتوى أحد المفاهيم الرئيسة المتضمنة في قائمة المفاهيم العامة للصفوف الستة بالمرحلتين الابتدائية والإعدادية في ضوء المتطلبات المعرفية اللازمة لتطبيقات مشروع التيمز؟"

يتم ذلك عن طريق:

1-اختيار أحد المفاهيم الرئيسة من قائمة المفاهيم الرئيسة المقترحة وإعداد المحتوى العلمي لها بحيث يتضح فيها معايير صياغة المحتوى وتنظيمه بما يتفق والمتطلبات المعرفية اللازمة لتطبيق مشروع التيمز.

245

2- عرض محتوى الوحدة المقترحة على مجموعة من المحكمين والمتخصصين في مجال المناهج وطرق تدريس العلوم.

3- إجراء التعديلات ووضعها في صورتها النهائية.

وللوصول لذلك استخدم الباحث (المنهج الوصفي التحليلي) وذلك من خلال وصف نتائج الدراسات التي تمت في مجال تطبيق مشروع التيمز علي الدول المشاركة، وتحديد المفاهيم العلمية الرئيسة والفرعية لكل مجال من مجالات محتوى مناهج العلوم بالمرحلتين الابتدائية والإعدادية في ضوء متطلبات مشروع التيمز والخاصة بمجالات (علم الحياة، علم الأرض، علم البيئة، علم الفيزياء، علم الكيمياء)، ثم وضع هذه المفاهيم في صورة شبكة مفاهيم وتحليل محتوى كتب العلوم للصفوف الستة (الرابع الابتدائي - الخامس الابتدائي - السادس الابتدائي - الأول الإعدادي - الثاني الإعدادي - الثالث الإعدادي) في ضؤها.

نتائج البحث

1- خرج البحث بقائمة المفاهيم العلمية الرئيسة التي يجب أن يتضمنها محتوى مناهج العلوم بالمرحلتين الابتدائية والإعدادية في ضوء المتطلبات المعرفية لمشروع التيمز في مجالات (علم الحياة، علم الأرض، علم البيئة، علم الفيزياء، علم الكيمياء).

2- أظهرت نتائج تحليل المحتوى أن هناك قصوراً في محتوى كتب العلوم المقررة حالياً على الصفوف الستة بالمرحلتين الابتدائية والإعدادية بمصر وذلك عند مقارنتها مع القائمة المقترحة،

وقد تمثل ذلك في:

-عدم وجود بعض المفاهيم العلمية الرئيسة في محتوى الكتب المقررة حالياً مثل مفهوم التطور في الكائنات الحية والتنسيق الهرموني والتغيرات السكانية.

-عدم وجود بعض المفاهيم العلمية الفرعية والمساعدة في محتوى الكتب المقررة حالياً.

-يوجد قصور في توافر معيار الاستمرارية في تدريس بعض المفاهيم الرئيسة حيث تم تدريس بعض المفاهيم في أحد الصفوف ثم لم يتم تدريسها في الصفوف التالية والبعض الآخر من المفاهيم الرئيسة تم تدريسه في أحد الصفوف ثم لم يدَّرس في الصف التالي ثم دُرس مرة أخرى في الصفوف التالية وهذا لا يتفق مع معيار استمرارية المفاهيم كأحد المعايير اللازمة لتطبيق مشروع التيمز (TIMSS).

-عدم ملائمة مستوى المفهوم لطبيعة المرحلتين الابتدائية والإعدادية وللتطور المعرفي والتكنولوجي الهائل.

1- داد قائمة مفاهيم خاصة بكل صف دراسي من الصفوف الستة بالمرحلتين الابتدائية والإعدادية.

2- إعداد المحتوى العلمي لمحتوى أحد شبكات المفاهيم الفرعية المتضمنة في شبكة المفاهيم العامة للصفوف الست بالمرحلتين الابتدائية والإعدادية في ضوء المتطلبات المعرفية اللازمة لتطبيقات مشروع التيمز وفي ضوء معايير صياغة المحتوى وتنظيمه وقد اختار الباحث مفهوم (المحاليل) لبناء هذه الوحدة.

ومن نتائج البحث يمكن القول بأن قائمة المفاهيم المقترحة لمحتوى مناهج العلوم بالمرحلتين الابتدائية والإعدادية صالحة لتطبيق المتطلبات المعرفية لمشروع التيمز.

وفي ضوء نتائج البحث تم وضع برنامج تدريبي لمعلمي العلوم بالمرحلتين الابتدائية والإعدادية لتحقيق المتطلبات المعرفية لمشروع التيمز.

توصيات البحث ومقترحاته:

في ضوء ما تم من إجراءات وما انتهى إليه البحث من نتائج، يوصى الباحث بما يلي:

1- أن يتم تضمين محتوى كتب العلوم بالمرحلتين الابتدائية والإعدادية للمفاهيم الرئيسة والفرعية بقائمة المفاهيم المقترحة.

2- أن يتم توزيع المفاهيم على الصفوف الدراسية الستة من الصف الرابع الابتدائي وحتى الصف الثالث الإعدادي بشكل يراعى فيه تدرج المفهوم وملائمة مستواه مع النمو العقلي للتلاميذ بكل صف دراسي.

3- أن تتم مراعاة استمرارية تدريس المفهوم علي الصفوف الستة بالمرحلتين الابتدائية والإعدادية بحيث لا يتم تدريس مفهوم ما في أحد الصفوف ثم ينقطع تدريسه في الصفوف التالية.

4- أن تتم مراجعة المنهج باستمرار حتى يكون مسايراً للاتجاهات الحديثة بحيث يتم تقويم محتوى كتب العلوم المدرسية بصفة دورية في حدود خمس سنوات وتطويرها في ضوء ما تسفر عنه نتائج التقويم.

5- أن يتم توفير الوسائل التعليمية من أجهزة، وأدوات، ومعامل، وأفلام تعليمية، وكتب ومراجع علمية لتدريس شبكة المفاهيم العلمية الرئيسة والفرعية المقترحة اللازم تضمينها بمحتوى مناهج العلوم بالمرحلتين الابتدائية والإعدادية في ضوء المتطلبات المعرفية اللازمة لتطبيق مشروع التيمز (TIMSS)، وتدريب المعلم على استخدامها، واستخدام الإمكانيات المتاحة في البيئة التي يعيش فيها التلميذ واستثمارها في تدريس العلوم.

6- أن تخدم المواد الدراسية بعضها البعض وتترابط بأسلوب متكامل

ومعاصر يشوق التلاميذ إلى دراستها مع ارتباطها بمصادر الإنتاج والحياة الاجتماعية التي تيسر للتلاميذ ملاحقة التطور التكنولوجي في المحيط الخارجي مع ارتباطها بالأسس النفسية والسيكولوجية للمرحلة السنية للمتعلم

7- أن تتم دراسة أي مشروع أو برنامج بدراسة علمية منظمة قبل المشاركة وليس بعدها لنتعرف من خلالها على متطلبات هذا المشروع ثم تقييم وضعنا الحالي في ضوءها، أما ما يحدث من تطبيق لمشاريع وبرامج دون دراسة علمية منظمة فإنه يؤدي إلى الفشل مما يسيء لأبنائنا الطلاب وبالتالي لسمعة مصرنا العزيزة.

8- أن ننتقي ما نقدمه لأبنائنا الطلبة والطالبات من معارف علمية ومهارات عملية، فهم ليسوا تلاميذ تجارب نقيس عليهم ما يريده صناع القرار بل هم جيل المستقبل الذي نريده أن يكون أكثر وعياً وفكراً وابتكاراً وأن يكون له رأياً مبنياً على علم وليس رأياً أساسه جهل.

9- أن يتم الانفتاح على العالم الخارجي لأنه ليس كل ما يأتينا من الغرب سيء، ولكن بعقول علمائنا ومفكرينا نستطيع أن ننتقي من تلك الأفكار والرؤى ما هو إيجابي يفيد في تطوير العملية التعليمية لدينا في إطار إمكاناتنا المادية والبشرية والقيمية.

10- أن نتعلم من الدول المشاركة في مشروع التيمز (TIMSS) التي تفكر بمنطق الماء وليس بمنطق الصخر، منطق الماء والذي دائماً ما نراه في الدول المتقدمة والتي يفكر فيها أبنائها وعلمائها بأفكاراً تبتعد عن الذاتية والأنانية أفكاراً عندما توضع فوق بعضها البعض فإنها تمتزج وتتحد وتقوى كماءٍ وضع فوق ماء لا يمكن تحديد أي ماء وضع فوق الأخر لتصل في النهاية إلى

الاتحاد والتماسك والقوة والتقدم والرقي لشعوبها؛ أما المنطق الأخر فهو منطق الصخر والذي دائماً ما نراه في الدول المتأخرة والذي يفكر فيها أبنائها وعلمائها بأفكاراً أنانية عندما توضع فوق بعضها البعض لا تتلاقى ولا تندمج بل تتنافر كصخر وضع فوق صخر لا يمكن لهما أن يمتزجوا أو يتحدوا لتؤدي في النهاية إلى الضعف والفشل لتلك الدول، وبالتالي فنحن في مصر والدول العربية نحتاج إلى الابتعاد عن التفكير بمنطق الصخر وأن نقترب أكثر من التفكير بمنطق الماء الذي يقربنا من بعضنا البعض لنبني عقول أبنائنا ونسمو بهم لتعود إلينا مكانتنا السامية بين الأمم.

بحوث مقترحة:

يفتح البحث الحالي مجالاً لبعض البحوث مثل:

1- تقويم محتوي منهج الكيمياء بالمرحلة الثانوية في ضوء المتطلبات المعرفية لمشروع التيمز (TIMSS).

2- تقويم محتوي منهج الفيزياء بالمرحلة الثانوية في ضوء المتطلبات المعرفية لمشروع التيمز (TIMSS).

3- تقويم محتوي منهج الأحياء بالمرحلة الثانوية في ضوء المتطلبات المعرفية لمشروع التيمز (TIMSS).

4- تقويم محتوي منهج الجيولوجيا بالمرحلة الثانوية في ضوء المتطلبات المعرفية لمشروع التيمز (TIMSS).

5- تقويم محتوي منهج علوم البيئة بالمرحلة الثانوية في ضوء المتطلبات المعرفية لمشروع التيمز(TIMSS).

6- دراسة تحليلية لتحديد معوقات تطبيق مشروع التيمز (TIMSS) في مصر.

7- دراسة الفرق بين الجنسين في المجتمع المصري فيما يتعلق بالإنجاز في العلوم.

8- دراسة لبيان فاعلية شبكة المفاهيم العلمية المقترحة بالبحث الحالي في إنجاز طلاب المرحلتين الابتدائية والإعدادية في مادة العلوم.

9- دراسة مقارنة بين محتوى كتب العلوم المصرية ونظائرها في نفس المرحلة في دول أخرى عربية أو أجنبية للتعرف على الفروق بينها والتوجهات الحديثة في تدريس العلوم وخاصة مشروع التيمز (TIMSS).

مشروع البحث:

لمّا كان المعلم هو حجر الزاوية في العملية التعليمية، ولمّا كان نجاح أي منهج دراسي يتوقف على مدى نجاح المعلمين في تدريسه، فقد كان لعملية تدريب المعلمين أثناء الخدمة أهمية كبرى لضمان تحقيق أهداف أي منهج. وفي ضوء إجراءات البحث الحالي وما توصل إلية من نتائج تتمثل في وضع تصور لشبكة المفاهيم العلمية الرئيسة والفرعية اللازم تضمينها بمحتوى مناهج العلوم بالمرحلتين الابتدائية والإعدادية في ضوء المتطلبات المعرفية اللازمة لتطبيق مشروع التيمز (TIMSS)، والتي أظهرت عن وجود بعض المفاهيم الجديدة علي المناهج والتي لم يحتوي عليها محتوى كتب العلوم، فإن الباحث يقترح مشروعاً لتدريب المعلمين أثناء الخدمة:

اسم المشروع:

"برنامج تدريبي لمعلمي العلوم بالمرحلتين الابتدائية والإعدادية لتحقيق المتطلبات المعرفية لمشروع التيمز (TIMSS)".

ويتناول البرنامج المقترح النقاط التالية:

- أهداف البرنامج.

- نظام التدريب.

- تمويل البرنامج.

- مصادر التدريب.

- مكان تنفيذ البرنامج.

- خطة التدريب.

- هيئة التدريس.

- تقويم البرنامج.

- زمن البرنامج.

أولاً: أهداف البرنامج:

في نهاية التدريب يجب أن يكون معلم العلوم بالمرحلتين الابتدائية والإعدادية قادراً

على أن:

1- يحدد المفاهيم العلمية الرئيسة والفرعية بكل وحدة من وحدات الكتاب المدرسي.

2- يربط بين مفاهيم العلوم والمشكلات الحياتية التي يواجهها التلاميذ.

3- يُجرى بعض التطبيقات العملية اللازمة لبعض المفاهيم الجديدة على المناهج والتي لم يحتوي عليها محتوى كتب العلوم.

4- يربط بين تدريس العلوم والإمكانات المتاحة في البيئة المصرية.

5- يُصمم بعض الوسائل التعليمية اللازمة لتدريس المفاهيم المتضمنة بقائمة المفاهيم المقترحة.

6- يستخدم الوسائط المتعددة في تدريس العلوم المفاهيم المتضمنة بقائمة المفاهيم المقترحة.

7- يعّد الاختبارات اللازمة لتقويم المفاهيم المتضمنة بقائمة المفاهيم المقترحة لمادة العلوم لدى تلاميذ المرحلتين الابتدائية والإعدادية، بحيث لا يقتصر التقويم على حفظ وتذكر المادة الدراسية بل يتعداها إلى قياس الفهم والتطبيق والتفكير والاتجاهات والميول.

ثانياً: تمويل البرنامج:

تتولى وزارة التربية والتعليم التمويل اللازم لكل من:

1- الأجهزة والوسائل التعليمية من أفلام، وشرائح، وعينات.

2- الأدوات والمواد اللازمة لإجراء التطبيقات العملية.

3- مكافآت القائمين بعملية التدريب ومعاونيهم.

ثالثاً: مكان تنفيذ البرنامج:

يتم تنفيذ البرنامج بكل من:

1- كلية التربية بالمنصورة.

2- المدرسة الثانوية العسكرية للبنين بالمنصورة.

وذلك حتى يتم استيعاب أعداد المعلمين بالمرحلتين الابتدائية والإعدادية ولتوفير معامل العلوم وأماكن عرض الوسائل التعليمية بكل من المدرسة الثانوية العسكرية وكلية التربية بالمنصورة.

رابعاً: هيئة التدريس:

يقوم بعملية التدريب والإشراف عليه كل من:

1- بعض أساتذة كليات العلوم بالجامعة المتخصصين في مجال العلوم.

2- بعض أساتذة كليات التربية بالجامعة المتخصصين في مجال المناهج وطرق تدريس العلوم.

3- بعض الموجهين ذوى الخبرة في مجال تدريس العلوم.

خامساً: زمن البرنامج:

يتم التدريب خلال العطلة الصيفية أو خلال أجازة نصف العام الدراسي، ويكون التدريب لمدة ثمانية أيام بواقع أربع ساعات يومياً.

سادساً: نظام التدريب:

يكون التدريب يومياً على فترتين:

1- الفترة الأولى مدتها ساعتان وتختص بالجانب النظري وفيها يتم إجراء مناقشة بين القائمين بالتدريب والمعلمين حول موضوع التدريب.

2- الفترة الثانية مدتها ساعتان وتختص بإجراء التطبيقات العملية وعرض الأفلام التعليمية وتصميم الوسائل التعليمية المرتبطة بموضوع التدريب.

سابعاً: مصادر التدريب:

يتم الاستعانة في عملية التدريب بكل من:

1- فلسفة وأهداف مشروع التيمز (TIMSS) والواردة بالبحث الحالي.

2- مكونات مشروع التيمز (TIMSS) ودور تدريس العلوم في توفيرها والواردة بالبحث الحالي.

3- مجالات مشروع التيمز (TIMSS) ودور تدريس العلوم في تحقيقها والواردة بالبحث الحالي.

3- منهج مشروع التيمز (TIMSS) والواردة بالبحث الحالي.

4- شبكة المفاهيم العلمية الرئيسة والفرعية المقترحة اللازم تضمينها بمحتوى مناهج العلوم بالمرحلتين الابتدائية والإعدادية في ضوء المتطلبات المعرفية اللازمة لتطبيق مشروع التيمز (TIMSS) والواردة بالبحث الحالي.

ثامناً: خطة التدريب:

يتم تنفيذ المشروع طبقاً للخطة التالية:

اليوم	الفترة	الموضوع
الأول	الأولى الثانية	التعريف بمشروع التيمز (TIMSS) (فلسفته – أهدافه).عرض أفلام تعليمية عن تاريخ تطبيق مشروع التيمز (TIMSS) والقائمين عليه.
الثاني	الأولى الثانية	التعرف علي مكونات مشروع التيمز (TIMSS). - عرض أفلام تعليمية عن: أ – اختبارات مشروع التيمز (TIMSS) للأعوام التي تم تطبيقه فيها (1995م - 1999 م - 2003 م). ب - استبيانات مشروع التيمز (TIMSS) للأعوام التي تم تطبيقه فيها (1995م – 1999م - 2003م).
الثالث	الأولى الثانية	التعرف علي مجالات مشروع التيمز (TIMSS). - عرض أفلام تعليمية عن: – بعض المفاهيم العلمية التي يتضمنها مجال المحتوى لمشروع التيمز (TIMSS).
الرابع	الأولى الثانية	التعرف علي أهمية المفاهيم ووظيفتها. 1 - عرض أفلام تعليمية عن أهمية بعض المفاهيم في الحياة مثل: - التطور في الكائنات الحية - التلوث البيئي - الفضاء الكوني - المادة - الطاقة.

اليوم	الفترة	الموضوع
الخامس	الأولى الثانية	التعرف علي مستويات المفاهيم وأهمية تدرجها من صف لأخر ومن مرحلة لأخرى:1- عرض أفلام تعليمية عن توزيع بعض المفاهيم علي الصفوف (الرابع – الخامس – السادس) بالمرحلة الابتدائية، والصفوف (الأول – الثاني – الثالث) بالمرحلة الإعدادية. 2 – إعطاء المعلمين بعض المفاهيم للقيام بتوزيعها على الصفوف الستة.
السادس	الأولى الثانية	التعرف علي طرق تدريس المفاهيم وتنميتها. 1- عرض أفلام تعليمية عن طرق التدريس التي تساعد المعلم علي تدريس المفاهيم.
السابع	الأولى الثانية	التعرف علي كيفية التقويم والتطبيق علي المفاهيم. - عرض أفلام تعليمية عن وسائل التقويم المختلفة مع إعطاء أمثلة توضيحية.
الثامن	الأولى الثانية	التعرف علي كيفية بناء وحدة دراسية علي أساس المفاهيم. عرض أفلام تعليمية عن بعض الوحدات الدراسية بنيت علي أساس المفاهيم. تقسيم المعلمين في مجموعات عمل وإعطاء كل مجموعة مفهوم من المفاهيم المتضمنة في قائمة المفاهيم المقترحة وبعض أسماء الكتب والمراجع التي يمكنهم الرجوع إليها عند بناء المحتوى العلمي لهذا المفهوم.

تاسعاً: تقويم البرنامج:

يتم تقويم البرنامج عن طريق:

1- استفتاء يقدم للمشتركين في عملية التدريب من المعلمين يتناول آراءهـم في المشروع وما يتضمنه من أنشطة وما قد يرونه من تصورات تعمل على زيادة فعالية المشروع.

2- اختبار لقياس مدى فهم المعلمين لأبعاد مشروع التيمز (TIMSS) المعرفية.

3- بطاقة ملاحظة لأداء معلمي العلوم. وفي نهاية هذا المشروع فإن الباحث يقرر أنه لكي يؤتي مثل هذا البرنامج ثماره يجب توافر الإمكانات المادية والبشرية اللازمة لتنفيذه وأن يعمل القائمون على تنفيذه بروح النحن والجماعة وليس بروح الأنا والأنانية.

قائمة المصادر والمراجع

المراجع العربية

1 - إبراهيم عبد الـرازق آل إبراهيم (2002): التربية والتعليم في زمن العولمة منطلقات تربوية للتفاعل مع حركة الحياة (محطات للنهوض بالتعليم)، مجلة كلية التربية، اللجنة الوطنية القطرية للتربية والثقافة والعلوم، العدد 140، ص 130-146.

2 - إبراهيم محمد عطا (1992): سياسة تطوير المناهج بين الواقع والمأمول «المؤتمر الثاني عشر، السياسات التعليمية في الوطن العربي»، رابطة التربية الحديثة بالاشتراك مع كلية التربية جامعة المنصورة، المجلد الثاني، 7 – 9 يوليو، ص ص 859 887-.

3 - أحمد إبراهيم قنديل (1993): تأثير أسلوب الاستقراء والأسئلة المفتوحة علي تحصيل العلوم وحب الاستطلاع العلمي لتلاميذ الصف الثاني المتوسط، مجلة كلية التربية، جامعة المنصورة، يونيو، ص ص244-270.

4 - أحمد إبراهيم عبد السلام (2000): «استخدام مدخل تحليل النظم في تطوير منهج (التفاضل والتكامل) بالمرحلة الثانوية»، رسالة دكتوراه غير منشورة، كلية التربية، جامعة المنصورة.

5 - أحمد حسين اللقاني (2000): التكنولوجيا في منظومة التعليم، مؤتمر التكنولوجيا في منظومة التعليم، القاهرة، مركز تطوير تدريس العلوم، 23- 24 مايو.

6 - أحمد خيري كاظم، سعد يس (1974): تدريس العلوم، القاهرة، دار النهضة العربية.

7 - أحمد شلبي (1981): «وضع برنامج لتنمية مفاهيم التربية البيئية في مناهج المواد الاجتماعية»، رسالة دكتوراه غير منشورة، كلية التربية، جامعة عين شمس.

8 - أحمد عطية أحمد (1999) : نظام التعليم في ماليزيا، مجلة التربية والتعليم، القاهرة، وزارة التربية والتعليم، المركز القومي للبحوث التربوية والتنمية، شعبة البحوث السياسات التربوية، العدد 17، أكتوبر، ص ص81-89.

9 - أحمد مختار شبارة (1997): تطوير مناهج البيولوجيا بالمدارس الثانوية العربية في ضوء بعض المعالم المستقبلية للتعليم العربي (دراسة ميدانية تستشرف أفاق المستقبل)، «المؤتمر العلمي الخامس لجامعة الدول العربية، التعليم من أجل مستقبل عربي أفضل»، القاهرة، المجلد الثاني، 29-30 إبريل، ص ص313-342.

10 - الدمرداش سرحان (1977): المناهج المعاصرة، الكويت، مكتبة الفلاح.

11 - أرنوف، ويتنج (1983): مقدمة في علم النفس، ترجمة عادل عز الدين وآخرون، القاهرة، دارماكجروهيل للنشر.

12 - المركز القومي للامتحانات والتقويم التربوي (2004): تقرير عن نتائج الدراسة الاستطلاعية لمشروع الدراسة الدولية في الرياضيات والعلوم، القاهرة.

13 - المنظمة العربية للتربية والثقافة والعلوم (1975): مشروع ريادي لتطوير تدريس العلوم المتكاملة، اجتماع لجنة الخبراء، الإسكندرية.

14 - إمام مختار حميد (1990): استخدام الخرائط الزمنية في تنمية مفهوم الزمن لدي تلاميذ الصف الأول الإعدادي، الجمعية المصرية للمناهج وطرق التدريس، العدد الثامن، يوليو، ص117-143.

15 - جمال الدين محمد (1984): «نمو المفاهيم العلمية في مجال الفيزياء لدى تلاميذ الصف الثاني الثانوي في المرحلة الثانوية»، رسالة ماجستير غير منشورة، كلية التربية، جامعة الأزهر.

16 - جودت احمد سعادة (1984): مناهج الدراسات الاجتماعية، بيروت، دار العلم للملايين.

17 - أساليب تعلم الدراسات الاجتماعية (1990): (ط2)، عمان، دار العلم للملايين.

18 - حسين كامل بهاء الدين (1997): التعليم والمستقبل، القاهرة، دار المعارف.

19 - حلمي أحمد الوكيل (1977): تطوير المناهج: أسبابه - أسسه - أساليبه - خطواته - معوقاته (ط1)، القاهرة، مكتبة الأنجلو المصرية.

20 - حمدي عبد العظيم البنا (1982): «علاقة المفاهيم العلمية بالنمو العقلي عند بياجيه وأثرها في تدريس العلوم لتلاميذ الصف الخامس الإبتدائي»، رسالة ماجستير غير منشورة، كلية التربية، جامعة المنصورة.

21 - سعد يس، أحمد خيري كاظم (1974): تدريس العلوم، القاهرة، دار النهضة العربية.

22 - سمير محمد حسين (1983): تحليل المضمون (ط1)، القاهرة، عالم الكتب.

23 - سيد خير الله (1978): سلوك الإنسان، أسسه النظرية والتجريبية(ط2)، القاهرة، دار الأنجلو.

24 - عادل أبو النجا (1974): «المبادئ والمفاهيم البيولوجية في المرحلة الثانوية العامة»، رسالة ماجستير غير منشوره، كلية التربية، جامعة طنطا.

25 - عايده سيدهم إسكندر(1992): بناء برنامج علاجي للصعوبات التي تواجه طالبات الكليات المتوسطة للمعلمات في مهارات إعداد الخطة اليومية لدروس الرياضيات للصفوف الثلاثة الدنيا في المرحلة الابتدائية «المؤتمر الثاني عشر، السياسات التعليمية في الوطن العربي»، رابطة التربية الحديثة بالاشتراك مع كلية التربية جامعة المنصورة، المجلد الثاني، 7 – 9 يوليو.

26 - عبد السلام مصطفي عبد السلام (1993): كتاب العلوم المدرسي «دراسة تحليلية تقويمية»، مجلة كلية التربية، جامعة المنصورة، العدد23، سبتمبر.

27- الاتجاهات الحديثة في تدريس العلوم (2001): القاهرة، دار الفكر العربي.

28 - عبد الرحمن محمد عوض (1984): «المفاهيم والمبادئ الأساسية في الكيمياء لطلاب المرحلة الثانوية العامة»، رسالة دكتوراه غير منشوره، كلية التربية، جامعة الأزهر.

29 - عبد الفتاح عبد الحميد (1993): تعليم اللغة العربية بين الكتاب المدرسي والكتاب الخارجي في المرحلة الثانوية العامة من وجهة نظر الطلاب والمعلمين، مجلة كلية التربية، جامعة المنصورة، العدد23، سبتمبر.

30 - عدلي كامل فرج (1975): «دراسة عن تطوير تدريس العلوم

المتكاملة بالمرحلة المتوسطة»، في مشروع ريادي لتطوير العلوم المتكاملة في المرحلة المتوسطة، المنظمة العربية للتربية والثقافة والعلوم، الإسكندرية.

31 - عطية حسين هجرس (2000): تدريس الدراسات الاجتماعية، طنطا، دار دلتا للطباعة.

32 - رشدي أحمد طعيمة (1987): تحليل المحتوى في العلوم الإنسانية، القاهرة، دار الفكر العربي.

33 - رشدي لبيــب (1969): «مستوي تدريس الكيمياء»، رسالة دكتوراه غير منشورة، كلية التربية، جامعة عين شمس.

34 - نمو المفاهيم العلمية (1974): القاهرة، الأنجلو المصرية.

35 - معلم العلوم – مسئولياته – أساليب عمله – إعداده – نموه العلمي والمهني (1983): القاهرة، الأنجلو المصرية.

36 - المنهج منظومة لمحتوي التعليم، القاهرة (1984): دار الثقافة.

37 - رشدي لبيب، رشدي فام منصور(1979): ورقة عمل حول التقويم كمدخل لتطوير العلوم، القاهرة، المركز القومي للبحوث التربوية.

38 - رمضان عبد الحميد الطنطاوي (1988): «منهج مقترح للعلوم الفيزيائية للمرحلة الثانوية العامة علي ضوء مفهوم التكامل في بناء المنهج»، رسالة دكتوراه غير منشورة، كلية التربية بدمياط، جامعة المنصورة.

39 - رؤوف عبد الرازق العاني (1975): «تكامل العلوم في المرحلة المتوسطة ضرورة ملحة»، في مشروع ريادي لتطوير العلوم المتكاملة في المرحلة المتوسطة، اجتماع لجنة الخبراء المنظمة العربية للتربية والثقافة والعلوم، الإسكندرية.

40 - زياد خميس (1983): «بحث تجريبي حول إمكانية تدريس الطاقة كمفهوم علمي لتلاميذ الصف الخامس الابتدائي»، رسالة دكتوراة غير منشوره، كلية التربية، جامعة الأزهر.

41 - زينب المتولي جاد (1987): «المفاهيم الرئيسة للبيولوجي ومستوياتها في المرحلة الثانوية»، رسالة دكتوراه غير منشورة، كلية التربية، جامعة المنصورة.

42 - محرز عبده يوسف الغنام (1988): «الترابط الوظيفي بين مقرارات العلوم والمجالات المهنية في مرحلة التعليم الأساسي»، رسالة دكتوراه غير منشورة، كلية التربية، جامعة المنصورة.

43 - محمد إبراهيم عطوة مجاهد (2002): الإعداد المهني للمعلم مدخل لتحقيق الجودة في التعليم، مجلة كلية التربية، جامعة المنصورة، العدد 48، يناير.

44 - محمد السيد علي (2000): مصطلحات في المناهج وطرق التدريس (ط2)، القاهرة، دار الفكر العربي.

45 - محمد السيد علي (2000): علم المناهج الأسس والتنظيمات في ضوء الموديولات (ط2)، القاهرة، دار الفكر العربي.

46- التربية العلمية وتدريس العلوم (2002): القاهرة، دار الفكر العربي.

47 - محمد ربيع (1991): تقويم كتب الرياضيات المدرسية بالحلقة الأولى من التعليم الأساسي في ضوء آراء المعلمين والموجهين، مجلة البحث في التربية وعلم النفس، المجلد الخامس، العدد الثاني،أكتوبر.

48 - محمد زياد حمدان (1982): المنهج في أصوله وأنواعه ومكوناته، الرياض، دار الرياض.

49 - محمد عزت عبد الموجود (1978): أساسيات المناهج وتنظيماته، القاهرة، دار الثقافة للطباعة والنشر.

50 - محمد نجيب مصطفي (1985): «العلاقة بين النمو المعرفي عند بياجية وتحصيل المفاهيم البيولوجية لطلاب المرحلة الثانوية العامة»، رسالة دكتوراه غير منشورة، كلية التربية، جامعة الأزهر.

51 - مديرية التربية والتعليم (2004): تقرير عن إجابات التلاميذ في نتائج الامتحان التجريبي في (2003/4/9 م) لمشروع التيمز (TIMSS)، المدارس العينة، الدقهلية.

52 - مصطفي عبد العزيز (1976): التعليم البيئي لمراحل التعليم العام، القاهرة، المنظمة العربية للتربية والثقافة والعلوم.

53 - مصطفي غالب (1979): سيكولوجية الطفولة والمراهقة، بيروت، مكتبة الهلال.

54 - مكتب اليونسكو الإقليمي للتربية في الدول النامية (1983): دليل اليونسكو لمعلمي البيولوجيا في الدول العربية، القاهرة، مطبعة التقدم.

55 - منصور أحمد منصور (1975): تخطيط القوي العاملة بين النظرية والتطبيق، القاهرة، وكالة المطبوعات.

56 - ممدوح عبد العظيم الصادق (2001): تقويم مناهج العلوم المطورة بالمرحلة الإعدادية في ضوء بهندسة المناهج وإستراتيجية مبتكرة لزيادة فاعلية تدريسها، مجلة كلية التربية، جامعة المنصورة، العدد 45، يناير.

57 - فتحي الديب (1978): الإتجاه المعاصر في تدريس العلوم، الكويت، دار القلم.

265

58 - فتحي الزيات (2000): الفروق الفردية وتطبيقاتها التربوية، قسم علم النفس، كلية التربية، جامعة المنصورة.

59 - نادية سمعان لطف الله (1983): «دراسة تجريبية لوحدة في العلوم المتكاملة للمرحلة المتوسطة»، رسالة ماجستير غير منشورة، كلية التربية، جامعة عين شمس.

60 - نادية عبد العظيم (1972): «تحديد المفاهيم المناسبة في مادة الجيولوجيا لطلاب المرحلة الثانوية وتقويم المناهج الحالية لمادة الجيولوجيا في ضوئها»، رسالة ماجستير غير منشوره، كلية التربية، جامعة عين شمس.

61 - وزارة التربية والتعليم(2000): «التدريس لتكوين المهارات العليا للتفكير» سلسلة الكتب المترجمة، جـ 2، القاهرة، المركز القومي للبحوث التربوية والتنمية، قطاع الكتب.

62- العلوم والحياة للصف الرابع الابتدائي (2005): القاهرة، الهيئة العامة لشئون المطابع الأميرية.

63- (2005): العلوم والمعرفة للصف الخامس الابتدائي، القاهرة، الهيئة العامة لشئون المطابع الأميرية.

46- العلوم والمجتمع للصف السادس الابتدائي، القاهرة (2005): الهيئة العامة لشئون المطابع الأميرية.

65- وزارة التربية والتعليم (2005): العلوم والمستقبل للصف الأول الإعدادي، القاهرة، مطابع الأهرام التجارية.

66- أنت والعلوم للصف الثاني الإعدادي(2005): القاهرة، مطابع الأهرام التجارية.

67- العلوم وحياة الإنسان للصف الثالث الإعدادي (2005): القاهرة، مطابع الأهرام التجارية.

68 - وليم تاضروس عبيد (1978): تحليل محتوى رياضيات المرحلة الإعدادية، عمان، تقرير مقدم إلي المنظمة العربية للتربية والثقافة والعلوم وحلقة قياس وتقويم، إبريل، ص 1-26.

69 - التوجهات المستقبلية لمناهج المرحلة الثانوية (1998): المؤتمر العلمي الثاني، قسم المناهج وطرق التدريس، كلية التربية، الكويت، 7-10 مارس، ص ص 250-320.

70 - يسري عفيفي (1983): «المفهومات الأساسية في الفيزياء للمرحلة الثانوية»، رسالة دكتوراه غير منشورة، كلية التربية، جامعة عين شمس.

71 - يعقوب أحمد الشراح (1986): التربية البيئية (ط1)، الكويت، مؤسسة الكويت.

72 - يعقوب نشوان (1984): الجديد في تعليم العلوم، عمان، دار الفرقان.

المراجع الأجنبية

73- Abdullah، K.B.(1981):The Ability of Children to Generalize Selected Concepts، Journal of Research in Science Teaching،Vol 18، No 6، pp. 547- 555.

74 - Adams، R. J. & Gonzalez، E. J (1996): The TIMSS test design، TIMSS technical report،Volume I: Design and development.Chestnut Hill، MA: Boston College. Retrieved on April 12th 2005، At 11:50PM [on – line]، Available: http:// www. Csteep. bc. edu / timss

75 - Akiba،M.k.(2001) : «School Violence in Middle School Years in Japan and The United States:The Effects of Academic Competition on Student Violence»، D.A.I، Vol 6205-A، No AAI3014582، p.1788 .

76 - Albert. W.H (1996): Science Achievement in The Middle School years، Chest - nut Hill.MA: Boston College. Retrieved on April 12th 2003، At 5:00AM [on – line]، Available: http:// www.Csteep. bc. edu / timss

77 - Alexandra، B.E (1997): Learning from TIMSS; Results of the Third International Mathematics and ScienceStudy. SummaryofaSymposium،Washington، D.C،NationalAcademyPress.

Retrievedon April 12th 2005، At 2:00AM [on – line]، Available:http://www.nap.edu.

78-Allen،A.M.،(2004):NAEP2005،Mathematics،Reading and Science Assessments are Coming to Schools Across Nation، Washington، DC 20006، National Center for Educatio Statistics، January 24 – March 4 . Retrieved on April 12th 2005، At 11:50PM [on – line]، Available: http://nces.ed.gov / nations reportcard/participation2005.asp

79 - (A.A.A.S) American Association for the Advancement of Science(1993): Benchmarks for Science Literacy، New York، Oxford University Press.

80 - American Federation of Teachers (1999): Lessons From The World ; What TIMSS Tells Us About Mathematics Achievement،Curricul um،andInstruction، AFT Educational Issues Department 555، New Jersey، Washington،D.C20001.Retrieved on May12th 2003، At 5:00AM [on – line]، Available: http://www.aft.org/timss

81 - Andrew، A.E (1997): Reflections on State Efforts to Improve Mathematics and Science Education in Light of Findings from TIMSS، California، Menlo Park، April. Retrieved on April 18th 2003، At 5:50PM [on – line]، Available: http://www. negp.gov/ Reports/ zucker.htm.

82 - Atkin، J. M. & Black، P.(1997): Policy perils of international comparisons: The TIMSS case. «Phi Delta

Kappan.». ERIC Digest. [EJ 550 557]. Retrieved on April 12th 2003. At 3:00AM [on – line]. Available: http: // www. Ericfacility. net / eric digests / ed 550 557. html

83 - Baker. D. P. (1997): Surviving TIMSS or Everything you Blissfully Forgot about International Comparisons. «Phi Delta Kappan.» ERIC Digest. [ED 556 845]. Retrieved on April 16th 2003. At 5:00AM [on – line]. Available: http: // www. Ericfacility. net / eric digests / ed 556 845. html

84 - Ball.D.W. & Sayre. S.A. (1972): Relationships Between Student Piagetian Cognitive Development and Achieve- ment in Science. D.A.I. Vol. 33 No. 3. pp. 10691070-.

85 - Beaton. A. E.. (1996): Science Achievement in The Middle School Years: IEA>s Third International Mathematics and Science Study (TIMSS). TIMSS International Study Center. Chest nut Hill.MA: Boston College. Retrieved on April 12th 2005. At 1:50PM [on – line]. Available: http:// www. Csteep. bc. edu / timss.

86 - (1996): Science Achievement in The Primary School Year. TIMSS International Study Center. Chest nut Hill.MA: Boston College. Retrieved on April 22nd 2005. At 11:00AM [on – line]. Available:http:// www.Csteep. bc. edu / timss.

87 - Beaton. A. E. & Gonzalez. E. J.(1997): TIMSS Test-Curriculum Matching Analysis.TIMSS technical report.

volume II: Implementation and Analysis, Chestnut Hill, MA: Boston College. Retrieved on April 12th 2005, At 11:50PM [on – line]. Available:http:// www. Csteep. bc. edu / timss.

88 – Berelson, B.N. (1952): Content Analysis in Communication Research, Glenco,111, Free Press.

89 - Billing, D.E. & Furniss, B.S. (1973): Aims, Methods and Assessment in Advanced Science Education, Hyden & Sons Limited.

90 - Billeh, V.Y. & Khalili, K.(1982): Cognitive Development and Comprehension of Physics Concept, Eur Journal and Science Education, Vol 4, No 1, pp. 95 – 104.

91 - Biddle, B. J. (1997): Foolishness, Dangerous Nonsense, and Real Correlates of State Differences in Achievement. Phi Delta Kappan, [EJ 550 555].

92 – Brunner, J.S.(1960):The Process of Education, Cambridge Mass, Harvard University Press.

93 – Calvert,T.E.(2002): «Exploring Differential Item Functioning (DIF) with The Rasch Model: AComparison of Gender Differences on Eighth Grade Science Items in The United States and Spain», D.A.I, Vol 63-04A, No AAI3050083 , p.1293.

94 - Chester E. & Finn, Jr., (1998) : ATIMSS Primer: Lessons and Implications for U.S. Education, Thomas B. Fordham Foundation,Washington, D.C, July. Retrieved on

April 12th 2003، At 12:05AM[on–line]، Available:http://www.edexcellence. net/institute/publication/publication. cfmˀid=50

95 - Cynthia، A. T. (2002): TIMSS 1999 – Eighth Grade Mathematics and Science: Achievement for a Workforce Region in a National and International Context، Regional   Benchmarking Report، Chestnut Hill.MA: Boston College. Retrieved on April 19th 2003، At 5:00AM [on – line]، Available: http://www.msc.collaboratives.org

96 - Dreyfus.A.(1992): Content Analysis of School Text Books: Atechnology-OrientedCurriculum.   International   Journal   of   Science Education.

97 - Dunson، M.(2000): TIMSS as A Tool for Educational Improvement (CPRE Policy Brief No.RB-30)، Philadelphia: Consortium for Policy Research in Education، University of Pennsylvania. Retrieved on April 12th 2003، At 7:00AM [on – line]، Available: http://www.nationalacademies.org/bicse/ Workshop %20Presentation%20Memo%20-%20 Furhman.pdf.

98 - Eugenio،J.G (1997): User guide for The TIMSS International Data base Primary and Middle School years، Chest nut Hill.MA: Boston College. Retrieved on April 22nd، 2005، At 11:00AM   [on – line]، Available:http:// www.Csteep. bc. edu / timss.

99 - (1997): Science Achievement in the Primary School Years: IEA's Third International Mathematics and Science Study، Chest nut Hill. MA: Boston College. Retrieved on April 12th 2003، At 5:00AM [on – line]، Available: http:// www.Csteep. bc. edu / timss.

100- Eugenio، J. G.& Teresa، A. S.(1996): Science Achievement in the Middle School Years:IEA's Third International Mathematics and Science Study، Center for the Study of Testing، Chestnut Hill، MA:Boston College. Retrieved on April 19th 2005، At 11:50PM [on – line]، Available: http:// www.Csteep. bc. edu / timss

101- Flavell، S.H.،(1963): The Developmental Psychology of Jean، New York، Piaget، D.Van Vostvand .

102- Beachamp،G. A.(1981): Curriculum Theory.4th Ed.F.E. Peacock Publishers، Inc، Itasca، Illinois.

103 - Gonzales،O.E.(2005): Average Science Scale Scores of Eighth-Grade Students،by Country: 2003، National Center for Education Statistics، Washington، DC. Retrieved on Ma 21st 2005، At 11:50PM [on – line]،Available:http://nces.ed.gov/timss/   TIMSS 03Tables. asp؟figure=6&Quest

104 - Good، Carter V.، (1973):Dictionary of Education، 3rd،ed.، New york، Mc. Graw-Hill، Co.

105- Greene، B. D.، (2000): TIMSS; What Have We Learned about Math and Science Teaching؟، ERIC Digest،

ERIC [ED463948] Clearinghouse for Science، Mathematics and Environmental Education، Columbus OH. Retrieved on June 27th 2003، At 5:00AM [on – line]، Available: http://www. ericdigests.org/20031-/timss. htm

106-Hammrich،P.L.(1999):ScienceCurriculumReform:What Teachers Are Saying، Philadpia، Temple University.Retrieved on May 16th 2004، At 11:00AM [on – line]،Available: http://www. TempleUniversity. edu.html.

107 - Harold، W. S. & Roberta، N. L. (1998):TIMSS Case Studies of Education in Germany، Japan and the United States، Mid- Atlantic، Eisenhower Consortium for Mathematics and Science Education. Retrieved on April 12th 2005، At 11:55PM [on – line]، Available: http://www. webmaster.rbs.org

108 – Hilton،J.K.(2003):»The Effect of Technology on Student Science Achievement»، D.A.I، Vol 6412-A ، No AAI3115610 ، p.4412.

109 – Hodges،E.L. (2000) : «Influence of Number of Topics، Topic Duration، and Curricular Focus on Biology Achievement of Population 3 TIMSS Countries»، D.A.I، Vol 6112-A، No AAI9998483، p.4722.

110 - Holisti، O (1969): Content Analysis for Humanities، New York، Addison- Wesly.

111 - Hoover،K.H.، (1977): Secondary Middle School Teaching، Hand Book for Begining Teachers and Teacher Self Renewal، Allyn and Bacon، Inc، Boston، London .

112 - Hsing.T. H.(2000): Utilizing The Science as Core Course of An Integrated Curriculum Development. Acollab- orative Action Research. National Taitung Teachers College. Taiwan .Retrieved on April 12th 2003. At 6:00AM [on – line]. Available:http: // www. Ericfacility. net / eric digests / ed 440850. html

113 - John. W.B. (1977): Researches in Education. New York. Englewood. Cliffs. 3rd.Ed.

114 - Karen. S. H. & David.H.(2003): What Is theInfluence   of the National Science Education Standards?: Reviewing the Evidence. A Workshop Summary. National Research Council. Washington. D.C.: National Academy Press. Retrieved on April 12th 2003. At 5:00AM [on – line]. Available: http://www.nap.edu

115 - Lemke.M.(2004): International Outcomes of Learning in Mathemaics Literacy and Problem Solving. PISA2003 Results for the U.S. Perspective. Washington. DC. National Center for Education Statistics .Retrieved on April 12th 2005. At 11:50PM [on – line]. Available: http:// nces.ed.gov/surveys/ pisa/PISA2003High Lights. asp.

116 - Martin. M.O. (2001): Science Benchmarking Report. TIMSS 1999 - Eighth Grade: Achievement for U.S. States and Districts in An International Context. Chestnut Hill. MA:Boston College. Retrieved on April 16th 2003. At 12:00AM [on – line]. Available:http://www.timss.bc.edu/timssi/about_ main.html

117 - Martin، M.O.، & Hoyle، C.، (1996): Observing the TIMSS Testing، Sessions   Third international Mathematics and Science Study:Quality Assurance in Data، Center for the Study of Testing، Evaluation، Chestnut Hill، MA: Boston College. Retrieved on April 16th 2005، At 11:50PM [on – line]، Available: http:// www.Csteep. bc. edu / timss

118 - Martin، M.O & Kelly.، D.L. (1996): Third International Mathematics and Science Study (TIMSS) Technical Report، Volume I: Design and Development. Chestnut Hill، MA: Boston College.Retrieved on June 12th 2003، At 5:00AM [on–line]،Available: http://isc.bc.edu/timss1995.html.

119 - Maryellen،K.(2002): Performance Assessment in IEA>S Third International Mathematic and Science Study، Chestnut Hill.MA: Boston College. Retrieved on November 12th 2003، At 5:00PM [on – line]، Available: http:// www.Csteep. bc. edu / timss

120 - Mc Cann & Wendy، S.H.(1998): Ascience Teacher>s Guide to TIMSS. ERIC Digest، ED 432445، Boston، Washington. Retrieved on April 12th 2003، At 2:50AM[on – line]، Available: http: // www. Ericfacility. net / eric digests / ed432445. html

121 - Michael. O. M. (1997): Science Achievement in The Primary School Year، Chest nut Hill.MA: Boston College. Retrieved on April 16th 2003، At 4:44AM [on – line]، Available: http:// www.Csteep. bc. edu / timss

276

122 - (1998): Implementation and Analysis، Final year of Secondary School،Chestnut.MA: Boston College، USA. Retrieved on April 12th 2004، At 3:00AM [on – line]، Available: http://nes. ed. gov /pubs98/twelfth/chap1. html.

123 - (1999):School Contexts for Learning and Instruction، IEA's Third International Mathe- matics and Science Study، Chestnut Hill.MA: Boston College. Retrieved on April 28th 2004، At 5:00AM [on – line]، Available: http://www.timss.org

124 - Michael O. M.& Kelly، D.L.(1997): Third International Mathematics and Science Study (TIMSS) Technical Report، Volume II: Implementation and Analysis، Primary and Middle School Years (Population 1 and Population 2). Chestnut Hill، MA: Boston College. Retrieved on April 12th 2003، At 5:00AM [on – line]، Available:

http:// www. Csteep. bc. edu / timss

125 – Mokshein،S.E.(2002) : «Factors Significantly Related to Science Achievement of Malaysian Middle School Students، An Analysis of TIMSS 1999 Data»، D.A.I،Vol 6312-A ، No AAI3073388، p. 4267.

126 - Mullis، I.V.S. & Martin، M.O.، (1997): Mathematics and Science Achievement in The Final year of Secondary School،Chest nut Hill.MA: Boston College. Retrieved on April 13th 2004، At 5:40AM [on – line]، Available: http:// www.Csteep. bc. edu / timss

127 - Mullis, I.V.S. & Martin, M.O., (1998):Mathematics and Science Achievement in Primary and Middle School: IEA's TIMSS, Chestnut Hill, TIMSS Inter- national Study Center, Boston College. Retrieved on July 12th 2005, At 11:12PM [on – line], Available: http:// www.Csteep. bc. edu / timss

128 - (2000): TIMSS 1999 International Science Report: Findings from IEA's Repeat of the Third International Mathematics and Science Study at the Eighth Grade. Chestnut Hill, MA: Boston College. Retrieved on September 15th, 2003,At 5:00AM [on – line], Available: http:// isc.bc.edu/timss1999. html

129 - (2002):Background Questions in TIMSS and PIRLS:An Overview TIMSS and PIRLS, International Study Center, Department of Educational Research, Measurement and Evaluation, Lynch School of Education, Boston College,August. Retrieved on April 12th 2003, At 5:00AM [on – line], Available: http://www. house.gov/ science /schmidt_108-.htm

130 - (2003): Assessment Framework and Specifications 2nd Edition, Chestnut.MA: Boston College, USA. Retrieved on April 12th 2003, At 5:00AM [on – line], Available: http://Isc. bc. edu / timss 2003. html

131 - Mullis, I.V.S. & Martin, M.O., (2005): TIMSS 2007 International Science Report: Findings from IEA's Repeat of The Third International Mathematics and Science Study at the

Eighth Grade. Chestnut Hill، MA: Boston College. Retrieved on September 15th، 2006.At 7:00AM [on   – line]، Available: http://isc.bc.edu/timss2007. html.

132 -National Academy of Science، National Research Council (1995): National Science Education Standards، Washington، D.C، National Academy Press.

133-NationalCenterforEducationStatistics(2004):Frequently   Asked Questions About the Assessment، Washington، DC 20006، USA. Retrieved on May 12th 2003، At 5:00AM[on – line]، Available: http:// nces.ed. gov/ timss/FAQ.asp؟FAQType=1.

134 - National Council of Teachers of Mathematics (2004):U.S. Mathematics Teachers Respond to The Third International Mathematics and Science Study، Washington، Report from the National Center for Education Statistics. Retrieved on April 15th 2004، At 6:00AM [on – line]، Available: http://www. ed.gov/NCES/timss.

135 - National Research Council (1999): Global Perspectives for Local Action; Using TIMSS to Improve U.S. Mathematics and Science Education -Professional Development Guide،Washington،D.C.:National Academy Press. Retrieved on April 17th 2004، At 5:00AM [on – line]، Available: http:// www. nap.edu

136 - (NSTA) National Science Teachers Association

(1995): Scope, Sequence and Coordination of National Science Content Standards: An Addendum to the Content, Arlington, VA.

137 - Nelson, D. (2002): Using TIMSS to Inform Policy and Practice at The Local Level (CPRE Policy Brief No. RB-36). Philadelphia: Consortium for Policy Research in Education, University of Pennsylvania. Retrieved on April 12th 2003, At 7:00AM [on – line], Available:http://www.nationalacademies. org/bicse/Workshop%20 Presentation%20 Memo%20 -%20Furhman.pdf

138 - Novak, G.D.(1968) :Amodel for the International and Analysis of Concept Formtion in William D. Romey, Inquiry Techniques for Teaching Science, London, Prentice Hall Inc.

139 - Pedretti. E. (1996): Learning About Science, Technology and Society (STS) Through An Action Research Project: Co-Constructing An Issues-Based Model for STS Education, School Science and Mathematics, New York, Teachers Colloege Press, pp. 432440-.

140- Peter, C. & Hugh, M.(1997): «Background Research Commissioned by The Ontario Ministry of Education and Training Secondary School Curriculum», Faculty of Education, Queen>s University.Retrieved on April 12th 2003, At 11:00AM [on – line], Available: http: // www. Stao. Org/ back grnd.

141 - Pierce.W.D. & Lorber.M.A.(1977):Objectives & Methods for Secondary Teaching. Prentice Hall.Inc. New Jersey .

142 – Ralph. T.H. (1984): Basic Principles of Curriculum and Instruction. Chicago. University of Chicago Press.

143 - Rebert. F. M. (1975): Preparing Instructional Objectives. 2nd ed. Fearon-Pitman Publishers. Belmont. California.

144 – Riegle.C.C.(2000) :» International Gender Inequity in Math and Science Education: The Importance of Gender Stratification Across Generations». D.A.I. Vol 6103-A. No AAI9965148 . p.1170 .

145- Robitaille. D . F; (1993): TIMSS Monograph No. 1:Curriculum Frameworks For Mathematics and Science. Vancouver. BC: Pacific Educational Press. Retrieved on April 23rd 2004. At 5:00AM [on – line]. Available: http://isc.bc. edu/timss1999. html

146 - (1993):TIMSS Monograph No.1:Curriculum Frame- works for Mathematics and Science. Vancouver. BC: Pacific Educational Press. Retrieved on March 12th 2005. At 3:50PM [on – line]. Available: http://ustimss.msu.edu

147 – Rothman.A.H. (2000): «The Impact of Computer-Based Versus (Traditional) Textbook Science Instruction on Selected Student Learning Outcomes». D.A.I. Vol 6103-A. No AAI9966006. p. 938 .

148 - Sarah، J.H.، (2002): Third International Mathematics   and Science Study Repeat (TIMSS-R،1999) Researsh Specialist، Group;Education and Training،Human Siences Research Council، Washington، DC. Retrieved on April 12th 2003، At 5:00PM [on – line]، Available: http://www.HSRC. com.

149 - Shayer، M. I. (1981):The Development of The Concepts Heat and Temperature in 10 – 13 year olds، Journal of Research in Science Teaching، Vol 18، No 5، pp. 419 - 434.

150 - Smith، B. (1956): Fundamental of Curriculum Development، Harcourt، Brace World، Inc، New York.

151 – Smyth،C.A.M.(2001) : «The Effects of School Policies and Practices on Eighth-Grade Science Achievement: A Multilevel Analysis of TIMSS» ، D.A.I، Vol 6111-A، No AAI9994476، p.4250 .

152 - Southwest Educational Development Laboratory (1997): The TIMSS: Looking at Classrooms Around the World، U.S. Students and TIMSS، Volume 3 Number 3، Washington، D.C. Spring. Retrieved on April 12th 2003، At 5:00AM [on – line]، Available:http://www.SEDL.com

153 – Stemler،S.E.(2001) : «Examining School Effectiveness at The Fourth Grade: A Hierarchical Analysis of The Third International Mathematics and Science Study (TIMSS)» ، D.A.I، Vol 6203-A ، No AAI3008613، p.919 .

154 - Stephen، P. H.(1997): Using TIMSS in a World of Change: Comments At The National Academy of Sciences، Human Development and Social Policy Division ، Technical Department Europe and Central Asia/ Middle East and North Africa Regions، The World Bank، Washington DC، February Retrieved on April 12th 2004، At 6:00AM [on – line]، Available: http://www.enc.org/topics/assessment/timss/additional/document shtm؟ input= ACQ-1210481048-

155 - Stigler، J. W. &. Hiebert، J.(1997): UnderstandingandImprovingC lassroom Mathematics Instruction: An Overview of the TIMSS Video Study. Phi Delta Kappan، September .

156 - Tanner،D. & Tunner،L.،(1975): Curriculum Development Theory into Pratice، Macmillan Publishing، CO، Inc، New York .

157 - Ted Britton(1994): Case Studies of U.S. Innovations in Mathematics، Science، And Technology in An International Context، Washington، D.C.، National Center for Improving Science Education، May 31. Retrieved on April 22nd 2003، At 5:00AM [on – line]، Available:http:// www.nap.edu/readingroom/ books/icse/study_a.html

158 - Tereas.F. (2000): Profiles of Student Achievement in Science at the TIMSS International Bechmarks: U.S. Performance and standards in an International context، Chest nut Hill.MA: Boston College. Retrieved on April 12th 2005، At 12:50PM [on – line]، Available: http: // isc. bc. Edu

159 - Thomas.G.J. (1977) :» The Level of Concept Attainment of three Biology Concepts in the Fifth.Eight and Eleventh Grade».. D.A.I. June. Vol 37 No 12. p. 7502.

160 - The Education Quality and Accountability Office (EQAO) (2000): School Achievement Indicators Program (SAIP) 1999 Science Assessment (13- and 16-year-old students). Ontario Report. May. Retrieved on April 12th 2003. At 11:00AM [on – line]. Available: http://www.eqao. com/ pdf_e/ 00 / 00P040e.pdf

161 - TIMSS International Study Center (1994): Code Books–Populations 1 and 2. Third International Mathematics and Science Study (TIMSS).Chestnut Hill. MA: Boston College.Retrieved on July 12th 2005. At 11:50PM [on – line]. Available: http:// www. Csteep. bc. edu / timss

162 - TIMSS International Study Center (1996): Primary and Middle School Years 1995 Assessment User Guide for the TIMSS International. Database Supplement 4.Variables Derived from the Student and Teacher Questionnaires Populations 1 and 2. Chestnut Hill. MA: Boston College. Retrieved on May 12th 2005. At 1:50PM [on – line]. Available: http:// www. Csteep. bc. edu / timss

163 - TIMSS International Study Center (1996): Primary and Middle School Years 1995 Assessment User Guide for the TIMSS International. Database Supplement 3. Documentation of National Adaptations of International Background

Questionnaire Items Populations 1 and 2.Chestnut Hill، MA: Boston College. Retrieved on April 12th 2005، At 11:50PM [on – line]، Available: http:// www.Csteep. bc. edu / timss

164 - Urevbu، A. O. (1984): Teaching Concepts of Energy to Nigerian Children in The 7 – 11 year old Age Range، Journal of Research in Science Teaching، Vol 12، No 3، pp 255 – 267.

165 - Victor،M.S. (1972) :»Unification of Curriculum « in The Encyclopedia of Education، The Macmillan Company and the Free Press، Vol.8.

166 – Wen،M.L.(2002):» Computer Availability and Students> Science Achievement in Taiwan and The United States (Taiwan)»، D.A.I، Vol 6305-A ، No AAI3052231، p.1774 .

167 – William، D.R.(1968): Inquiry Techniques for Teaching Science، London، Prentice Hall Inc.

168 - William Schmidt (1994): IEA Third International Mathematics and Science Study. Presentation to The Board on International Comparative Studies in Education، November، Michigan State University College of Education، July 10. Retrieved on April 12th 2005، At 5:50AM [on – line]، Available: http://www. nap.edu/ readingroom/ books/icse / study_q.html.

169 - William Schmidt (1996):Using the NSES to Guide The Evaluation Selection and Adaptation of Instructional

Materials، Chestnut.MA; Boston College، USA، November. Retrieved on May10th 2004، At 12:00AM [on – line]، Available: http:// www. nces.ed.gov / timss/Educators.asp#use.

170 - (1996):Characterizing Pedagogical Flow An Investi- gation of Mathematics and Science Teaching in Six Countries، Australia، Trobe University، Gilah C. Leder، Bundoora، Kluwer Academic Publishers. Retrieved on August 12th 2003، At 11:00AM [on – line]، Available:http:// www.fiz-karlsruhe. de/fiz/ publications/ zdm/zdm976r4.pdf.

171 - (1997): What Can We Learn From TIMSS؟، East Lansing،Michigan، Michigan State University. Retrieved on Nov 12th 2003، At 5:55AM [on – line]، Available: http://www. house.gov/ science/schmidt_108-.htm.

172 - (2004): «Curriculum Makes a Huge Difference» - ASummary of Conclusions from the Trends in InternationalMathematics Study (TIMSS) with CaliforniaData Added،Chestnut.MA; Boston College، USA. Retrieved on April 25th 2005، At 5:00AM [on – line]، Available : http://www.nychold. com/report-hook-040305.pdf

173 - William،S. & Curtis C. M.(1996): A Splintered Vision: An Investigation of U.S. Science and Mathematics Education، Dor Drecht، BOSTON / LONDON. Retrieved on April 12th 2003، At 12:00AM [on – line]، Available:Http: //timss. Msu. edu / svision. html.

174 – Yang،Y.H.(2003) :» Measuring Socioeconomic Status and its Effects at Individual and Collective Levels: A Cross-Country Comparison»، D.A.I ، Vol 6502-C، No AAIC815369، p.298 .

فهرس الموضوعات